プリント形式のリアル過去問で本番の臨場感！

新潟県公立高等学校

2025年春受験用 解答集

本書は，実物をなるべくそのままに，プリント形式で年度ごとに収録しています。
問題用紙を教科別に分けて使うことができるので，本番さながらの演習ができます。

■ 収録内容

・解答集(この冊子です)

書籍ＩＤ番号，この問題集の使い方，最新年度実物データ，教科別入試データ解析，
解答例と解説，ご使用にあたってのお願い・ご注意，お問い合わせ

・2024(令和６)年度 ～ 2022(令和４)年度　学力検査問題

・リスニング問題音声《オンラインで聴く》　詳しくは次のページをご覧ください。

○は収録あり	年度	'24	'23	'22			
■ 問題(一般選抜)		○	○	○			
■ 解答用紙		○	○	○			
■ 配点		○	○	○			
■ 英語リスニング音声・原稿		○	○	○			

全教科に解説
があります

注)国語問題文等非掲載:2022年度の〔二〕

問題文の非掲載につきまして

著作権上の都合により，本書に収録している過去入試問題の本文の一部を掲載しておりません。ご不便をおかけし，誠に申し訳ございません。

教英出版

■ 書籍ＩＤ番号

リスニング問題の音声は，教英出版ウェブサイトの「ご購入者様のページ」画面で，書籍ＩＤ番号を入力してご利用ください。

入試に役立つダウンロード付録や学校情報なども随時更新して掲載しています。

書籍ＩＤ番号　161315

（有効期限：2025年9月30日まで）

【入試に役立つダウンロード付録】
「ラストチェックテスト（標準／ハイレベル）」
「高校合格への道」

【リスニング問題音声】
オンラインで問題の音声を聴くことができます。
有効期限までは無料で何度でも聴くことができます。

■ この問題集の使い方

年度ごとにプリント形式で収録しています。針を外して教科ごとに分けて使用します。①片側，②中央のどちらかでとじてありますので，下図を参考に，問題用紙と解答用紙に分けて準備をしましょう（解答用紙がない場合もあります）。

針を外すときは，けがをしないように十分注意してください。また，針を外すと紛失しやすくなりますので気をつけましょう。

① 片側でとじてあるもの　　② 中央でとじてあるもの

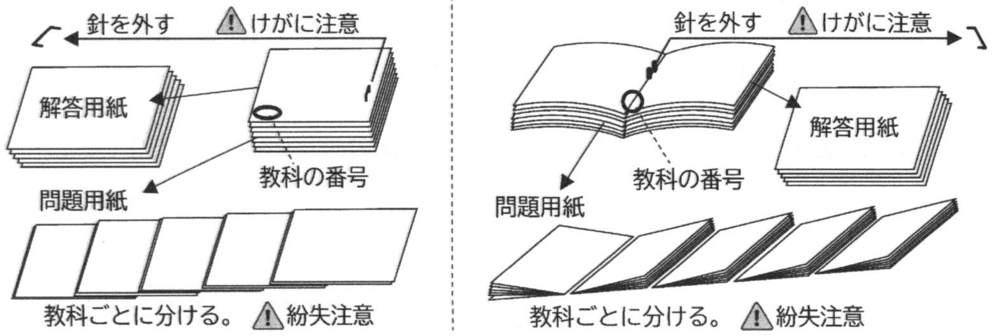

※教科数が上図と異なる場合があります。
解答用紙がない場合や，問題と一体になっている場合があります。
教科の番号は，教科ごとに分けるときの参考にしてください。

■ 最新年度 実物データ

実物をなるべくそのままに編集していますが，収録の都合上，実際の試験問題とは異なる場合があります。実物のサイズ，様式は右表で確認してください。

問題用紙	Ａ４冊子（二つ折り）
解答用紙	Ａ３片面プリント

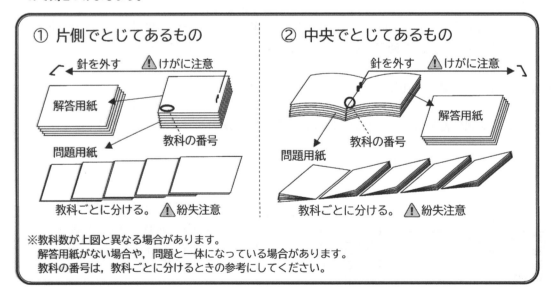

新潟県　公立高校入試データ解析　国語

分野別データ			2024	2023	2022
大問の種類	長文	論説文・説明文・評論	○	○	○
		小説・物語			
		随筆・紀行文			
	古文・漢文		○	○	○
	詩・短歌・俳句				○
	その他の文章		○	○	○
	条件・課題作文				
	聞き取り				
漢字・語句	漢字の読み書き		○	○	○
	熟語・熟語の構成		○	○	○
	部首・筆順・画数・書体				
	四字熟語・慣用句・ことわざ		○		
	類義語・対義語				
文法	品詞・用法・活用		○	○	○
	文節相互の関係・文の組み立て		○		○
	敬語・言葉づかい				
文章の読解	長文	語句の意味・補充	○	○	○
		接続語の用法・補充	○	○	○
		表現技法・表現の特徴			
		段落・文の相互関係			
		文章内容の理解	○	○	○
		人物の心情の理解			
	古文・漢文	歴史的仮名遣い	○	○	○
		文法・語句の意味・知識	○	○	○
		動作主	○	○	
		文章内容の理解	○	○	
	詩・短歌・俳句				○
	その他の文章		○	○	○

形式データ	2024	2023	2022
漢字の読み書き	10	10	10
記号選択	12	12	11
抜き出し	1		1
記述	4	5	5
作文・短文			
その他			

2025 年度入試に向けて

漢字の読みは中学校で習う漢字，書きは小学校で習う漢字の出題が多かった。語句の意味や文法，熟語の構成など，知識問題も幅広く出されている。基本事項をしっかりと復習しておこう。古文は，注などを頼りに，省略された主語等を考えながら，場面の展開や話の面白さがどこにあるのかをていねいに読み取ろう。説明的文章では，長めの記述問題が出されている。筆者の言いたいことを正確につかみ，文章中の重要な部分を用いて端的にまとめる練習をしておこう。

新潟県　公立高校入試データ解析　数学

<table>
<tr><th colspan="2">分類</th><th>2024</th><th>2023</th><th>2022</th><th>問題構成</th><th>2024</th><th>2023</th><th>2022</th></tr>
<tr><td rowspan="7">式と計算</td><td>数と計算</td><td>○</td><td>○</td><td>○</td><td rowspan="3">小問</td><td rowspan="3">[1](1)～(3)，(5)
計算問題
(4)平方根</td><td rowspan="3">[1](1)～(5)計算問題
(6)文字式</td><td rowspan="3">[1](1)～(5)計算問題
[2](1)平方根</td></tr>
<tr><td>文字式</td><td>○</td><td>○</td><td>○</td></tr>
<tr><td>平方根</td><td>○</td><td>○</td><td>○</td></tr>
<tr><td>因数分解</td><td></td><td></td><td></td><td rowspan="4">大問</td><td rowspan="4"></td><td rowspan="4">[4]整数を規則的に計算処理していく，文字式の文章問題</td><td rowspan="4"></td></tr>
<tr><td>1次方程式</td><td></td><td></td><td></td></tr>
<tr><td>連立方程式</td><td></td><td>○</td><td></td></tr>
<tr><td>2次方程式</td><td>○</td><td></td><td>○</td></tr>
<tr><td rowspan="4">統計</td><td rowspan="2">データの活用</td><td rowspan="2">○</td><td rowspan="2">○</td><td rowspan="2">○</td><td>小問</td><td>[1](8)標本調査</td><td>[1](8)箱ひげ図等</td><td>[1](8)箱ひげ図</td></tr>
<tr><td>大問</td><td></td><td></td><td></td></tr>
<tr><td rowspan="2">確率</td><td rowspan="2">○</td><td rowspan="2">○</td><td rowspan="2">○</td><td>小問</td><td>[2](1)7人の生徒</td><td>[2](1)2回のさいころ</td><td>[2](2)6枚のカード</td></tr>
<tr><td>大問</td><td></td><td></td><td></td></tr>
<tr><td rowspan="7">関数</td><td>比例・反比例</td><td>○</td><td></td><td></td><td rowspan="3">小問</td><td rowspan="3">[1](6)反比例
[2](2)2乗に比例する関数の変化の割合</td><td rowspan="3"></td><td rowspan="3">[1](6)直線の式</td></tr>
<tr><td>1次関数</td><td>○</td><td>○</td><td>○</td></tr>
<tr><td>2乗に比例する関数</td><td>○</td><td>○</td><td>○</td></tr>
<tr><td>いろいろな関数</td><td></td><td></td><td></td><td rowspan="4">大問</td><td rowspan="4">[4]文章問題
動く引き戸とガラス板から見える部分の面積</td><td rowspan="4">[3]文章問題
長方形と動く正方形が重なる部分の面積</td><td rowspan="4">[3]文章問題
道のり・速さ・時間の1次関数と，2乗に比例する関数</td></tr>
<tr><td>グラフの作成</td><td>○</td><td>○</td><td></td></tr>
<tr><td>座標平面上の図形</td><td></td><td></td><td></td></tr>
<tr><td>動点，重なる図形</td><td>○</td><td>○</td><td></td></tr>
<tr><td rowspan="9">図形</td><td>平面図形の性質</td><td>○</td><td>○</td><td>○</td><td rowspan="4">小問</td><td rowspan="4">[1](7)円と角度
[2](3)作図</td><td rowspan="4">[1](7)円と角度
[2](2)証明
(3)作図</td><td rowspan="4">[1](7)円と角度
[2](3)作図</td></tr>
<tr><td>空間図形の性質</td><td>○</td><td>○</td><td>○</td></tr>
<tr><td>回転体</td><td></td><td></td><td></td></tr>
<tr><td>立体の切断</td><td></td><td></td><td></td></tr>
<tr><td>円周角</td><td>○</td><td>○</td><td>○</td><td rowspan="5">大問</td><td rowspan="5">[3]平面図形
三角形，六角形
[5]空間図形
直方体，
三角すい</td><td rowspan="5">[5]空間図形
四角すい，
三角すい</td><td rowspan="5">[4]平面図形
四角形，三角形
[5]空間図形
正四面体，
直方体</td></tr>
<tr><td>相似と比</td><td>○</td><td></td><td>○</td></tr>
<tr><td>三平方の定理</td><td>○</td><td>○</td><td>○</td></tr>
<tr><td>作図</td><td>○</td><td>○</td><td>○</td></tr>
<tr><td>証明</td><td>○</td><td>○</td><td>○</td></tr>
</table>

2025年度入試に向けて

大問数は5つか6つであり，前半は簡単な問題が多いので，できるだけ正解できるように重点的に学習しておこう。また，大問4以降は難問ぞろいなので，類題を多く解いて，少しでも問題に慣れておこう。1つの問題に時間をかけるより，多くの問題を解くことを意識しよう。

新潟県 公立高校入試データ解析 英語

分野別データ		2024	2023	2022
音声	発音・読み方			
音声	リスニング	○	○	○
文法	適語補充・選択			
文法	語形変化	○	○	○
文法	その他			
英作文	語句の並べかえ	○	○	○
英作文	補充作文			
英作文	自由作文	○	○	○
英作文	条件作文			
読解	語句や文の補充	○	○	○
読解	代名詞などの指示内容	○	○	○
読解	英文の並べかえ			
読解	日本語での記述	○	○	○
読解	英問英答	○	○	○
読解	絵・表・図を選択			
読解	内容真偽	○	○	○
読解	内容の要約			
読解	その他			

形式データ			2024	2023	2022
リスニング		記号選択	8	8	8
リスニング		英語記述	2	2	2
リスニング		日本語記述			
文法・英作文・読解	読解	会話文	1	1	1
文法・英作文・読解	読解	長文	1	1	1
文法・英作文・読解	読解	絵・図・表			
文法・英作文・読解		記号選択	7	7	7
文法・英作文・読解		語句記述	3	3	3
文法・英作文・読解		日本語記述	3	3	2
文法・英作文・読解		英文記述	8	7	8

2025 年度入試に向けて

長文中の語形変化や並べかえ問題は，基本的な文法や連語表現の知識で解けるものが多いので，ここで必ず得点したい。長文は日本語で記述させる問題が出題される。英文を正確に理解するのはもちろんだが，設問に合った答え方をすることも重要。「理由」は「〜から。」，「内容」は「〜こと。」でまとめる練習をしておこう。毎年同じような形式の設問も多いので，必ず過去問を解いて形式に慣れておこう。英作文は，絵や表の内容を英語でまとめる問題や，メールへの返信を書く問題などが出題されている。いずれの問題も，過去問や問題集で類似問題を練習すると効果的である。

新潟県　公立高校入試データ解析　社会

	分野別データ	2024	2023	2022	形式データ	2024	2023	2022
地理	世界のすがた	○	○	○	記号選択	5	9	6
	世界の諸地域（アジア・ヨーロッパ・アフリカ）	○	○	○	語句記述	2	2	3
	世界の諸地域（南北アメリカ・オセアニア）	○	○	○	文章記述	2	1	1
	日本のすがた	○	○	○	作図	1		1
	日本の諸地域（九州・中国・四国・近畿）				計算	1		1
	日本の諸地域（中部・関東・東北・北海道）	○	○	○				
	身近な地域の調査	○	○	○				
歴史	原始・古代の日本	○	○	○	記号選択	7	7	5
	中世の日本	○	○	○	語句記述	2	3	3
	近世の日本	○	○	○	文章記述	2	2	2
	近代の日本	○	○	○	並べ替え	1	1	2
	現代の日本	○	○	○				
	世界史							
公民	わたしたちと現代社会	○	○	○	記号選択	7	8	8
	基本的人権	○	○	○	語句記述	3	2	3
	日本国憲法				文章記述	3	4	2
	民主政治	○	○	○				
	経済	○	○	○				
	国際社会・国際問題	○	○	○				

2025年度入試に向けて

地理は，表・地図・グラフ・写真などの資料が大量に使われ，資料をしっかり読み取ることができれば正解にたどりつける基本的な問題が多い。歴史と公民は，基本的な語句を問う問題が多いので一問一答形式の問題演習でも十分対応できる。語句指定のある文章記述が各分野で出題されるから，重要語句の記述練習を日頃からしておきたい。

新潟県　公立高校入試データ解析　理科

分野別データ		2024	2023	2022
物理	光・音・力による現象	○	○	○
	電流の性質とその利用	○	○	○
	運動とエネルギー		○	
化学	物質のすがた	○		○
	化学変化と原子・分子	○	○	○
	化学変化とイオン		○	○
生物	植物の生活と種類	○	○	○
	動物の生活と種類	○	○	○
	生命の連続性と食物連鎖	○	○	○
地学	大地の変化	○	○	○
	気象のしくみとその変化	○	○	○
	地球と宇宙	○	○	○

形式データ	2024	2023	2022
記号選択	19	22	20
語句記述	12	4	7
文章記述	3	4	3
作図	1	1	1
数値	6	7	10
化学式・化学反応式	1	5	0

2025 年度入試に向けて

毎年，計算して数値で答える問題が多く出題される。グラフから適切な数値を読み取って計算する問題では，正しく数値を読み取る練習が必要である。また，公式にあてはめて計算する問題では，単位の変換をし忘れないように注意しよう。数本の式を立てて順に計算したり，連立方程式を使ったりする問題も出題されるので，練習して慣れておく必要がある。語句を答える問題や文章で答える問題，化学式や化学反応式を答える問題は，よく出るパターンのものが多いので，確実に暗記しておけば，このような問題にかける時間を減らし，計算問題で時間を十分にとることができる。

新潟県公立高等学校

《2024　国語　解答例》

〔一〕㈠1．うやま　2．くわ　3．かいこ　4．のうむ　5．しんぼう　㈡1．盛　2．授　3．予兆
4．戦略　5．翌週

〔二〕㈠ア　㈡エ　㈢※この問題は削除問題となりました　㈣イ　㈤イ

〔三〕㈠つたえ　㈡エ　㈢ア　㈣イ　㈤ウ　㈥資業の漢詩が数多く採用されたことを義忠がねたみ、民部卿が資業から金品を受け取って採用したという無責任な発言をしたから。

〔四〕㈠ウ　㈡ア　㈢人類の数が増え続ける一方で、人類より下に位置する無数の生物の数と多様性が減っていくこと。　㈣はじめ…頂点の少数　終わり…えていく。　㈤エ　㈥技術発展の方向性を決める快適さや便利さ、効率性を追求する心、金銭的な利益が幸福と直結しないことを知り、生き物が個別の特殊性を持ち、それが全体としては多様性となる一方で、互いに生物としての普遍性を持っているという知識が広がって行く必要がある。

《2024　数学　解答例》

〔1〕(1)-2　(2)$11a-13b$　(3)$2x$　(4)$\frac{\sqrt{2}}{5}<\frac{3}{10}<\frac{1}{\sqrt{10}}$　(5)$-5\pm\sqrt{13}$　(6)2分30秒　(7)36　(8)2700

〔2〕※(1)$\frac{2}{7}$　※(2)$\frac{5}{2}$　(3)右図

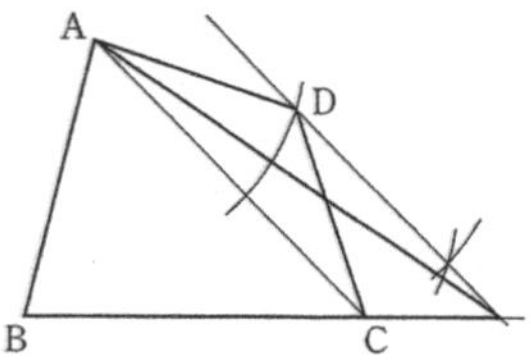

〔3〕(1)36 : 25

(2)①△AGLと△DGHにおいて,

∠GAL＝∠GDH＝60°…①

対頂角は等しいから，∠AGL＝∠DGH…②

①，②より，2組の角がそれぞれ等しいから,

△AGL∽△DGH

※②11

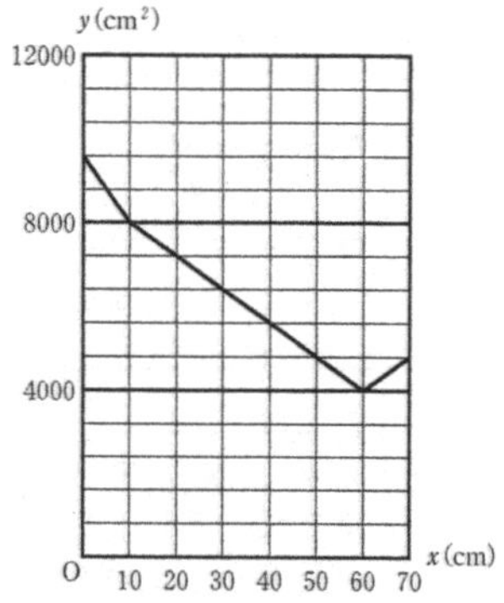

〔4〕(1)1500　(2)B，C　(3)$80x-800$　(4)右グラフ　※(5)$\frac{440}{9}$

〔5〕(1)5　(2)25　※(3)①$\frac{15}{8}$　②$\frac{645}{32}$

※の求め方は解説を参照してください。

《2024　英語　解答例》

〔1〕(1)1．エ　2．ア　3．イ　4．ア　(2)1．ウ　2．イ　3．ウ　4．エ　(3)1．No, he didn't.
2．Because he wants to be a music teacher.

〔2〕(1)ウ　(2)about half of the people visit Japan　(3)*Origami* is a Japanese traditional art of paper folding.　We can make many kinds of things such as animals and flowers with paper.

〔3〕(1)A．know where it is　D．something I want　(2)B．gave　F．written　(3)すべての生徒たちが，読んだ文の内容をよりよく理解することや，学ぶことをもっと楽しむこと。　(4)エ　(5)私たちの周りの，助けを必要とする多くの人々。　(6)ウ，エ

〔4〕(1)冷蔵庫の中の食べ物を食べきれず無駄にしてしまうことや，スーパーマーケットやコンビニエンスストアで，人々が買わなかった食べ物が無駄にされること。　(2) b　(3)have more time to talk　(4)ア，オ

(5)①Yes, there are.　②His family does.　③He wants them to think critically about many things.

(6)I want to use AI to translate Japanese into other languages. If I use it, I can communicate with people all over the world. It helps me understand them.

《2024　社会　解答例》

〔1〕(1)II　(2)モノカルチャー経済　(3)イ　(4)ア　(5)16 世紀にスペイン人やポルトガル人が進出し，先住民を征服して，植民地にしたため。

〔2〕(1)やませ　(2)ア　(3)原料の輸入に船を利用するため，臨海部に形成されている。

(4)右図　(5)①イ　②エ

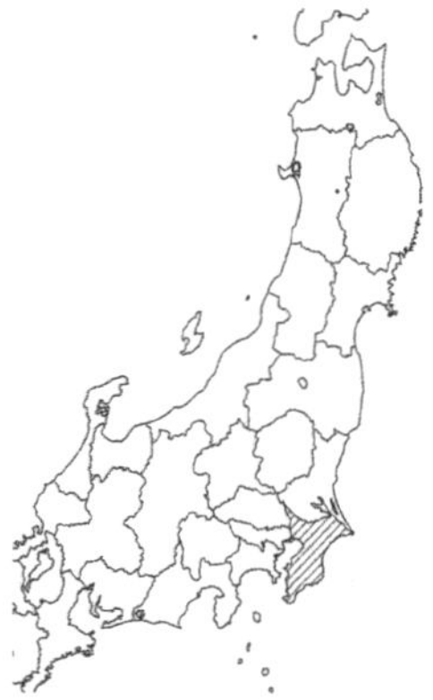

〔3〕(1)エ　(2)自分の娘を天皇のきさきにし，その子を天皇の位に就けたから。

(3)ア→エ→ウ→イ　(4)松平定信　(5)ウ　(6)エ

〔4〕(1)エ　(2)イ　(3)戦費をまかなうため，国民は増税に苦しんだにもかかわらず，日本は賠償金を得ることができなかったため。　(4)エ　(5)三・一独立運動

(6)ウ

〔5〕(1)①エ　②国際人権規約　(2)①一つの選挙区から一人の議員を選出するしくみで，死票が多くなるという問題点がある。　②司法権の独立　③カ　(3)①ウ　②公共サービス　③イ　(4)①オ　②ウ，オ

〔6〕(1)イ　(2)輸出量を増加させる　(3)原料の自給率が高く，１世帯当たりの支出金額が増加しているパンやめん類に加工されている

《2024　理科　解答例》

〔1〕(1)ウ　(2)ア　(3)エ　(4)ウ　(5)分離の法則　(6)イ

〔2〕(1)ウ　(2)①イ　②砂の層に含まれる粒の方が，泥の層に含まれる粒よりも大きく，大きな粒ほど河口から近いところに堆積するため。　③イ→エ→ア→ウ

〔3〕(1)X．ア　Y．イ　(2)b．ミミズ　f．イモリ，カエル　(3)コウモリ…c　マイマイ…a

〔4〕(1)電流を流しやすくするため。　(2)気体の体積…１　気体の名称…水素

(3)①X．化学　Y．電気　Z．燃料電池　② $2H_2+O_2 \rightarrow 2H_2O$

〔5〕(1)エ　(2)比例　(3)1.5　(4)ア

〔6〕(1)二酸化炭素　(2)右グラフ　(3)Y．酸化銅　Z．炭素

(4)物質の名称…酸化銅　物質の質量…２

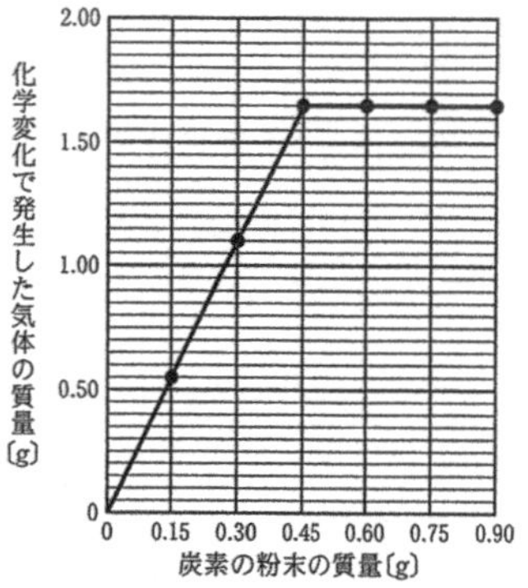

〔7〕(1)10　(2)①1.3　②イ　(3)４

〔8〕(1)①イ　②エ　(2)ア　(3)A

(4)地球から見て，さそり座が太陽と同じ方向にあるため。

《2024　国語　解説》

〔二〕

㈠　「計画を立てる」と、アの「立てる」は「考え定める」の意。

㈡　例文は「あなた/と/再び/会え/て/うれしい。」と６つの単語に分けることができる。　ア.「穏やかに/日々/を/過ごし/た。」で５つ。「穏やかに」は形容動詞「穏やかだ」の連用形。　イ.「駅/の/ホーム/で/電車/を/待つ。」で７つ。　ウ.「素早く/準備/に/取りかかる。」で４つ。「素早く」は形容詞「素早い」の連用形。「取りかかる」は一語の複合動詞。　エ.「借り/た/本/を/いったん/返す。」で６つ。「いったん」は副詞。

㈣　「花鳥風月」は「花」「鳥」「風」「月」の四字が一つ一つ独立した意味を持っている。これと同じ構成は、イの「起承転結」。　ア.「共存」と「共栄」は似た意味の二字熟語を重ねた関係。　ウ.「大器」と「晩成」は主語＋述語の関係。　エ.「有名」と「無実」は対立する意味の二字熟語を重ねた関係。

㈤　A.「一にも二にも」は「他のことは考えず、まずは」の意。　B.「一から十まで」は「何から何まですべて」の意。　C.「百聞は一見に如《し》かず」は「他人から何度も聞いたとしても、自分で実際に一度見るのには及ばない」の意。

〔三〕

㈠　古文で言葉の先頭にない「はひふへほ」は、「わいうえお」に直す。

㈡　宇治殿《うじどの》は、和歌を選ぶのに私情を交えていないという民部卿《みんぶきょう》の言葉を聞いて、義忠《のりただ》に「何の故《ゆゑ》有て～為《す》るぞ（どういう理由で、あのようなでたらめを申して事態を混乱させようとしたのか）」と聞いていることから、義忠の言葉について「納得がいかない」と思っていると判断できる。

㈢　「義忠或《あ》る女房《にようばう》に付《つけ》（義忠がある女房に託して）」とあることから、義忠が自分の気持ちを詠んで、宇治殿に「和歌をぞ奉《たてまつり》ける（和歌を差し上げた）」ということがわかる。また、義忠は宇治殿から叱責を受けたときに「恐れを成《な》して蟄《こも》り居《ゐ》にけり（恐縮して家にこもってしまった）とあることから、「うらみをとかで春のくれぬる」は、宇治殿に対して弁明もできずに叱責されたことを不満に思う気持ちであると解釈できる。

㈣　民部卿が和歌を選ぶのに私情を交えていないかどうかということが話題になっていることと、この部分は民部卿が人望のある人だったので、和歌を選ぶのに私情を交えるという評判が立たないようにしたという文脈であることから、イの「民部卿」が適する。

㈤　リード文から、資業《すけなり》の漢詩が多く選ばれた際に、義忠は「資業の作った漢詩は難点が多いにもかかわらず、数多く採用されています」と訴えていることから、「誇り（非難）」の対象として、ウが適する。

㈥　理由は直前の「但《ただ》義忠が民部卿を放言《はうごん》するが由《よし》無きなり、とぞ人云《いひ》て（ただ義忠が民部卿に対して無責任な発言をするのがよくないことだ、と人々は言って）」である。無責任な発言の内容がわかるようにまとめること。

【古文の内容】

民部卿（＝斉信《ただのぶ》）はこのことを伝え聞いて、激怒して、この詩を、皆立派な辞句で、選ぶところに私情は交えていないことを申されたので、宇治殿（＝頼通《よりみち》）は非常に義忠が言ったことを納得がいかないとお思いになって、義忠をお呼び寄せになって、「どういう理由で、あのようなでたらめを申して事態を混乱させようとしたのか」と、叱責しおっしゃった。義忠は恐縮して家にこもってしまった。翌年の三月に（これは）赦《ゆる》された。ところが義忠はある女房に託して、（宇治殿に）和歌を差し上げた。

〈Ｉ〉　資業の色糸の詩句を非難したためおとがめを受けた

うらみを晴らさないまま（三月となり）春が暮れてしまった

と。その後、これといった（宇治殿の）仰せごともなくて終わってしまった。

このことを考え合わせると、義忠も非難するべきところがあって非難したのであろう。ただ民部卿は当時人望のある人だったので、「私情を交えるという評判を取らないように」として、（義忠に）おとがめがあったのであろうか。また資業も（難点が多いという）非難がある（ような）漢詩はよもや作らなかったであろうよ。

このこともただ才能を競うことから出てきた事件である。ただ義忠が民部卿に対して無責任な発言をするのがよくないことだと、人々は言って、義忠を非難した、と語り伝えているということだ。

〔四〕

㈠　前の部分で、食物連鎖のピラミッドの構成を「底辺から順に～複数段階ある」と説明し、後の部分で「草食性の昆虫がいたとして、それを食べるカエルがいて～タカなどがいる」というように、具体例を挙げていることから、ウの「例えば」が適する。

㈡　この段落の初めの「現代のヒトをここ（＝食物連鎖のピラミッド）に位置づけるとしたら」と同じ意味のことを再び述べ、ヒトを食物連鎖のピラミッドに「入れるのが適切かどうか分からないが、入れるとすれば」と言っている。本来はこのピラミッドに入っていないが、「自分たちを食べる動物」がいないため、「実質的」には頂点に入るということである。

㈢　「均衡」とは「いくつかのもののつり合い」のこと。生物量のつり合いを失うとは、前の部分にあるように、「人類の数がどんどん増え続ける」一方で、「それより下に位置する無数の生物」は「数と多様性が減っている」ということを指している。

㈣　「ピラミッドは三角形であるから安定している」とは、食物連鎖のピラミッドは、頂点の生物が少なく、下部に位置する生物の数が多いから安定しているということ。前の段落で、「頂点の少数の生き物を養うために、底辺へ向かうにしたがって幾何級数的《きかきゅうすうてき》に、必要な個体数が増えていく」と説明している。「幾何級数的《きかきゅうすうてき》」とは「常に前の数の何倍かをかけた数に増えていく様子」であること。

㈤　直前の文の「ヒトが自然を改変した結果」としての「種や個体の減少」が「６度目の大絶滅」であると見るということを言い換えた部分。「ヒト」の「滅びゆく運命」については、前の段落に、人類が増え続け、その下の生物が減っていくと、食物連鎖のピラミッドの形が崩れるということが書かれ、５～６行前に「ヒトという種の健全な存続が危ぶまれるようになる」か「生命システム全体が破綻《はたん》してしまう」と述べられている。

㈥　Ⅱの文章では、最初の段落で「快適さや便利さ、効率性を追求する心」が技術発展の方向性を決めるとし、第２段落の「しかし」に続く部分で、「便利さ」を求めるだけでは限界があるとしている。「ヒト」が「知る」べきこと、広がって行くべき「知識」については、「ナチュラル・ヒストリーを知るべきである」「ほかの生き物について知り、ヒトとの共通点と相違点を知るべきである」とある。Ⅰの文章に戻ってみると、最後から２番目の段落で、「それぞれの生き物は個別の特殊性を持ち～多様性となる一方で～――生物としての普遍性――を持っている。ナチュラル・ヒストリーとは、生き物が歩んできた、このような歴史のことである」と述べられている。

《2024　数学　解説》

〔１〕

(1)　与式＝－９＋７＝**－２**

(2)　与式＝６ａ－３ｂ＋５ａ－10ｂ＝**11ａ－13ｂ**

(3)　与式$=18xy^2\div 9y^2=$**$2x$**

(4)　**【解き方】分母を10にそろえてから，分子の大きさを比べる。**

$\frac{3}{10}=\frac{\sqrt{9}}{10}$，$\frac{\sqrt{2}}{5}=\frac{2\sqrt{2}}{10}=\frac{\sqrt{8}}{10}$，$\frac{1}{\sqrt{10}}=\frac{\sqrt{10}}{10}$であり，$\sqrt{8}<\sqrt{9}<\sqrt{10}$より，**$\frac{\sqrt{2}}{5}<\frac{3}{10}<\frac{1}{\sqrt{10}}$**となる。

(5)　与式より，$x+5=\pm\sqrt{13}$　　**$x=-5\pm\sqrt{13}$**

(6)　食品が温まる時間をx分，出力をyWとすると，$y=\frac{a}{x}$が成り立つ。この式に$x=3$，$y=500$を代入すると，$500=\frac{a}{3}$より$a=1500$となる。よって，$y=600$のとき，$600=\frac{1500}{x}$より$x=\frac{5}{2}$だから，600Wの出力での適切な加熱時間は，$\frac{5}{2}$分$=2\frac{1}{2}$分→2分$(\frac{1}{2}\times 60)$秒$=$**2分30秒**である。

(7)　**【解き方】中心角の大きさは，おうぎ形の弧の長さに比例する。**

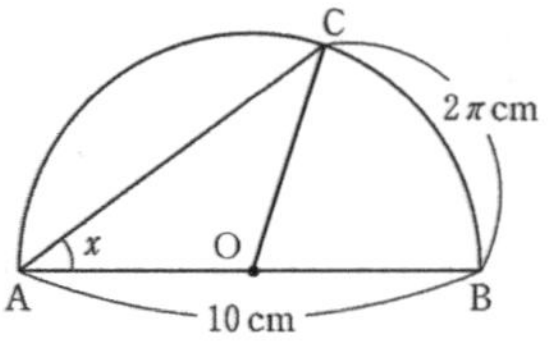

右図で，ABを直径とする円の円周の長さは10πcmだから，$\angle$BOC$=360^\circ\times\frac{2\pi}{10\pi}=72^\circ$である。同じ弧に対する円周角は中心角の$\frac{1}{2}$倍だから，$\angle x=72^\circ\times\frac{1}{2}=$**$36^\circ$**

(8)　取り出した100個の玉において，白玉と赤玉の個数の比は$(100-10):10=9:1$だから，全体においても，白玉と赤玉の個数の比は$9:1$と推定できる。よって，箱の中の白玉はおよそ，$300\times\frac{9}{1}=$**2700(個)**と推定できる。

〔2〕

(1)　**【解き方】樹形図をかいて考える。**

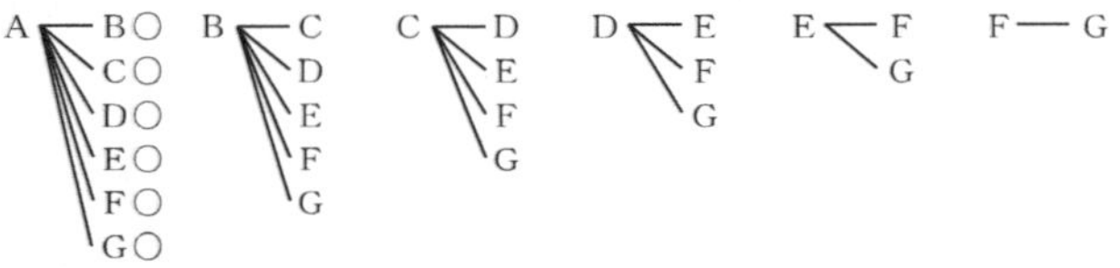

代表2人の選び方は右の樹形図の21通りあり，このうちAが選ばれる組み合わせは○印の6通りだから，求める確率は，$\frac{6}{21}=$**$\frac{2}{7}$**である。

(2)　関数$y=ax^2$について，$x=1$のとき，$y=a\times 1^2=a$，$x=4$のとき，$y=a\times 4^2=16a$だから，変化の割合は，$\frac{(y\text{の増加量})}{(x\text{の増加量})}=\frac{16a-a}{4-1}=5a$である。これが$2a^2$と等しいから，$2a^2=5a$　　これを解くと，$a=0$，$\frac{5}{2}$となる。$a\neq 0$より，**$a=\frac{5}{2}$**

(3)　右図のように，Dを通り，直線ACに平行な直線と，直線BCの交点をEとする。このとき，△ACDと△ACEで，底辺をそれぞれACとしたときの高さが等しいから，△ACD＝△ACEとなるので，四角形ABCDの面積と，△ABEの面積が等しくなる。

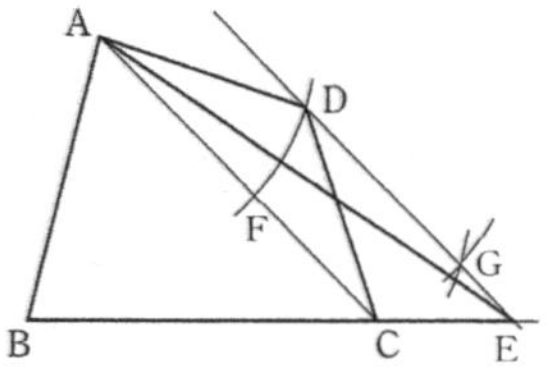

作図の流れとしては，AC上にAD＝AFとなる点Fをとり，四角形AFGDがひし形となるような点Gをとる。直線DGと直線BCの交点がEとなる。

〔3〕

(1)　**【解き方】相似な三角形において，面積比は相似比の2乗の比になる。**

△ABC∽△DEFで，相似比は$6:5$だから，面積比は$6^2:5^2=$**$36:25$**である。

(2)①　まず，問題文の仮定を図にかきこんで，証明のために必要な条件を探そう。条件が足りない場合は，問題の内容に応じて，図形の性質，平行線の同位角・錯角などからわかることもかきこんでみよう。

②　**【解き方】BC//DFより，図中の三角形はすべて正三角形である。**

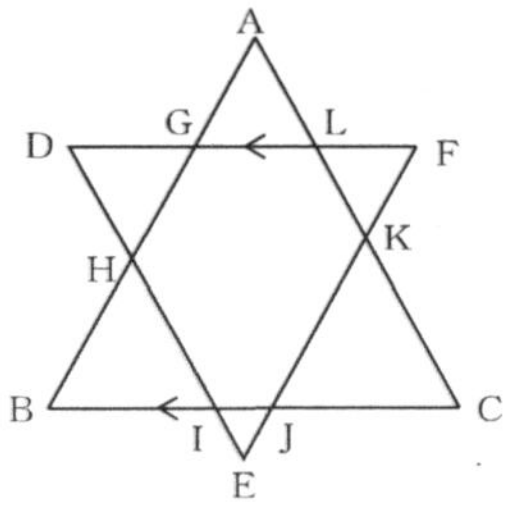

△AGL，△BIHは正三角形だから，LG＝AG，HI＝HBより，

LG＋GH＋HI＝AG＋GH＋HB＝AB＝6(cm)…㋐

△EJI，△FLKは正三角形だから，IJ＝EJ，KL＝KFより，

IJ＋JK＋KL＝EJ＋JK＋KF＝EF＝5(cm)…㋑

よって，六角形ＧＨＩＪＫＬの周の長さは，㋐，㋑より，

（ＬＧ＋ＧＨ＋ＨＩ）＋（ＩＪ＋ＪＫ＋ＫＬ）＝6＋5＝**11**（cm）

〔4〕

(1)　Ａの面積は，縦の長さが100 cm，横の長さが15 cmの長方形の面積だから，100×15＝**1500**（cm²）である。

(2)　Ａ，Ｄの面積は最初0 cm²で次第に増えていくので，グラフに合わない。グラフが表す面積は，引き戸を動かさないとき4800 cm²となるから，Ｂ，Ｃの面積がそれぞれ80×60＝4800（cm²）となることと一致する。引き戸を60 cm以上動かすと，片方の引き戸のガラス板だけを通して見える奥の面はなくなるので，Ｂ＝Ｃ＝0となるから，グラフに合う。よって，このグラフは**Ｂ，Ｃ**のものである。

(3)　引き戸を10 cm動かしたとき，2枚の引き戸のガラス板が重なった部分は存在しないので，Ｄの面積は0 cm²である。ここからＤの面積は一定の割合で増加し，引き戸を70 cm動かしたとき，Ｄの面積は最大となり，4800 cm²となる。よって，2点(10，0)，(70，4800)を通る直線の式を求めればよい。引き戸を$x$cm動かしたときのＤの面積を$z$cm²としたとき，z＝ax＋bとおき，2点の座標を代入すると，0＝10a＋b，4800＝70a＋bとなる。2つの式を連立方程式として解くと，a＝80，b＝−800となるから，$\boldsymbol{z=80x-800}$となる。

(4)　**【解き方】Ｂ，Ｃの面積をxの式で表し，(3)で求めた式と足し合せるが，Ｂ，Ｃの式とＤの式ではxの変域が異なることに注意する。Ｄの式では10≦x≦70である。**

(2)よりＢ，Ｃの面積を表す式は同じ式になるから，Ｂで考える。Ｂの横の長さは引き戸を動かした分だけ短くなるから，(60−x)cmと表せるので，Ｂの面積は，80(60−x)＝−80x＋4800（cm²）と表せる。ただし，(2)のグラフからもわかるように，0≦x≦60である。

したがって，0≦x≦10のグラフの式はy＝(−80x＋4800)×2＝−160x＋9600だから，x＝0のときy＝9600，x＝10のときy＝−160×10＋9600＝8000となる。

10≦x≦60のグラフの式は，y＝(ＢとＣの面積の和)＋(Ｄの面積)＝(−160x＋9600)＋(80x−800)＝−80x＋8800となるから，x＝60のときy＝−80×60＋8800＝4000となる。

60≦x≦70のグラフの式は，y＝80x−800だから，x＝70のときy＝4800となる。

以上より，解答例のように点(0，9600)，(10，8000)，(60，4000)，(70，4800)をこの順に直線で結べばよい。

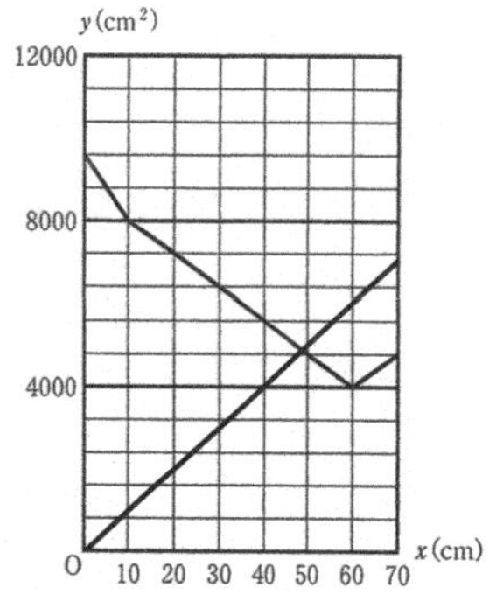

(5)　**【解き方】0≦x≦70におけるＡの面積を$y$cm²とすると，y＝100xと表せるから，(4)のグラフと直線y＝100xの交点のx座標を求めればよい。**

右のグラフより，2つのグラフは10≦x≦60の範囲で交わる。

(2)より，y＝−80x＋8800とy＝100xを連立方程式として解くと，$x=\frac{440}{9}$，$y=\frac{44000}{9}$となり，10≦x≦60を満たす。よって，求めるxの値は$\boldsymbol{\frac{440}{9}}$である。

〔5〕

(1)　△ＡＢＥにおいて，三平方の定理より，ＢＥ＝$\sqrt{3^2+4^2}$＝**5**（cm）

(2)　ＢＥ＝ＢＣ＝5 cmより，四角形ＢＣＨＥは1辺の長さが5 cmの正方形である。よって，面積は5×5＝**25**（cm²）

(3)①　**【解き方】右のように長方形ＡＢＣＤと正方形ＢＣＨＥをつなげた長方形をかく。ＡＰ＋ＰＨの長さが最も短くなるとき，右図上で3点Ａ，Ｐ，Ｈは一直線上にある。**

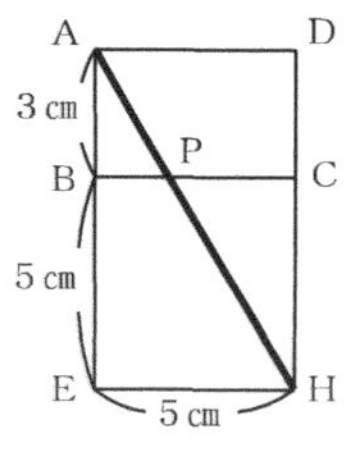

ＥＨ//ＢＰより，△ＡＥＨ∽△ＡＢＰだから，ＥＨ：ＢＰ＝ＡＥ：ＡＢ

5：ＢＰ＝(3＋5)：3　　よって，ＢＰ＝$\boldsymbol{\frac{15}{8}}$（cm）である。

② **【解き方】右図のように，ＡＰ，ＤＣ，ＨＱを延長する。**

△ＡＤＨ∽△ＰＣＱで２つの三角形がある面は平行だから，

２つの三角形は相似の位置にあるので，３本の直線はＲで交わる。

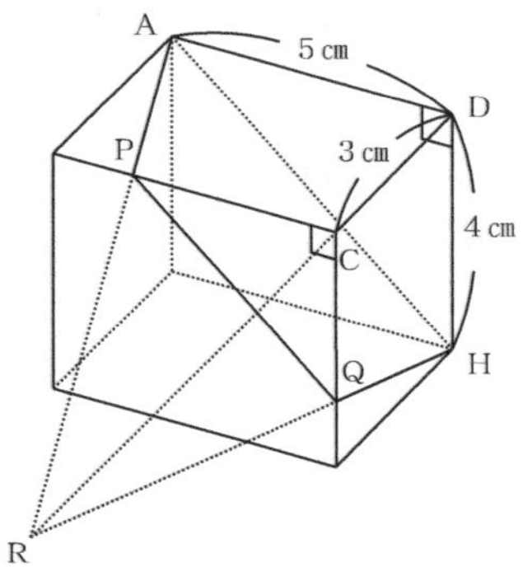

求める立体の体積をＶ㎤とする。

三角すいＲ－ＡＤＨと三角すいＲ－ＰＣＱは相似であり，相似比は

ＡＤ：ＰＣ＝５：$(5-\frac{15}{8})$＝８：５である。よって，ＲＤ：ＣＤ＝

８：(８－５)＝８：３だから，ＲＤ＝$\frac{8}{3}$ＣＤ＝８(㎝)

相似な立体において，体積比は相似比の３乗の比と等しいから，

(三角すいＲ－ＡＤＨの体積)：(三角すいＲ－ＰＣＱの体積)＝

8^3：5^3＝512：125より，(三角すいＲ－ＡＤＨの体積)：Ｖ＝

512：(512－125)＝512：387

したがって，Ｖ＝$\frac{387}{512}$(三角すいＲ－ＡＤＨの体積)＝$\frac{387}{512}\times\frac{1}{3}\times\frac{1}{2}\times5\times4\times8=\mathbf{\frac{645}{32}}$(㎤)

《2024　英語　解説》

〔１〕

⑴１　質問「これは何ですか？」…「部屋を掃除するときは，これを使います」より，エ「掃除機」が適当。

２　質問「デイビッドはどんな動物に興味がありますか？」…「デイビッドはある動物に興味があります。それは飛ぶことができます」より，ア「鳥」が適当。　３　質問「ホテルはどれですか？」…「私の町では，郵便局のとなりにホテルがあります。博物館は学校の前にあります。公園は博物館と書店の間にあります。学校のとなりに素敵なレストランがあります」より，ホテルは郵便局のとなり(アかイ)にあり，学校のとなり(ア)にはレストランがあるので，ホテルはイが適当。なお，ウは博物館，エは公園である。　４　質問「明日の午前中，ジェーンはミホと何をしますか？」…「こんにちは，ミホ。ジェーンよ。明日の予定について話したいの。午前９時に図書館で待ち合わせをして昼までそこで勉強してから海に行くよね？ニュースによると，明日の午後は晴れるらしいから，泳いだりビーチバレーをしたりして楽しめるよ。何かわからないことがあったら，電話をちょうだい。じゃあね」より，午前中は図書館で一緒に勉強するので，ア「彼女は図書館で勉強するつもりです」が適当。

⑵１　質問「オリバーは机を作りましたか？」…Ａ「オリバー，この机はいいね。同じものを買いたいな」→Ｂ「そう？実は僕が作ったんだ」→Ａ「わあ，あなたはすごいね。私も作りたいな」より，ウ「はい，彼は作りました」が適当。　２　質問「ポールはどのようにして学園祭に行きますか？」…Ａ「ポール，来週，私たちの学園祭に来るの？」→Ｂ「もちろん行くよ。僕は姉と一緒に行くよ。姉は僕を車で連れて行ってくれるよ」→Ａ「あ，私の学校には車で来ることができないよ。その日は駐車場がないの。自転車かバスか電車で来たほうがいいよ」→Ｂ「うん，わかった。自転車で行くよ」より，イ「自転車で」が適当。　３　質問「彼らはいつ一緒に夕食を食べますか？」…Ａ「うちに来て一緒に夕食を食べよう。金曜日の夜は空いている？」→Ｂ「ありがとう。でも，その日はピアノのレッスンがあるの」→Ａ「じゃあ，その次の日はどう？」→Ｂ「うん。夜の７時に行けると思うよ」より，金曜日の次の日だから，ウ「土曜日に」が適当。　４　質問「なぜヒナコはうれしかったのですか？」…Ａ「ベン，これをあなたにあげるよ。私は冬休みにカナダに行ったの」→Ｂ「ああ，何て素敵な帽子なんだ！ありがとう，ヒナコ。そこで何をしたの？」→Ａ「そこで冬の特別英語クラスに参加したの」→Ｂ「どうだった？」→Ａ「最初は恥ずかしくて生徒たちに話しかけられなかったよ。でも，たくさん質問してくれたから，彼らとコミュニケーションをとれたよ。とてもうれしかったよ」より，エ「現地の生徒たちとコミュニケーションがとれたから

です」が適当。

(3) 【放送文の要約】参照。1　質問「スミス先生は2年前の夏に日本に来ましたか？」…スミス先生が来日したのは3年前の8月だから，No, he didn't.と答える。　2　質問「スミス先生はなぜアメリカに帰って音楽を勉強するのですか？」…音楽の先生になりたいからだから，Because he wants to be a music teacher.などで答える。

【放送文の要約】

みなさん，こんにちは。これがみなさんへの最後のメッセージです。1私は3年前の8月に来日しました。私は日本ですばらしい経験をしました。特に，この学校でみなさんと一緒に時間を過ごせてとてもうれしいです。私の一番の思い出は合唱コンクールです。みなさんの合唱はすばらしかったです！2私は音楽の先生になりたいので，アメリカに帰ったら音楽を勉強します。みなさんありがとうございました。また会えたらうれしいです。さようなら。

〔2〕

(1) アリス「グラフ1によると，□が最も多く日本を訪れていると言えるね」より，グラフ1から読み取れることを答える。グラフ1では「どこから来ましたか？」という質問に対して South Korea「韓国」の割合が最も大きいので，ウ「韓国出身の人々」が適当。

(2) (a)の直前に Look at Graph 2「グラフ2を見て」，直後に to experience Japanese history and culture「日本の歴史と文化を体験するために」とある。グラフ2で「なぜ日本を訪れたのですか？」という質問に対して，To experience Japanese history and culture の割合が約50%に達していることに着目する。about half of the people visit Japan「約半数の人が日本を訪れる」などを入れる。

(3) 下線部の質問「何か挑戦するべきことを私に教えてくれない？」に対して，3行以内という条件を守って答える。直前の「私は日本文化をいくつか体験したいな」より，日本文化を体験する内容にする。難しい文法や単語を使う必要はないので，間違いのない英文を作ろう。　(例文)「折り紙は日本の伝統的な紙を折る芸術だよ。紙で動物や花のようなたくさんの種類のものを作ることができるよ」

〔3〕 【本文の要約】参照。

(1)A　文中に疑問詞を含む間接疑問文では，疑問詞(＝where)の後ろは it is のように肯定文の語順になる。

D　〈省略された関係代名詞(＝that)と語句(＝I want to show you)〉が後ろから something を修飾し，「私があなたに見せたいもの」を表す。

(2)B　yesterday があるので，過去の文と判断する。過去形の gave が適当。　F　直前に be 動詞の are があるので，〈be 動詞＋過去分詞〉で「～される」という意味の受け身の文と判断する。過去分詞の written が適当。

(3) 直前のエマの発言の最後の2文の内容を日本語でまとめる。

(4) 牛乳パックの半月型の切り込みのように，私たちは周囲にある役立つデザインに気付かないことがある。何か問題が起こって初めてそのようなデザインに気付くことがあるので，エ「自分たちが問題を抱える」が適当。

(5) 下線部Gは直前のカオリの発言の3文目，many people who need help around us「自分たちの周りの，助けを必要とする多くの人々」を指している。

(6) ア「UDフォントは×外国から来た人だけのために使われます」　イ「カオリは生徒たちのために使用されるUDフォントについて×すでに知っています」　ウ○「エマはカオリが見せてくれた牛乳パックのデザインを気に入っています」　エ○「カオリはエマが2週間前にバスに乗ったときの気持ちを理解しています」　オ「エマは×多言語や絵の標識について意見を書かなければなりません」

【本文の要約】

カオリは高校生です。エマはアメリカから来た中学生で，カオリの家に滞在しています。ふたりはカオリの家で話し

ています。

カオリ：エマ，何をしているの？

エマ　：かばんを探しているよ。Aどこにあるかわかる（＝Do you know where it is）？

カオリ：昨日の夜，机の下で見たよ。

エマ　：机の下？あ，見つけたよ。ありがとう。宿題が入っているの。

カオリ：どんな宿題が出たの？

エマ　：昨日，社会科の授業で先生がB配布した（＝gave）プリントを読んで，それについて意見を書くの。

カオリ：どんな内容？

エマ　：ユニバーサルデザインの一種であるＵＤフォントについてだよ。従来のフォントとは少し違うの。このプリントによると，このフォントは日本のある都市ではすべての小学校と中学校で使われているみたい。

カオリ：おもしろそうね！もっと教えて。

エマ　：この市の調査によると，ＵＤフォントは他のフォントを上手に読めない生徒たちだけでなく，他の多くの生徒たちにも役に立つみたいだよ。だから，市はこのフォントを使ったプリントやデジタル教材を，そこに住むすべての子どもたちのために使うことにしたの。(3)市はすべての生徒たちが読む文の内容をよりよく理解してくれることを願っているよ。そして，市は彼らが学ぶことをもっと楽しんでくれることを願っているよ。

カオリ：いいね！市には強い願いがあるのね。

エマ　：私もそう思うよ。私たちにとって，学ぶことに興味を持つことはとても大切よ。ところで，他に日本のユニバーサルデザインの例を知っている？

カオリ：うん，知ってるよ。Dあなたに見せたいもの（＝something I want to show you）があるの。ちょっと待って。持ってくるよ。

エマ　：何かな？

カオリ：これは牛乳パックよ。開け口の反対側に半月型の切り込みが見える？これはものがよく見えない人にとってとても便利だよ。それはどれが牛乳パックなのかを見つけるのに役立つよ。それに開け口を見つけるのにも役立つよ。

エマ　：(6)ウすごいわ！私は今までで一度もこのデザインに気付かなかったな。Eエ自分たちが問題を抱えるまで，周りにこんなすばらしいデザインがたくさんあることに気付かないことがあるよ。

カオリ：その通りね。あなたはどう？日本で助けが必要になったことはある？

エマ　：ええ，町の標識についてよ。私たちの周りにはたくさんの標識があるけど，日本語でF書かれている（＝are written）ものが多いからあまり理解できないの。２週間前，隣町の友達に会いに行ったとき，日本で初めてひとりでバスに乗ったの。そのとき私は「どのバスに乗ればいいの？どっちに行けばいいの？」と思ったの。とても心配だったよ。

カオリ：(6)エ日本には外国人のための標識が十分ではないと思う。あなたの気持ちがわかるよ。

エマ　：ありがとう。外国からたくさんの人が日本を訪れるよ。だから，多言語や絵の標識が増えれば，彼らはとても助かるよ。

カオリ：その通りよ。私たちの町と国がみんなにとってより良いものになることを願うよ。(5)私たちの周りには助けを必要とする人がたくさんいるよ。私はいつか新しいユニバーサルデザインを作りたいな。

エマ　：あなたはそういう人たちを支える人になれるよ。

カオリ：ありがとう。大切なことは，日常生活の中で誰かを助けることね。今すぐ何かやってみない？

〔４〕　【本文の要約】参照。

(1)　直前の３文に書かれている，家庭や，コンビニエンスストアやスーパーマーケットで起こっている問題を日本語でまとめる。

(2)　東京から大阪まで電車でかかる時間が短くなっていく状況を読み取る。入れる英文では４時間かかるので，直前に６時間半，直後に２時間半の英文があるｂに入れる。

(3)　ケビンのレポートでは，家族との対面でのコミュニケーションの重要性を訴えている。４語以上の条件に合わせて，have more time to talk「話すためのより多くの時間をとる」などを入れる。

(4)　ア「食料を長時間保管する技術」はリクトが，オ「人々を別の場所へ運ぶ技術」はメイが発表した内容。イ「明日の天気を伝える技術」，ウ「環境をきれいにする技術」　エ「私たちが使う多くのエネルギーを節約する技術」は発表内容にはない。

(5)①　「世界中には十分な食料を手に入れることができない人々が８億人いますか？」…リクトの発表の第２段落３～５行目より，Yes で答える。Are there ～？の質問には，Yes, there are.か No, there aren't.で答える。

②　「誰が毎日インターネットを通じてケビンとコミュニケーションをとっていますか？」…ケビンの発表の２～３行目より，ケビンの家族である。Who 一般動詞 ～？の形の疑問文では，～do／does.で答える。

③　「ヤマダ先生はこれから生徒たちに何をしてほしいですか？」…ヤマダ先生の２回目の発言の３行目，I hope ～.の文を引用して答える。「(人)に～してほしい」＝want＋人＋to ～

(6)　４行以内の条件を守って答えること。（例文）「私は日本語を他の言語に翻訳するためにＡＩを使いたいです。もし私がＡＩを使えば，世界中の人々とコミュニケーションをとることができます。ＡＩは世界中の人々を理解するのに役立ちます」

【本文の要約】

リクトとメイは日本の高校生です。ケビンはオーストラリア出身で，彼らの学校で勉強しています。ヤマダ先生の英語の授業で，彼らはクラスメートに英語のレポートを渡しています。

ヤマダ先生：

今日はみなさんの研究について話してもらう予定です。科学技術の発達によって，私たちの生活は楽になりました。それでは，学んだことについて話してもらいましょう。

リクト：

皆さんは冷蔵庫のない生活を想像できますか？1950 年代，日本ではほとんどの人が冷蔵庫を所有していませんでした。今では，(4)ア冷蔵庫のおかげで魚や肉などいろいろな種類の食べ物を買って家に保管しておくことができます。調理した料理を冷蔵庫に保管することもできます。

(1)Aしかし，私たちは時々冷蔵庫の中の食べ物の一部を食べきれず，無駄にすることがあります。また，別の問題もあります。スーパーマーケットやコンビニエンスストアでは，人々が買わなかった食べ物の中には無駄にされているものもあります。(5)①世界中で８億人以上が十分な食料を手に入れることができないので，これらの問題はすぐに解決されるべきだと思います。日本では 2020 年に約 522 万トンの食料を無駄にしました。これは日本人が毎日茶わん１杯くらいの食べ物をごみ箱に入れているということです。

メイ：

(4)オこれから鉄道の発展についてお話しします。新幹線が導入される前は，東京から大阪まで最も速い電車でも６時間半かかりました。ｂその後，1964 年に新幹線が導入され，４時間で行けるようになりました。今は２時間半しかかかりません。新幹線のおかげで，以前より旅行が楽になり，速くなりました。リニア中央新幹線について聞いたことがありますか？導入されると，東京から大阪まで１時間ほどで行けます。すごいです。しかし，そのために私たちはどれだけのエネルギーを必要とするのでしょうか？

ケビン：

インターネットの発達は，私たちがどこにいても人とコミュニケーションをとるのに役立ちます。⑸②私は今，日本にいますが，オーストラリアに住む家族とインターネットで毎日コミュニケーションをとることができます。それはとても楽しいです。しかし面と向かって話す方が大切だと感じるようになりました。オーストラリアで家族と一緒に住んでいた時，私はよく部屋でゲームをしていて，家族と話す時間をあまり持ちませんでした。家にいても家族にメールを送ることもありました。オーストラリアに帰ったら家族と対面でB話す時間をより多くとり(＝have more time to talk)たいです。

ヤマダ先生：

科学技術の発達について話してくれてありがとうございます。お疲れ様でした。技術開発の良い点といくつかの問題点の両方がわかりました。⑸③これからもたくさんのことを批判力をもって考えてほしいです。これは，世の中の問題を解決する上で最も重要なことのひとつです。

また，情報技術は私たちの世界でますます重要になってきています。レポートを作成するときにタブレット端末を使用しましたね？ それらのものを使うことは以前よりも一般的になりました。そんな中で，生成ＡＩが普及しましたね？ ＡＩは私たちの日常生活でより多く使われるでしょう。次回それについて話しましょう。

《2024　社会　解説》

〔１〕

⑴　Ⅱ　　経度０度の本初子午線は，イギリス・フランス・スペイン，アフリカ大陸のギニア湾あたりを通る。

⑵　モノカルチャー経済　　特定の農作物や鉱産資源の輸出に依存したモノカルチャー経済は，その輸出品の国際価格の変動や天候不順による生産量の減少などにより，収入が安定しないという問題がある。

⑶　イ　　輸出品目の第２位に茶が入っているａはスリランカである。スリランカはイギリスの植民地であったときから茶の生産がさかんである。人口密度が極端に低いｄはカナダである。カナダは面積が世界第２位であるが，人口は約4000万人である。ｂはチリ，ｃはインド。

⑷　ア　　サヘルはアフリカ大陸のサハラ砂漠南縁部の砂漠化が進んでいる地域である。

⑸　16世紀，南アメリカ大陸のブラジルを除くほとんどの地域をスペインが植民地にした。また，ブラジルはポルトガルが植民地にした。

〔２〕

⑴　やませ　　やませが吹くと稲などの生育が悪くなり，不作となる冷害が発生することがある。

⑵　ア　　消去法で考える。１月の降水量が多いイは日本海側の気候の金沢，１月の気温が低く，降水量も少ないウは内陸性の気候の前橋，１月の気温が氷点下になるエは盛岡だから，小名浜はアである。

⑶　原料を輸入して製品を輸出する加工貿易によって発展した日本では，沿岸部にコンビナートや工業地帯が形成された。

⑷　千葉県　　人口密度が1970年から2021年にかけて倍増していることから，この50年で人口が倍増しているとわかる。また，野菜の産出額が多いことから，大消費地周辺の近郊農業が盛んな地域にあり，製造品出荷額等も多いことから千葉県と判断する。Ａは神奈川県，Ｃは宮城県，Ｄは秋田県。

⑸①　イ　　松本城から見て消防署(Y)は左側(西)にある。　②　エ　　(実際の距離)＝(地図上の長さ)×(縮尺

の分母)より，地図上の 0.5 ㎝は，0.5×25000＝12500(㎝)＝125ｍだから，実際の面積は，125×125＝15625(㎡)となる。

〔３〕

⑴　エ　　源氏の将軍が三代で途絶えたことを契機に，幕府を倒そうと後鳥羽上皇が挙兵すると，北条政子の呼びかけに集まった関東の御家人の活躍で，鎌倉幕府方が勝利し，後鳥羽上皇は隠岐に流された(承久の乱)。

⑵　平安時代，子どもは母方の実家で育てたため，子どもに対して母方の祖父の影響力が強くなった。

⑶　ア→エ→ウ→イ　　ア(天武天皇　飛鳥時代)→エ(院政　平安時代)→ウ(南北朝時代)→イ(禁中並公家諸法度　江戸時代)

⑷　松平定信　　松平定信は，徳川吉宗の孫で，寛政の改革を行った老中である。その改革内容が厳しかったため，田沼時代の方が良かったとする短歌がつくられた。

⑸　ウ　　アはＡ(鎌倉時代)，イはＣ(奈良時代)，ウは室町時代，エはＢ(平安時代)，オはＤ(江戸時代)。

⑹　エ　　ア．誤り。兵農分離は安土桃山時代に進められた。イ．誤り。墾田永年私財法は奈良時代に出された。ウ．誤り。浄土真宗や日蓮宗は鎌倉時代に生まれた。

〔４〕

⑴　エ　　幕府は，異国船打払令を薪水給与令に改めた。

⑵　イ　　陸奥宗光は，領事裁判権の撤廃に成功し，日清戦争の下関条約では伊藤博文とともに全権を務めた。

⑶　国民の被害は大きく，重税による負担が大きかったこと，賠償金が得られなかったことを盛り込む。

⑷　エ　　日英同盟を結んでいた日本は，第一次世界大戦ではイギリスなどの連合国側で参戦した。イタリアは，ドイツ，オーストリアと三国同盟を結んでいたが，第一次世界大戦が始まると，オーストリアとの領土問題から中立の立場をとり，その後連合国側で参戦した。

⑸　三・一独立運動　　「独立万歳」と叫ぶ朝鮮の人々を朝鮮総督府が軍隊や警察の力でおさえつけると，運動は激しくなり，多くの死傷者や逮捕者が出た。

⑹　ウ　　沖縄は 1972 年に本土復帰をした。アは 1949 年，イは 1989 年，エは 1990 年。

〔５〕

⑴②　国際人権規約　　1948 年に採択された世界人権宣言には法的拘束力がなかったため，法的拘束力をもつ国際人権規約が採択された。

⑵①　当選したａ候補の票数より，死票(ｂ候補とｃ候補の票数の和)の方が多いことに着目する。

②　司法権の独立　　裁判所や裁判官とあることから，裁判官の独立ではなく司法権の独立と判断する。

③　カ　　法律案は，必ず委員会→本会議の順に審議され，必要に応じて公聴会が開かれる。

⑶①　ウ　　ア．誤り。常に税収が歳出を下回っている。イ．誤り。国債依存度は 2005 年，2015 年に前年より低くなっている。エ．誤り。2015 年から 2020 年にかけて税収は増えているが，国債依存度も増えている。

③　イ　　ア．誤り。日本国憲法は，勤労を義務かつ権利として定めている。ウ．誤り。労働時間は週 40 時間，１日８時間以内と定められている。エ．誤り。休日は毎週１日以上与えなければならない。

⑷①　オ　　国際司法裁判所以外の国連の主要機関の本部は，すべてニューヨークにある。

②　ウ，オ　　ア．誤り。離脱したのはイギリスである。イ．誤り。ブラジル，ロシア，インド，中国，南アフリカ共和国は BRICS と呼ばれる。エ．誤り。南南問題は，発展途上国の中での経済格差の問題である。

〔６〕

⑴　イ　　(3055－2379)÷3055×100＝22.1…より，約 20％である。

⑵　日本産米が海外で高い評価を受けていることから，海外の販路の拡大と考える。

⑶　資料Ⅳから，米の自給率が高いこと，資料Ⅴから，パンやめん類の支出金額が増加していること，資料Ⅵから，米を米粉にしてパンやケーキ，めん類などに加工していることを読み取る。

《2024　理科　解説》

〔1〕

⑵　物体のあらゆる面に対して水圧がはたらき，同じ深さでは水圧は等しくなり，深さが深いほど水圧は大きくなる。したがって，物体の上面にはたらく水圧より，物体の下面にはたらく水圧の方が大きくなるため，この水圧の差によって上向きの力(浮力)がはたらく。

⑶　この観察で，細胞1つに1つだけあるよく染まった丸い粒は核である。核を染める染色液には酢酸オルセイン液や酢酸カーミン液がある。

⑷　ア×…酸性の硫酸にアルカリ性の水酸化バリウム水溶液を加えると，中和(化学変化)が起きて，水と(水に溶けにくい)硫酸バリウムができる。　イ×…炭酸水素ナトリウムを加熱すると，分解(化学変化)が起きて，固体の炭酸ナトリウムと気体の二酸化炭素と液体の水ができる。　ウ○…固体の食塩が，液体の食塩に状態変化した。
エ×…うすい塩酸にマグネシウムを加えると，マグネシウムが溶ける化学変化が起きて，水素が発生する。マグネシウムが溶けた後の液体の水を蒸発させると，塩化マグネシウムが残る。

⑹　湿度が 50－20＝30(％)上がったから，空気1㎥中の水蒸気量が 17.3×0.3＝5.19(g/㎥)増えたとわかる。よって，50 ㎥の部屋全体では5.19×50＝259.5→260ｇ増えた。

〔2〕

⑴　ア×…れき岩は，直径が2㎜以上の岩石などのかけら(れき)が流水で運ばれてきて，堆積してできた岩石である。　イ×…凝灰岩は火山灰や軽石などが堆積してできた岩石である。　エ×…チャートは二酸化ケイ素の殻をもった生物などが堆積してできた岩石である。

⑵①　示準化石に対し，地層が堆積した当時の環境を推定するのに役立つ化石を示相化石という。　③　地層は，ふつう，古いものほど下にあるから，堆積した順番はＢ→Ａである。また，ＡとＢの両方が同じように傾いていることから，傾きの形成はＡとＢの両方が堆積した後とわかり，ＡにはＰ－Ｑの断層がないことから，Ｐ－Ｑの断層はＢが堆積した後でＡが堆積する前にできた考えられる。

〔3〕

Ⅰ背骨をもたない動物(無脊椎動物)はイカ，マイマイ，ミミズであり，これらのうちａに分類される外とう膜がある動物(軟体動物)はイカとマイマイだから，ｂに分類されるのはミミズである。Ⅱａとｂ以外で一生を通して肺で呼吸する動物はカメ(は虫類)，キツネ(哺乳類)，コウモリ(哺乳類)，ツル(鳥類)であり，これらのうちｃに分類される胎生の動物はキツネとコウモリである。Ⅲａ～ｅ以外で幼生と成体とで呼吸のしかたが異なる動物(ｆ)は両生類のイモリとカエルである。Ⅳｇは魚類のサケである。

〔4〕

⑵　水の電気分解では，陽極に酸素，陰極に水素が発生する〔$2H_2O \rightarrow O_2 + 2H_2$〕。Ⅰより，ある量の水が電気分解されると，酸素5㎤と水素 10 ㎤ができるから，酸素5㎤と水素 10 ㎤は過不足なく反応して，ある量の水ができるとわかる。ａにはⅠで酸素が5㎤集まり，Ⅱで水素が 16－5＝11(㎤)集まったから，これらに点火装置で点火すると，酸素5㎤と水素10㎤が反応して水になり，水素1㎤が残る。

⑶②　化学反応式では，矢印の前後で原子の組み合わせは変わるが，原子の種類と数は変わらないことに注意する。

〔5〕

⑶　図2より，ばねを引く力の大きさが 0.4Ｎのとき，ばねののびは5㎝になるとわかる。したがって，ばねを引

く力の大きさが 12 g→0.12Nのときのばねののびは，$5\times\frac{0.12}{0.4}=1.5$(cm)である。

(4) ばねがおもりを引く力の大きさは，おもりがばねを引く力の大きさに等しいから，(3)解説より，ばねののびが 3.3 cmのとき，ばねがおもりを引く力の大きさは $0.4\times\frac{3.3}{5}=0.264$(N)である。これより，おもりにはたらく重力 50 g→0.5Nのうち，0.264Nがばねに加わっているから，電子てんびんが示す値は 0.5－0.264＝0.236(N)→23.6 gとなる。

〔6〕

(2) 質量保存の法則より，化学変化で発生した気体の質量は，酸化銅の粉末と炭素の粉末の質量の和から，加熱後の試験管Aに残った固体の質量を引いた値に等しい。したがって，炭素粉末の質量が 0.15 gのとき，発生した気体の質量は 6.00＋0.15－5.60＝0.55(g)となる。同様に，炭素粉末の質量が 0.30 g，0.45 g，0.60 g，0.75 g，0.90 gのときについて発生した気体の質量を求めると，1.10 g，1.65 g，1.65 g，1.65 g，1.65 gとなる。

(3) 加熱後の試験管Aに残った固体の色が赤色のみのとき，酸化銅の粉末と炭素の粉末が過不足なく反応した。このときより，炭素の粉末が少ない 0.15 gと 0.30 gのときは酸化銅が残り，炭素の粉末が多い 0.60 g，0.75 g，0.90 gのときは炭素が残った。

(4) 表より，酸化銅の粉末 6.00 gと炭素の粉末 0.45 gが過不足なく反応するとわかるから，炭素の粉末 0.60 gと過不足なく反応する酸化銅の粉末は $6.00\times\frac{0.60}{0.45}=8.00$(g)である。よって，残った黒色の物質は酸化銅であり，その質量は 10.00－8.00＝2.00(g)である。

〔7〕

(1) 図2より，電圧が1Vのとき，電流は 100 mA→0.1Aである。したがって，〔抵抗(Ω)＝$\frac{電圧(V)}{電流(A)}$〕より，$\frac{1}{0.1}=10$(Ω)である。

(2)① 並列につながれた抵抗R_1とR_2の合成抵抗Rについて，〔$\frac{1}{R}=\frac{1}{R_1}+\frac{1}{R_2}$〕が成り立つから，aとbの合成抵抗は，$\frac{1}{10}+\frac{1}{5}=\frac{3}{10}$より，$\frac{10}{3}$Ωとなる。したがって，回路全体に加わる電圧の大きさ(aとbのそれぞれに加わる電圧の大きさ)は，〔電圧(V)＝抵抗(Ω)×電流(A)〕，400 mA→0.4Aより，$\frac{10}{3}\times0.4=1.33\cdots$→1.3Vである。

② X．①解説からもわかるように，抵抗を並列につないだときの合成抵抗は各抵抗の抵抗値よりも小さくなる。

Y．〔電流(A)＝$\frac{電圧(V)}{抵抗(Ω)}$〕より，電圧が等しいとき，抵抗が小さくなると電流は大きくなるとわかる。

(3) 図1の回路ではaとbが直列につながれていて，aに加わる電圧が 1.5Vだから，回路全体に流れる電流は$\frac{1.5}{10}=0.15$(A)である。これより，bに加わる電圧は5×0.15＝0.75(V)である。また，図3の回路ではaとbが並列につながれていて，aに加わる電圧が 1.5Vだから，bに加わる電圧も 1.5Vである。抵抗の大きさが同じとき，電圧は電流に比例し，〔電力(W)＝電圧(V)×電流(A)〕だから，bに加わる電圧が$\frac{1.5}{0.75}=2$(倍)になると，消費電力は2×2＝4(倍)になる。

〔8〕

(2) さそり座を同じ場所で同じ時刻に観察すると，地球の公転により，少しずつ西に移動し，1年後に同じ位置に戻る。これより，1か月後にはおよそ$\frac{360}{12}=30$(度)西に移動して見えるから，7月 20 日の約半月後の8月4日午後9時頃には，図2のときより$\frac{30}{2}=15$(度)西に見られる。また，星座は地球の自転により1日におよそ1周して見えるから，さそり座は1時間で東から西に$\frac{360}{24}=15$(度)移動して見える。よって，8月4日にさそり座が図2と同じ位置に見られるのは午後9時頃の1時間前の午後8時頃である。

(3) 図3は，地球の公転方向より地球の北極側から見た図とわかり，地球の自転方向は公転方向と同じ反時計周りである。図3において，地球の中心の方向が常に北だから，さそり座が南の方向にあるのは，A～Dの地球でさそり座に最も近い地点にいるときである。したがって，さそり座が南の方向にあるのは，Aでは日没の頃，Bでは正午頃(太陽と同じ方向にあるので見ることはできない)，Cでは日の出の頃，Dでは真夜中である。

2023 解答例 令和5年度

新潟県公立高等学校

《2023　国語　解答例》

〔一〕㈠1．お　2．あざ　3．とうたつ　4．こうけん　5．きっきん　㈡1．吸　2．勢　3．節減　4．精密　5．類似

〔二〕㈠イ　㈡ウ　㈢ア　㈣エ　㈤ウ

〔三〕㈠なお　㈡イ　㈢ア　㈣エ　㈤宮の御前が、上の所有する笛の名前に掛けて、笛を交換するつもりはないという淑景舎の女御の気持ちを、僧都の君に伝えたこと。　㈥ウ

〔四〕㈠エ　㈡ウ　㈢物事の解釈を変更するだけでは、深刻な事態を乗り切ることができないから。　㈣自分が見たい部分や一度信じたことにだけ、繰り返し目を向けているうちに、自分の見方を固く信じて疑わないようになること。　㈤イ　㈥深刻な事態が続くと、私たちの見方は固定化し、自分の見方を正当化してくれる情報を求めるようになるので、多くの情報の中から何が正解かを判断するためには、自分が信じる常識とは固定観念にほかならないものであると、改めて確認する必要があるということ。

《2023　数学　解答例》

〔1〕(1)7　(2)$-2a+8b$　(3)$9a$　(4)$x=6$　$y=5$　(5)$4\sqrt{5}$　(6)$130a>5b+750$　(7)120　(8)ア

〔2〕※(1)$\frac{17}{36}$

(2)△ABDと△ECBにおいて，

仮定より，∠DBA＝∠BCE…①

△BCDは∠BCD＝∠BDCの二等辺三角形であるから，BD＝CB…②

AD//BCより，∠ADB＝∠EBC…③

①，②，③より，1辺とその両端の角がそれぞれ等しいから，△ABD≡△ECB

よって，AB＝EC　(3)右図

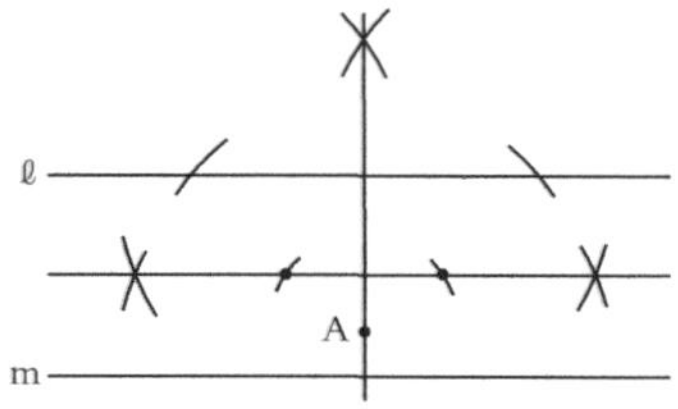

〔3〕(1)16　(2)①$y=4x^2$　②$y=-12x+72$　(3)右グラフ　※(4)$\sqrt{5}$，$\frac{13}{3}$

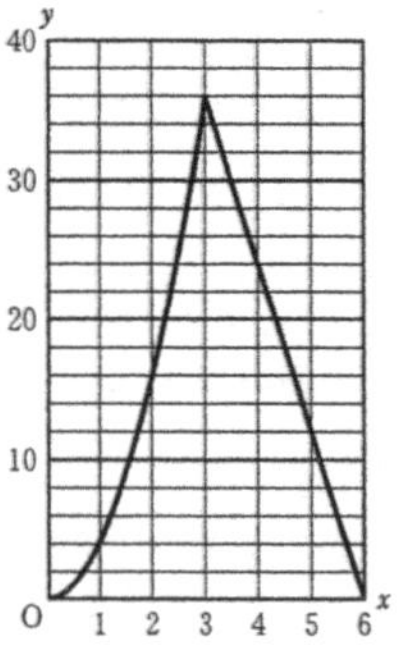

〔4〕(1)ア．4　イ．1　ウ．5　(2)①1番目の欄の数をa，2番目の欄の数をbとし，10の倍数を取り除きながら17番目まで順に書き出すと，

a，b，a＋b，a＋2b，2a＋3b，3a+5b，5a＋8b，8a＋3b，

3a＋b，a＋4b，4a＋5b，5a＋9b，9a＋4b，4a＋3b，

3a＋7b，7a，7b(17番目)

したがって，17番目の欄の数は，1番目の欄の数に関係なく，2番目の欄の数によって決まる。

※②9

〔5〕(1)$\frac{5\sqrt{3}}{2}$　※(2)$\frac{125\sqrt{2}}{3}$　※(3)$\frac{125\sqrt{2}}{12}$

※の求め方は解説を参照してください。

《2023　英語　解答例》

〔1〕(1)1．イ　2．ア　3．ウ　4．ウ　(2)1．イ　2．ウ　3．エ　4．イ　(3)1．Yes, she was.

2．It starts in August.

〔2〕(1)ウ　(2)culture presentation is the most popular　(3)How about cooking?　It's more popular than other activities in your school.　Let's enjoy traditional dishes of each country.

〔3〕(1)A．イ　E．エ　(2)日本の文化と自分たちの文化は異なると思っていたのに，同じような種類の伝統行事があったから。　(3)C．help me make　G．if I were you　(4)ウ　(5)野菜を植えるときに，環境にとって安全な方法の例。　(6)ウ，オ

〔4〕(1)何を学ぶかを決める前に，自分の将来の仕事を決めるべきかということ。　(2)I can improve my skills

(3)You don't know what will be useful in the future.　(4)ア　(5)①No, she hasn't.　②She decided her goal first.

③They sometimes make their own stories.

(6)You helped me a lot.　I decided to follow my heart.　Though I don't know what I will do in the future, I can learn something important through art history.

《2023　社会　解答例》

〔1〕(1)Ⅱ　(2)C　(3)イ　(4)ウ　(5)a．ドイツ　c．南アフリカ共和国

〔2〕(1)オ　(2)ウ　(3)①イ　②ウ　(4)符号…エ　理由…日本海から吹く水蒸気を含んだ季節風により，冬は雪などが降る日が多くなるため，冬の降水量が増えているから。

〔3〕(1)渡来人　(2)①イ　②万葉集　(3)ア　(4)①働き手を工場に集め，分業により製品を生産するしくみ。

②ウ

〔4〕(1)エ　(2)学制　(3)X．イ　Y．ア　(4)ア　(5)多くの人々が預金を引き出して紙幣が不足したため，政府は急いで大量の紙幣を用意する必要があったから。　(6)エ

〔5〕(1)①エ　②イ　(2)①ア　②国政調査権　③ウ　(3)①株主総会において議決に参加したり，会社の利益の一部を配当として受け取ったりする権利を持っている。　②カ　③公正取引委員会

(4)①拒否権を持つ常任理事国が反対したから。　②ウ　③エ

〔6〕(1)B→A→C　(2)①排出量と吸収量を等しくすること。　②企業は顧客の需要や評価を重視する傾向にあるため，消費者が脱炭素社会づくりに貢献する製品やサービスを選択する

《2023　理科　解答例》

〔1〕(1)ウ　(2)エ　(3)イ→エ→ア→ウ　(4)104　(5)ア　(6)エ

〔2〕(1)ア　(2)①イ　②染色体　③B→D→A→C

〔3〕(1)①X．NaCl　Y．Na^+　Z．Cl^-　②食塩…2　水…38　(2)①発熱反応　②エ　(3)伝導〔別解〕熱伝導

〔4〕(1)B　(2)日周運動　(3)油性ペンの先端の影が，円の中心にくるようにして印をつける。　(4)イ　(5)ア

(6)イ

〔5〕(1)ア　(2)ウ　(3)エ　(4)X．77　Y．71

〔6〕(1)①銅…Cu　亜鉛…Zn　②ウ　(2)イ　(3)ウ

〔7〕(1)エタノールは引火しやすいから。　(2)X．ア　Y．カ

(3)調べたい条件以外の条件を同じにして行う実験。

〔8〕(1)1　(2)8　(3)エ　(4)右グラフ

(5)電力が一定のとき，水の上昇温度は，電流を流した時間に比例する。

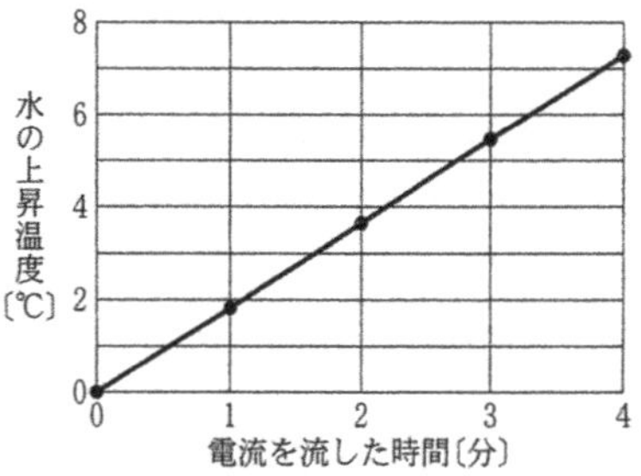

《2023　国語　解説》

〔二〕

㈠ ［　　　］内とイの「控える」は、書きとめておくという意味。アは、近いうちに予定されているという意味。ウは、順番にそなえて近い所で待つという意味。エは、やめておくという意味。

㈡ 「乗車」(車に乗る)とウの「作文」(文を作る)は、後の漢字から前の漢字に返って読むと意味がわかる熟語。アの「往復」は、反対の意味の漢字の組み合わせ。「往」は行き、「復」は帰り。イの「過程」は、前の漢字が後の漢字を修飾している熟語。「過」は通り過ぎる・経過するという意味で、「程」は道すじ。エの「選択」は、同じような意味の漢字の組み合わせ。「選」も「択」も「えらぶ」という意味。

㈢ 「ついに」とアの「はっきり」は、副詞。副詞は、自立語で活用がなく、主に用言(動詞・形容詞・形容動詞)を修飾する言葉。イの「明るく」は、「かろ／かっ・く／い／い／けれ／○」と活用する、形容詞の連用形。ウの「きれいに」は、「だろ／だっ・で・に／だ／な／なら／○」と活用する、形容動詞の連用形。エは、連体詞。連体詞は、自立語で活用がなく、体言(名詞)を修飾する言葉。

㈣ 「話し」は、「さ・そ／し／す／す／せ／せ」と活用する、サ行五段活用の動詞の連用形。エの「開け」は、「け／け／ける／ける／けれ／けろ(けよ)」と活用する、カ行下一段活用の動詞の連用形。未然形と連用形が「け」だが、エは「開けて」と、接続助詞の「て」に接続しているから、連用形だと判断できる。アの「見れ」は、「み／み／みる／みる／みれ／みろ(みよ)」と活用する、マ行上一段活用の動詞の仮定形。イの「来る」は、「こ／き／くる／くる／くれ／こい」と活用する、カ行変格活用の動詞の終止形。終止形と連体形が「くる」だが、イは「来ると」と、接続助詞の「と」に接続しているから、終止形だと判断できる。ウの「行こ」は、「か・こ／き・っ／く／く／け／け」と活用する、カ行五段活用の動詞の未然形。

〔三〕

㈠ 古文で言葉の先頭にない「はひふへほ」は、「わいうえお」に直す。

㈡ 「給《たま》へ」は「給ふ」(お与えになる)の命令形。よって、イが適する。

㈢㈣ 【古文の内容】を参照。

㈤ Bの文章を参照。宮《みや》の御前《おまえ》が言った「いなかへじ」には、夫である一条天皇が所有している「いなかへじ」という笙《しょう》の笛の名前と、「『いいえ、替えるつもりはない』という意味」が掛けられている。僧都《そうず》の君《きみ》が、淑景舎《しげいしゃ》の女御《にょうご》が持っている笙の笛と自分の琴《きん》を取り替えてほしいと言っても、淑景舎の女御は返答しなかった。この状況にぴったり合った「いなかへじ」という宮の御前の発言である。その機転の素晴らしさに、作者が感動したということ。

㈥ 「この御笛の名」は「いなかへじ」、つまり、「上《うへ》」(一条天皇)が所有している笛の名前である。「え知りたまはざりければ」の「え～[打ち消しの語]」は、「とても～できない」という不可能の意味を表す。「ざり」は、打ち消しの助動詞「ず」の連用形。「知りたまふ」は「知る」の尊敬語なので、知っていらっしゃるという意味。直訳すると「とても知っていらっしゃることはできなかったので」となる。つまり、全然知り得ないことだった、ご存じのはずもなかったということ。よって、ウが適する。作者は「いなかへじ」に二つの意味が掛けられていることが分かり宮の御前の機転に感動したが、笛の名前を知らなかった僧都の君にはその機転が通じなかったので、作者は宮の御前の様子を残念そうだったと描写している。

【古文の内容】

淑景舎の女御などがこちらにおいでになって、(宮の御前と)お話をなさるついでに、(淑景舎の女御が)「私のもとにとても趣がある笙の笛があります。亡き殿がくださったものです」とおっしゃると、僧都の君が「それは私隆円《りゅうえん》にお与えください。私のもとに素晴らしい琴がございます。それとお取り替えください」と申し上げなさるのを(淑景舎の女御は)聞き入れることもなさらないで、他のことをおっしゃるので、(僧都の君が)お返事をいただこうと何度も申し上げなさるが、(淑景舎の女御は)やはり何もおっしゃらないので、宮の御前が、「『いなかへじ』(いいえ、替えるつもりはない)と思っていらっしゃるのに」とおっしゃったご様子の、たいそう素晴らしいことといったらこの上ない。この(「いなかへじ」という)笛の名前を、僧都の君がご存じのはずもなかったので、(宮の御前は)ただもう残念に思っていらっしゃったようだ。これは職《しき》の御曹司《みぞうし》に(宮の御前が)いらっしゃったときの出来事であるようだ。一条天皇のお手元に「いなかへじ」という笛がございまして、その名前である。

〔四〕

㈠　「自分の見方を変えたいと思っていない」というよりも、「柔軟でない相手や融通の利かない物事を変えたいと思っている」というべきだ、というつながり。よって、二つの物事を比べて、あれよりもこれである、どちらかといえばこちらである、ということを示す、エの「むしろ」が適する。

㈡　「 a な」が説明している「物事の解釈」ということについて述べた直後の段落を参照。「物事の解釈」を変えることについて「自分の欲求に合わせて都合よく見方を変える～見方を方向づける欲求そのものは自分の深い部分で固定化しており」と述べている。「深い部分」は変わらない、つまり、ウの「表面的」だと言える。

㈢　「根本的な見方」を変えざるを得ないのは、「表面的な物事の解釈」では乗り切れない事態に直面したときである。つまり「日常の問題であれば何とか乗り切れる」というわけにはいかないのが「そんな場合」である。それは「深刻な事態が起こったときには～うまくいかなくなる。生死にまつわるようなこと、自分のアイデンティティの危機、混乱した状況や先行きの全く見えない社会不安」と述べられている。

㈣　――線部分⑵以降で具体的に説明している。同じ段落の後半にある「自分が見たい部分や一度信じたことにだけ目を向けがちになる。そんな状態を繰り返しているうちに、私たちのまなざしはもう変えられないほど固定化してしまう」をまとめる。その際、「固定化」をより具体的に説明する必要があるので、最後の段落の「自らが固く信じて疑わない見方、つまり私たちのまなざしが固定化した状態」を用いるとよい。

㈤　――線部分⑶の直後の一文で「自分の信念に合わないものを間違っているとする方が、私たちには容易《たやす》い」と述べているのが理由。同じことを、――線部分⑵の３～６行前で「自分の見方が間違っていると改めるよりも、自分の見方は間違っていないことを確認する方向に物事の解釈を変更する方が私たちには容易い」と述べている。これらの部分から、イのような理由が読みとれる。

㈥　「そんなとき」とは、「あまりにもたくさんの情報に溢れ～何が事実で何が正解なのかの判断は簡単には下せなくなっている」とき。そのような中で正しい判断をするためには、「常識とは何か」を改めて確認する必要があるということ。「常識とは何か」について、Ⅰの文章の最後の段落で「自らが固く信じて疑わない見方～まなざしが固定化した状態は『固定観念』あるいは『偏見』～それが社会にまで広がったものを～『常識』と呼ぶ～常識とはまなざしが固定化したものにほかならない」と述べている。これらのことを軸に、なぜ正しい判断をするのが難しいのかという理由を含めてまとめる。正しい判断ができにくくなるのは、「次から次へと深刻な事態が続くような状況～まなざしを固定化することを選ぶ～自分が見たい部分や一度信じたことにだけ目を向けがちになる～自分の見方を正当化してくれる情報や理屈、権威を追い求めるようになる」からである。

《2023　数学　解説》

〔1〕

(1)　与式$=7+3-3=$**7**

(2)　与式$=6a-4b-8a+12b=$**$-2a+8b$**

(3)　与式$=\frac{36a^2b^2}{4ab^2}=$**$9a$**

(4)　$x+3y=21$…①，$2x-y=7$…②とする。

①＋②×3でyを消去すると，$x+6x=21+21$　　$7x=42$　　**$x=6$**

①に$x=6$を代入すると，$6+3y=21$　　$3y=15$　　**$y=5$**

(5)　与式$=3\sqrt{5}-\sqrt{5}+\frac{10\sqrt{5}}{5}=2\sqrt{5}+2\sqrt{5}=$**$4\sqrt{5}$**

(6)　集まったお金は130a円，代金の合計は$5b+150\times5=5b+750$(円)だから，**$130a>5b+750$**

(7)　**【解き方】中心角と円周角は，対応する弧の長さに比例することを利用する。**

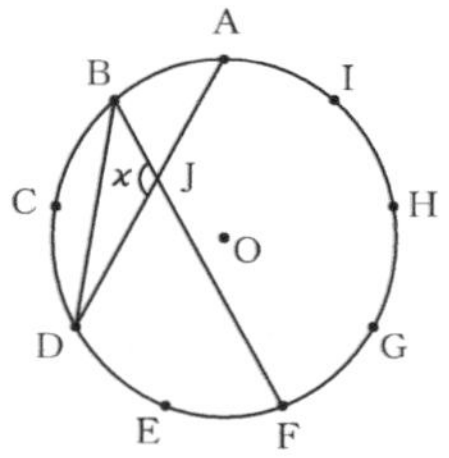

9等分されたうちの1つの弧に対する中心角は，$360°\div9=40°$

円周角は，同じ弧に対する中心角の半分の大きさだから，

9等分されたうちの1つの弧に対する円周角は，$40°\times\frac{1}{2}=20°$

よって，∠BDA＝20°，∠DBF＝20°×2＝40°

△JBDの内角の和より，$\angle x=180°-20°-40°=$**120°**

(8)　**【解き方】データは40個あるから，40÷2＝20より，小さい方から20番目と21番目の平均が中央値である。下位20個のデータの中央値と上位20個のデータの中央値がそれぞれ，第1四分位数，第3四分位数である。20÷2＝10だから，第1四分位数は小さい方から10番目と11番目のデータの平均，第3四分位数は大きい方から10番目と11番目のデータの平均である。**

最小値は52g以上54g未満，最大値は62g以上64g未満だが，ア，イ，ウ，エの箱ひげ図はすべてこの条件に合う。ヒストグラムから，第1四分位数は56g以上58g未満，中央値は58g以上60g未満，第3四分位数は58g以上60g未満の階級に含まれる。これらに合う箱ひげ図は，**ア**である。

〔2〕

(1)　**【解き方】24の約数は，1と24，2と12，3と8，4と6であり，2≦a＋b≦12だから，a＋bが2，3，4，6，8，12になる確率を求める。**

a＋bの値

		b					
		1	2	3	4	5	6
a	1	2	3	4	5	6	7
	2	3	4	5	6	7	8
	3	4	5	6	7	8	9
	4	5	6	7	8	9	10
	5	6	7	8	9	10	11
	6	7	8	9	10	11	12

2回のさいころの目の出方は全部で6×6＝36(通り)ある。そのうち条件に合う出方は右表で色をつけた17通りだから，求める確率は，**$\frac{17}{36}$**である。

(2)　まず，問題文の仮定を図にかきこんで，証明のために必要な条件を探そう。条件が足りない場合は，問題の内容に応じて，図形の性質，平行線の同位角・錯角，円周角の定理などからわかることもかきこんでみよう。

(3)　作図する円の中心をOとする。円Oの位置は右図のようになることをイメージしながら考える。直線nは直線ℓと直線mから等しい距離にあり，まずは直線nを引く。

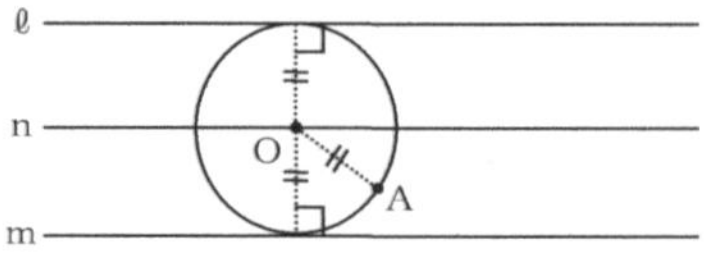

①．Aを通り直線ℓ，mと垂直な直線を引く。

②．①で引いた直線上で直線ℓと直線mの間にある線分の垂直二等分線を引く。これが直線nである。

③．直線ℓと直線nの間の長さをコンパスではかりとり(これが円Oの半径である)，Aを中心として弧を引く。この弧と直線nとの2つの交点が，求める点である。

〔３〕

⑴　２秒後にＰは $2\times 2=4$ (cm)進んでいるから，右の図アのようになる。

よって，$y=4\times 4=16$

図ア($x=2$)

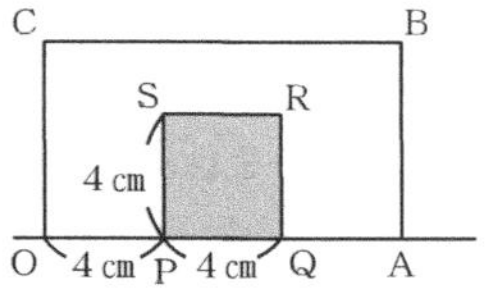

⑵①　**【解き方】$x=3$ のときＰは $2\times 3=6$ (cm)進んでいるから，図イのようになる。**

図イ($x=3$)

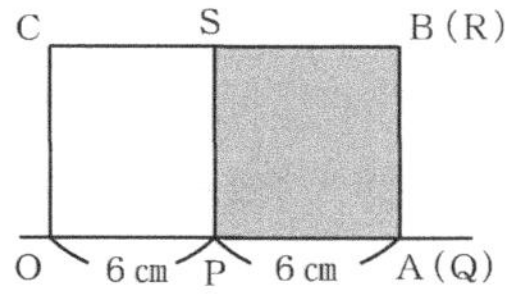

xが３より大きくなるまでは正方形ＰＱＲＳは全体が長方形ＯＡＢＣの中におさまっている。ＰＱ＝ＯＰ＝$2x$cmだから，$0\leqq x\leqq 3$ のとき，

$y=2x\times 2x=4x^2$

②　**【解き方】Ｐは $12\div 2=6$ (秒後)にＡと重なる。したがって，$3\leqq x\leqq 6$ のとき，図ウのようになる。**

図ウ($3\leqq x\leqq 6$)

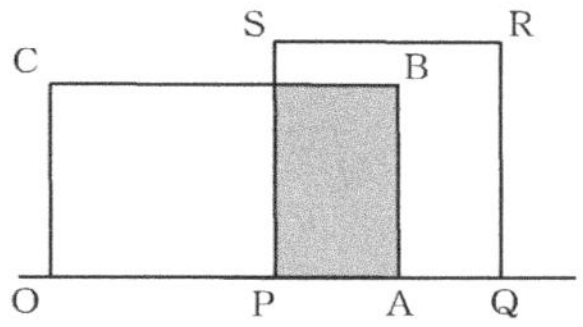

図ウにおいて，ＰＡ＝ＯＡ－ＯＰ＝$12-2x$(cm)，ＡＢ＝６cmだから，

$y=6(12-2x)=-12x+72$

⑶　$0\leqq x\leqq 3$ のとき，点(１，４)，(２，16)，(３，36)を通る放物線の一部となる。$3\leqq x\leqq 6$ の式は１次関数だから，グラフは直線になる。

$x=6$ のとき $y=0$ となるから，$3\leqq x\leqq 6$ では点(３，36)，(６，０)を直線で結べばよい。

⑷　**【解き方】⑶でかいたグラフより，$y=20$ となるのは $0\leqq x\leqq 3$ のときと $3\leqq x\leqq 6$ のときで１回ずつある。**

$0\leqq x\leqq 3$ のとき，$y=4x^2$ に $y=20$ を代入すると，$20=4x^2$　$x^2=5$　$x=\pm\sqrt{5}$　$0\leqq x\leqq 3$ より，$x=\sqrt{5}$

$3\leqq x\leqq 6$ のとき，$y=-12x+72$ に $y=20$ を代入すると，$20=-12x+72$　$12x=52$　$x=\dfrac{13}{3}$

これは $3\leqq x\leqq 6$ に合う。以上より，$x=\sqrt{5}$，$\dfrac{13}{3}$

〔４〕

⑴　**【解き方】手順Ⅲを言いかえると，「３番目以降の欄には，その２つ前の欄の数と１つ前の欄の数の和を求め，その一の位の数を記入する。これを18番目の欄まで行う。」ということである。**

５番目以降の欄の数をまとめると，次の表のようになる。

5番目	6番目	7番目	8番目	9番目	10番目	11番目	12番目	13番目	14番目	15番目	16番目	17番目	18番目
3	1	4	5	9	4	3	7	0	7	7	**4**	**1**	**5**

⑵①　１番目の欄の数をａ，２番目の欄の数をｂとする。３番目はａ＋ｂの一の位，４番目はｂ＋(ａ＋ｂ)＝ａ＋２ｂの一の位，５番目は(ａ＋ｂ)＋(ａ＋２ｂ)＝２ａ＋３ｂの一の位，……となる。しかし，一の位だけにする操作を文字式で表すことはできない。したがって，２つ前と１つ前の文字式をそのまま足し合わせていき，17番目まで求めれば，その式の形から一の位について説明できるはずだと考える。ただ，この方法だとａとｂの係数がどんどん大きくなっていき，計算が大変になる。したがって，途中で10の倍数を取り除きながら文字式に表していく。例えば６番目が３ａ＋５ｂ，７番目が５ａ＋８ｂだから，８番目は(３ａ＋５ｂ)＋(５ａ＋８ｂ)＝８ａ＋13ｂ＝８ａ＋３ｂ＋10ｂとなり，10ｂは10の倍数なので一の位に影響しない。したがって，10ｂを取り除いて，８番目は８ａ＋３ｂとする。当然８ａ＋３ｂが２けたの数になることはありえるが，ただ足していくよりは計算が簡単になる。よって，解答例のように説明できる。

②　**【解き方】①の解答例より，18番目の数は７ａ＋７ｂの一の位である。**

１番目がx，２番目が４のとき，18番目は $7x+7\times 4=7(x+4)$ の一の位である。７に０～９の数をかけるとき，一の位が１になるのは３をかけたときだけである。したがって，$x+4$ の一の位が３ならばよい。xは０～９

の整数だから，条件に合うxの値は９だけである。

〔５〕

⑴　**【解き方】右のように作図すると，ＰＧ＝ＣＦ＝５㎝となるから，**

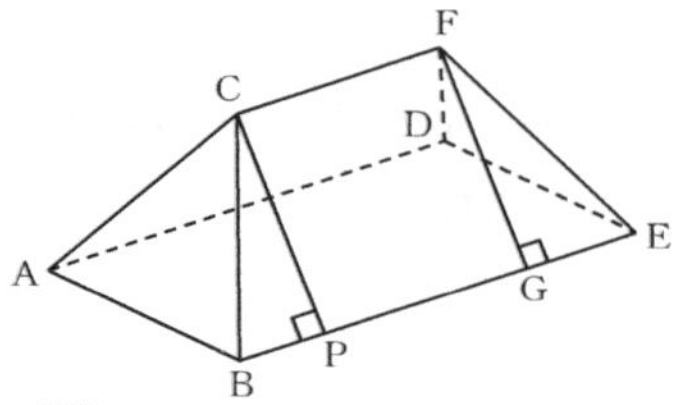

ＢＰ＋ＥＧ＝10－５＝５(㎝)である。

∠ＢＰＣ＝∠ＥＧＦ＝90°，ＢＣ＝ＥＦ，ＣＰ＝ＦＧより，

△ＢＰＣ≡△ＥＧＦだから，ＢＰ＝ＥＧ　　したがって，ＢＰ＝$\frac{5}{2}$㎝

直角三角形ＢＰＣにおいて，ＢＰ：ＢＣ＝$\frac{5}{2}$：５＝１：２だから，

この三角形は３辺の比が１：２：$\sqrt{3}$の直角三角形なので，ＣＰ＝$\sqrt{3}$ＢＰ＝$\frac{5\sqrt{3}}{2}$(㎝)

⑵　**【解き方】右のように作図する。四角すいＣ－ＡＢＥＤの高さは，**

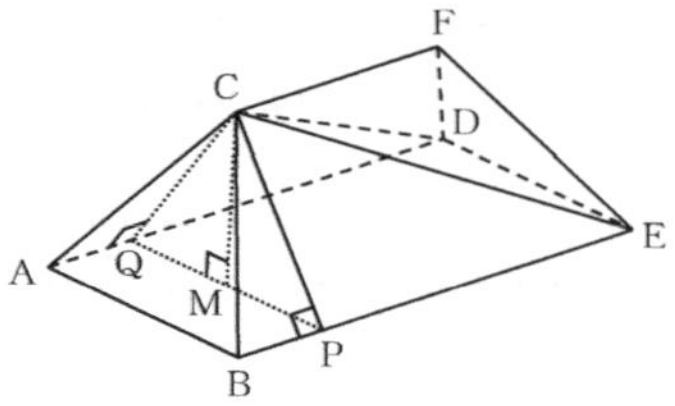

ＣＭである。

△ＣＰＱがＣＰ＝ＣＱの二等辺三角形だから，ＰＭ＝$\frac{1}{2}$ＰＱ＝$\frac{5}{2}$(㎝)

三平方の定理より，

$$\mathrm{CM}=\sqrt{\mathrm{CP}^2-\mathrm{PM}^2}=\sqrt{\left(\frac{5\sqrt{3}}{2}\right)^2-\left(\frac{5}{2}\right)^2}=\sqrt{\frac{25}{2}}=\frac{5}{\sqrt{2}}=\frac{5\sqrt{2}}{2}\text{(㎝)}$$

よって，四角すいＣ－ＡＢＥＤの体積は，$\frac{1}{3}\times(5\times10)\times\frac{5\sqrt{2}}{2}=\frac{125\sqrt{2}}{3}$(㎤)

⑶　**【解き方】右図のようにＡＢの中点をＮとする。**

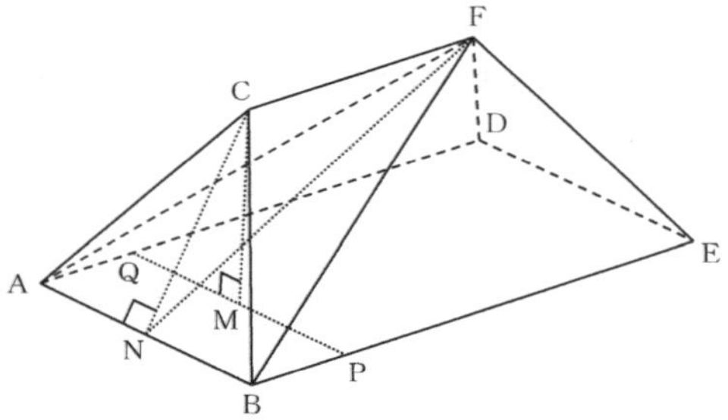

三角すいＡＢＣＦは，面ＣＮＦで２つの三角すいに分けられる。

面ＣＮＦとＡＢが垂直だから，三角すいＡ－ＣＮＦの高さは

ＡＮ，三角すいＢ－ＣＮＦの高さはＢＮである。したがって，

三角すいＡＢＣＦの体積は，

$\frac{1}{3}\times$△ＣＮＦ×ＡＮ＋$\frac{1}{3}\times$△ＣＮＦ×ＢＮ＝

$\frac{1}{3}\times$△ＣＮＦ×(ＡＮ＋ＢＮ)＝$\frac{1}{3}\times$△ＣＮＦ×ＡＢで求められる。

△ＣＮＦ＝$\frac{1}{2}\times$ＣＦ×ＣＭ＝$\frac{1}{2}\times5\times\frac{5\sqrt{2}}{2}=\frac{25\sqrt{2}}{4}$(㎠)だから，

求める体積は，$\frac{1}{3}\times\frac{25\sqrt{2}}{4}\times5=\frac{125\sqrt{2}}{12}$(㎤)

《2023　英語　解説》

〔１〕

⑴１　質問「これは何ですか？」…「雨がやんだとき，時々空でそれを見る」より，イ「虹」が適当。　２　質問「彼が家を出る前に何分ありますか？」…「ブライアンは７時 15 分に家を出なければならない。今，６時 40 分である」より，ア「35 分」が適当。　３　質問「ナンシーはミキといつ料理をしますか？」…「ナンシーはオーストラリア出身の学生で，ミキの家に滞在している。彼女は毎週月曜日と水曜日に柔道を練習する。土曜日はミキから和食の作り方を学ぶ。日曜日はいつも友達と会う」より，ウ「土曜日」が適当。　４　質問「ナツミは将来，何をしたいですか？」…「ナツミは英語が好きである。彼女の英語の先生は，外国での経験について話をする。ナツミは懸命に英語を勉強しているが，それは将来アメリカに住んで，そこで仕事を得たいからである。また，彼女は外国の文化について学ぶためにたくさんの本も読む」より，ウ「彼女はアメリカに住んで仕事をしたいです」が適当。

⑵１　質問「ジャックは今日，傘を持っていきますか？」…Ａ「ジャック，今日は傘を持って行くべきだよ」→Ｂ

「必要ないよ。夜は雨が降るけれど，降り出す前に帰ってくるから」→A「わかった」より，イ「いいえ，持っていきません」が適当。　2　質問「タクミからプレゼントをもらうのは誰ですか？」…A「やあ，ケイト。君の助けが必要なんだ。今日，時間ある？」→B「うん，タクミ。何をすればいいの？」→A「僕と買い物に行ってくれないか？姉が来週日本を離れてカナダに行くんだ。姉に何かあげたいんだけど，何を買ったらいいのかわからないんだ」→B「わかった，私も考えてみる。友達にも聞いてみるね。彼女なら何か良いアイデアを教えてくれるかもしれないから」より，ウ「タクミの姉」が適当。　3　質問「その男性はどのように美術館に行きますか？」…A「すみません，美術館への行き方を教えてくれませんか？」→B「真っ直ぐ行けば美術館がわかりますが，ここから歩いて行くなら1時間かかります。タクシーに乗れば，15 分くらいです」→A「ふーむ，それだとお金がかかりますね。バスで行くことはできますか？」→B「はい，次のバスがいつ来るか，調べてみます。…あら，バスが来るのは 40 分後ですよ。自転車で行くべきかもしれませんね。500 円払えばあそこにある店で自転車を借りられますよ」→A「それが1番良い方法ですね。ありがとう！」より，エ「彼は自転車で行きます」が適当。

4　質問「ルーシーはなぜそのコンサートを気に入ったのですか？」…A「ルーシー，コンサートはどうだった？」→B「とても気に入ったわ。音楽家たちについては知らなかったけど，彼らの美しい音色が大好きだったの。コンサートに連れていってくれてありがとう」→A「どういたしまして。彼らの音楽は素晴らしかったよね？でも，子どもの頃は練習が嫌いだった人もいるそうだよ」→B「へえ，私みたいね。何年もピアノを練習しているけれど，子どもの頃はピアノが嫌いだったよ」より，イ「音楽家たちの音色が美しかったから」が適当。

(3)【放送文の要約】参照。1　質問「マキはアメリカの文化を学んで驚きましたか？」…Was Maki ～？で聞かれているから，Yes, she was.と答える。　2　質問「バーナード中学校ではいつ新学期が始まりますか？」…主語の「バーナード中学校」は代名詞の It，動詞の start は三人称単数現在形 starts，「８月に」は in August で答える。

【放送文の要約】

皆さん，こんにちは。私は１年間アメリカのバーナード中学校で勉強しました。1その文化はとても異なっていて，私は本当に驚きました。例えば，徒歩で登校する生徒はほとんどいません。両親が車で送るか，スクールバスを使います。他にも新学期が違います。皆さんはアメリカの全ての学校が９月に始まると思っていませんか？私はそう思っていました。でも2バーナード中学校は８月に始まりました。私は異なる文化について学ぶことを楽しみました。

〔２〕

(1)　□の直前の「あなたの学校のごくわずかの生徒しか□に興味がないことに驚きました」より，グラフから，ブラウン高校の生徒たちに最も希望者が少なかった交流活動，ウ「伝統的な歌を歌うこと」が適当。

(2)　(a)の直前にある in both schools がヒント。グラフから，両校ともに希望が多い活動は culture presentation だから，culture presentation is the most popular, so let's do it.「カルチャープレゼンテーションが最も人気があるから，それをやりましょう」のような英文を書けばよい。

(3)　質問「私たちは何をすべきでしょうか？」に対する答えには，グラフから，ブラウン高校の生徒たちが興味を持っている cooking traditional dishes「伝統的な料理を作ること」などが書きやすい。難しい文法や単語を使う必要はないので，間違いのない英文を作ろう。３行以内という条件を守ること。　(例文)「料理はどうでしょうか？あなたの学校ではそれが他の活動より人気があります。それぞれの国の伝統料理を楽しみましょう」

・How about ~ing?「～するのはどうですか？」

〔３〕【本文の要約】参照。

(1)A　理由を表すイ because of が適当。　E　主語「マリーゴールドを利用すること」になるように，動名詞のエ using（use の ing 形）が適当。

⑵　ルイスの直前の発言がその理由である。

⑶　C　help me make《動詞の原形》が適当。　・help＋人＋動詞の原形「人が～するのに役立つ／～するのを助ける」

G　仮定法過去〈if I＋動詞の過去形，I would ～…?〉「もし私が～だったら…なのに」の文より，if I were you が適当。

⑷　前にある「トマトの葉を食べる虫はそのにおいが嫌いだから」に続くのは，ウが適当。

⑸　ルイスが直前のケイタの発言 I want to choose safe ways for environment when I plant vegetables.中の下線部「野菜を植えるときに，環境にとって安全な方法」の他の例を教えてほしい，と言ったことを読み取る。

⑹　ア「トマトはメキシコでとても人気があり，×11 月のお祭りの期間は墓前に供えられる」　イ「メキシコの人々と日本の人々は共に×先祖が夏に戻ってくることを信じている」…メキシコで先祖が戻ってくるお祭りは11月に行われている。

ウ○「ケイタは，野菜を植えるときは環境にとって安全な方法を利用することが良いと信じている」…ケイタの７回目の発言と一致。　エ「ルイスは×おいしい野菜の作り方を学ぶために，ケイタの友人の何人かと会いたいと思っている」

オ○「ルイスは先生から，人間はいくつかの行動によって環境を損なっていることを学んだ」

【本文の要約】

ルイスはメキシコ出身の中学生です。彼はある家族と新潟に滞在しています。彼は今，ホストファーザーのケイタと，家庭菜園で話しています。

ケイタ：ルイス，一緒に庭にトマトを植えよう。君はトマトが好きかい？

ルイス：好きです。メキシコではトマトはたくさんの料理に使います。明日，皆さんに何か料理しますよ。

ケイタ：それは嬉しいね！まず，トマトを植えて，それから近くにマリーゴールドを植えよう。

ルイス：マリーゴールド？メキシコではとても人気があります。11 月の伝統的な祭りで使う花です。

ケイタ：どんなお祭りなの？

ルイス：お墓をたくさんのマリーゴールドで飾りつけます。マリーゴールドの強いにおい A イのおかげで（＝because of），先祖が帰ってくると信じているのです。

ケイタ：それは日本のお盆みたいだね。私たちも先祖が帰ってくることを信じて，花を供えたりするよ。その行事は夏にあるんだ。

ルイス：へえ，⑵皆さんの文化と僕たちの文化は異なっていると思っていたけれど，同じような伝統行事があるんですね。何て興味深いんだろう！ところで，なぜトマトの近くにマリーゴールドを植えるのですか？

ケイタ：いい質問だ！マリーゴールドは，私が安全な家庭菜園を C 作るのに一役買っている（＝help me make）んだよ。

ルイス：本当ですか？なぜマリーゴールドがそんなことをするのでしょう？

ケイタ：さっきも言ったように，マリーゴールドはにおいが強いんだよ。トマトの葉を食べる昆虫はそのにおいが嫌いだから，D ウトマトの葉を食べに来ないんだ（＝they don't come to eat tomato leaves）。

ルイス：すごい！農薬を使わなくていいのですね。

ケイタ：そうなんだ。⑸，⑹ウ私は野菜を植えるとき，環境にとって安全な方法を選びたいと思っているよ。マリーゴールドを E エ利用すること（＝Using）は，そのいい方法なんだよ。

ルイス：なるほど。他の例も話してくれませんか？

ケイタ：いいよ。例えば向こうにある花が見える？あれは日本語でレンゲソウと言う。レンゲソウは天然の肥料なんだ。

ルイス：驚きです！僕はそのような方法についてもっと知りたいです。どうすればいいでしょうか？

ケイタ：そうだね，G もし私が君だったら（＝if I were you），そういうことをよく知っている人に尋ねると思うよ。

ルイス：それはいい考えです。僕にそういう人を紹介してくれませんか？

ケイタ：ＯＫ，農家をやっている友人がいるから，聞いてみよう。

ルイス：ありがとうございます！来月学校で，僕はクラスメートと調査プロジェクトを始めます。野菜を植えるための環境にやさしい方法について調査したら，面白いかもしれません。

ケイタ：それは面白い調査のテーマになるだろうね。私の友人は君たちの大きな助けになると思うよ。中にはより少ないエネルギーで動く機械を持っている人もいる。君はそれにも興味が持てると思うよ。

ルイス：面白そうです！ありがとうございます。

ケイタ：いやいや。その調査プロジェクトで最善を尽くしてほしい。

ルイス：はい。新しい，環境にやさしい方法を見つけることはできるでしょうか？

ケイタ：簡単ではないが，一生懸命やれば，将来きっとできると思うよ。

ルイス：僕もそう願っています。(6)オ僕の先生は僕たちに人間の行動が環境を破壊している，と言いました。僕たちにとって，この状況を良くするのが重要だと思います。

ケイタ：その通りだよ。人間は自然を利用して文明を発達させてきた。しかし自然界にあるものを使い続ければ，環境を破壊してしまうんだ。

ルイス：そうですね。僕たちは自然と共生する方法を探すべきです。

〔4〕【本文の要約】参照。

(1) 【ヒカリからフレッドへのメール】の最後の文，Should I decide my future job before I decide what to study?がその内容。これを日本語にする。

(2) 【フレッドからヒカリへのメール】から，ヒカリはフレッドやフレッドの兄が自分の夢とは関連しない科目を学んだことで improve some skills「技術を向上させる」ことを知った。これを問題文の If「もし～なら」，through learning「学ぶことを通して」，I'll be happy「私は嬉しいだろう」に合うような英文を考えればよい。

(3) 筆者が，ナイチンゲールは数学と統計学の知識を駆使してオリジナルのグラフを作り人々を納得させた，という例を挙げた理由を読み取る。筆者が最も伝えたいのは第３段落１～２行目「将来，何が役に立つかはわからない」である。

(4) ヒカリがフレッドのメールやウェブサイトの記事から考えたことだから，ア「人々が学ぶ理由は異なっている」が適当。イ「私たちは夢のために勉強すべきだ」，ウ「学ぶ理由は一つである」，エ「役に立つことを学ぶのが重要だ」は不適当。

(5)① 「ヒカリはすでに将来の仕事を決めていますか？」…【ヒカリからフレッドへのメール】の第２段落４行目より，No, she hasn't.と答える。 ② 「ユリは何を勉強するかをどのように決めましたか？」…【ヒカリからフレッドへのメール】の第２段落最後の文より，She decided her goal first.と答える。 ③ 「フレッドの学校の演劇の授業では，何か新しいものを創り出すことが得意になるために生徒たちは何をしますか？」…【フレッドからヒカリへのメール】の第２段落５～６行目より，They sometimes make their own stories.と答える。students は they，our は their にして答えること。

(6) 難しい単語を使う必要はないので，間違いのない単語を使って文を作ろう。４行以内という条件を守ること。
(例文)「こんにちは，フレッド。メールと興味深い記事をありがとう。とても役に立ったよ。私は自分の気持ちに従うことにしたの。将来，私が何をするのかはわからないけれど，美術史を通じて大事なことを学べると思う。
ヒカリより」

【本文の要約】

ヒカリは高校生です。彼女は英語が好きで，アメリカ人の友達フレッドとの会話を楽しんでいます。ある日彼女は彼にメールを送りました。

【ヒカリからフレッドへのメール】

こんにちは，フレッド。元気？私は高校生活を楽しんでいるけど，大問題があって，あなたの意見を聞きたいの。

今日，友達のユリと私は将来について話したの。私は今，美術史に興味があって，高校を卒業したらその勉強をしたいと思っているの。私がそのことをユリに言ったら，彼女は私に「あなたは将来教師とか研究者になりたいの？」と聞いてきたの。私は「(5)①今は将来の職業について何も考えていない。私は興味があるから美術史を勉強したいだけ」と答えたよ。ユリは私の答えを聞いて本当に驚いていた。(5)②彼女は何を勉強するかを決める前に，まず目標を決めたんだって。

フレッド，あなたは医者になりたくて，その目標を達成するために一生懸命勉強しているよね？(1)私は何を勉強するかを決める前に，将来の職業を決めるべきなのかな？

【フレッドからヒカリへのメール】

ヒカリ，メールをありがとう。僕は元気にやっている。

君の質問は難しいよ。今，僕は目標を達成するために勉強しているけど，医者になった後も勉強は続けるつもりだよ。それに自分の夢と関連しない科目も楽しんで勉強しているんだ。例えば，アメリカでは，多くの学校に演劇の授業があるんだよ。ほとんどの生徒が俳優にはならないけれど，演劇の授業はとても人気があるんだ。僕は好きなんだ。演劇の授業を通して向上できる技能があると思うんだ。例えば，(5)③僕たちは時々自分たちで物語を作るんだ。演劇の先生は，この授業を通して僕たちが何か新しいことを創り上げるのが得意になる，と言っている。それに僕は以前よりはっきりと話せるようになったんだ。

僕の兄は大学で数学を研究しているけど，音楽の授業も受けている。その授業では，良いチームワークを学ぶことができる，と言っていたよ。君は自分の好きな教科を勉強するべきだよ。そうすることによって技能を向上させることができるよ。

ヒカリはフレッドの意見が面白いと思いました。彼女も音楽家になろうと思っているわけではないけれど音楽が好きです。「学ぶことを通して(2)技能が向上できる（＝I can improve my skills）なら，嬉しいだろうな」と彼女は思いました。

1週間後，フレッドはヒカリにあるウェブサイトの記事を紹介しました。それはある大学教授によって書かれた，学生向けの記事でした。

【ウェブサイトの記事】

君たちはこう思うかもしれません。「なぜ私はこの教科を勉強しなければいけないのか？好きでもないのに。私の目標と関係もないのに」君たちの気持ちはわかりますが，好きなことだけを勉強することは，果たして本当に良い考えでしょうか？

良い例を紹介させてください。それはフローレンス・ナイチンゲールの例です。彼女は世界で最も有名な看護師の一人です。彼女は清潔な病院を作ろうと努力しました。彼女は，人々の命を救うには清潔な環境を作ることが大切であることを示す必要がありました。彼女には数学と統計学の知識がありました。その知識を使うことによって，彼女は独自のグラフを作成し，不衛生な環境は人々の命をおびやかすことを示したのです。

この話の意味することがわかりますか？(3)将来何が役に立つのかはわからない，ということです。例えば，将来，解決したい問題を見つけるかもしれません。その時，ある知識が役に立つかもしれません。あるいはその知識を使って，何か新しいことを創り出せるかもしれません。将来それを使わないかもしれませんが，新しいことを学ぶのは楽しいものです。楽しんで多くのことを学んでいただきたい。そうすれば，君たちの世界を広げることができますよ。

私の父は理科の教師でした。彼は75歳ですが，今でも大学で古典文学を研究しています。父は，新しいことを学ぶのはとても楽しい，と言っています。

ヒカリは Dア学ぶ理由は人それぞれだな（＝People have different reasons for learning） と思いました。「今夜，フレッドにメールを書こう」

《2023　社会　解説》

〔1〕

(1)　Ⅱ　　日本の領土は北緯 20 度から北緯 46 度の範囲にあるから，九州の南側を通るⅠの緯線が北緯 30 度線である。よって，Ⅱが赤道である。

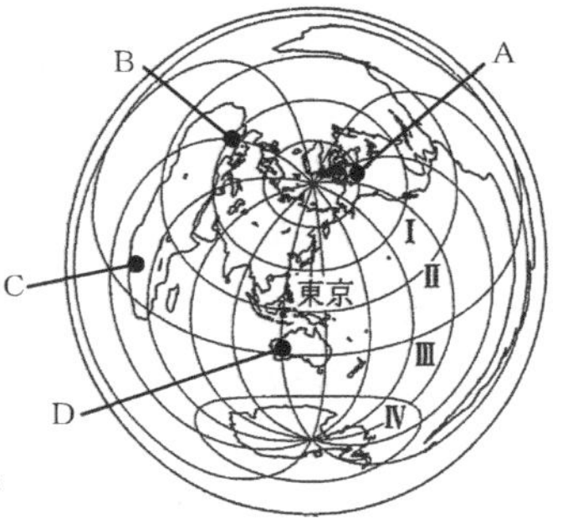

(2)　C　　地図２では東京からの方位は読み取れないので，地図１を見る。地図１で東京から西(左)の方向に進むと，アフリカ大陸の南部にたどり着くからＣを選ぶ。

(3)　イ　　気温差が大きいアンデス地方の気候に合わせて，脱ぎ着が簡単なポンチョを着ている。アはインドの民族衣装のサリー，ウはイヌイットが着るアノラック，エはアラブ諸国のイスラム教徒の男性が着るトーブである。

(4)　ウ　　氷河によって削られてできた深い谷に海水が深く入りこんだ地形をフィヨルドという。夏に一日中太陽が没しない状態を白夜，冬に一日中太陽が昇らない状態を極夜という。

(5)　ａ＝ドイツ　ｃ＝南アフリカ共和国　　第１位から第３位まで工業製品が並ぶａは先進国のドイツである。工業製品以外に白金族や金など鉱産資源が並ぶｃは南アフリカ共和国である。ｂはマレーシア，ｄはブラジル。

〔2〕

(1)　オ　　飛騨山脈を北アルプス，木曽山脈を中央アルプス，赤石山脈を南アルプスとも呼び，３つ合わせて日本アルプスと呼ぶ。

(2)　ウ　　わかりやすい県から決めていく。野菜と果実の産出額が多いｂは長野県(レタス・ぶどう・りんごの栽培がさかん)，製造品出荷額等が多いｃは愛知県である。残ったａとｄは岐阜県と石川県であり，岐阜県は中京大都市圏に位置するため，愛知県に通勤・通学する人が多く，昼夜間人口比率は 100 を下回ると考えて，ａを岐阜県，ｄを石川県とする。

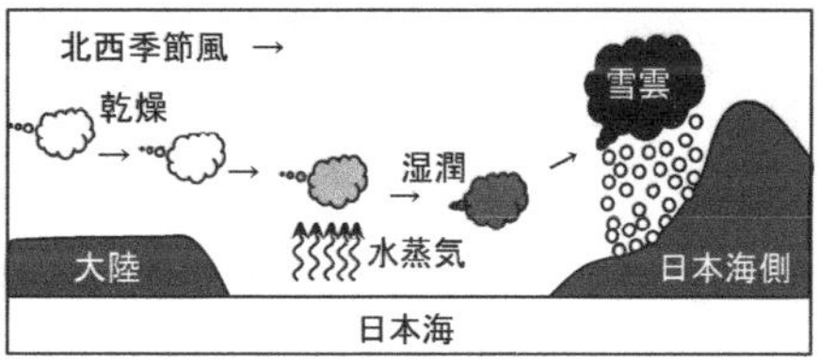

(3)①　イ　　中央部の平坦な台地上に茶畑を示す地図記号(∴)がある。　②　ウ　　25000 分の１地形図では，等高線(主曲線)は 10ｍごとに引かれ，ＸからＹまでは６本の等高線があるので 60ｍと判断する。

(4)　エ　　アは静岡，イは軽井沢，ウは甲府の雨温図である。富山などの日本海側で，冬に降水量が多くなる理由については，右図を参照。

〔3〕

(1)　渡来人　　渡来人は，須恵器の製法のほか，土木工事や金属加工，絹織物，漢字，仏教，儒教などを伝えた。

(2)①　イ　　都には，調(地方の特産物)と庸(労役の代わりの布)が納められた。荷札として使われた木簡は，表面を削り取ることで何度も利用することができた。　②　万葉集　　万葉集には約 4500 首の和歌が収録されている。

(3)　ア　　室町時代の農村の自治組織を惣，または惣村という。五人組は江戸時代の農村の組織。馬借は，室町時代の運送業の一つ。土倉や酒屋は金融業を営んでいたため，一揆でおそわれる対象となった。打ちこわしは，江戸時代の都市部で発生した。

⑷① 分業という語句は必須ワードである。工場に集めると工場制，各家庭で作業をすると家内制となる。

② ウ 水野忠邦が考えた上知令の説明として正しい。アは徳川吉宗の享保の改革，イは徳川綱吉の政治，エは松平定信の寛政の改革の説明である。

〔4〕

⑴ エ Y(1864 年)→Z(1866 年)→X(1867 年) 年号を覚えていなくても，四国連合艦隊による下関砲撃事件で被害を受けた長州藩と薩英戦争で被害を受けた薩摩藩は，攘夷は不可能と悟り，倒幕運動を進めた。その後，坂本龍馬らの仲介で薩長同盟が実現し，土佐藩の提案した大政奉還を，15 代将軍徳川慶喜は受け入れた，という歴史の流れを覚えていれば選ぶことができる。

⑵ 学制 写真は，長野県佐久市につくられた「旧中込学校」である。学制では，６歳以上の男女が小学校に通うように定められたが，特に家庭の重要な働き手である女児の就学率は上がらなかった。

⑶ X＝イ Y＝ア 1877 年，特権を奪われた士族にかつぎあげられた西郷隆盛を中心にして起こった西南戦争は，政府が徴兵令で集めた軍隊によって鎮圧され，以後，言論による自由民権運動が活発化した。版籍奉還や地租改正は西南戦争より前，日比谷焼き打ち事件は日露戦争後，尊王攘夷運動は幕末に起きた。

⑷ ア 平塚らいてうは，女性のための雑誌『青鞜』を刊行し，女性の地位を高めようと新婦人協会を立ち上げた。吉野作造は，大日本帝国憲法の枠内で，政治に民衆の考えを反映しようと民本主義を唱えた。津田梅子は，岩倉使節団とともに渡米し，帰国後に女子英学塾(現在の津田塾大学)を開き，女子教育に尽力した人物。美濃部達吉は，天皇機関説を唱えた人物。

⑸ 第一次世界大戦後から続いていた日本経済の不景気は，関東大震災の被害も重なり一層深刻化した。1920 年代の後半には，中小銀行が不良債権をかかえて経営に行き詰まり，預金の引き出しで休業に追い込まれる銀行も相次いだ(金融恐慌)。

⑹ エ 日本と中国の国交正常化は，1972 年の日中共同声明で実現した。ベルリンの壁の崩壊は 1989 年，アジア・アフリカ会議は 1955 年，朝鮮戦争の開始は 1950 年である。

〔5〕

⑴① エ エの居住・移転の自由が経済活動の自由に属する。経済活動の自由には，居住・移転の自由のほか，職業選択の自由・財産権の不可侵などがある。アの学問の自由とウの信教の自由は精神活動の自由，イは参政権(選挙権)である。 ② イ 憲法改正については，日本国憲法第 96 条に定められている。「総議員」「三分の二以上」「憲法改正の発議」「国民投票」「過半数」「天皇」などのキーワードをうまくつなげることができるようにしておこう。

⑵① ア 三権とその均衡と抑制は右図を参照。

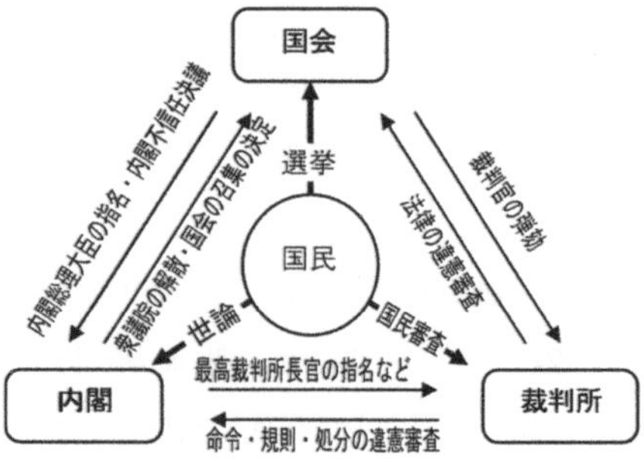

③ ウ 国選弁護人は，刑事裁判で被告人が弁護人を依頼できないときに用意する。ア，イ，エはいずれも民事裁判の内容である。

⑶① 株主には，株式会社の意思決定機関である株主総会に参加する権限があり，保有する株式の数に応じて議決権を持つ。また，保有する株式の数に応じて，株式会社が得た利益の一部を配当として受け取ることができる。 ② カ 中小企業と大企業では，圧倒的に中小企業の数が多く，従業員数も中小企業の方が多いが，売上高は大企業の方が多いことを覚えておきたい。 ③ 公正取引委員会 資料は独占禁止法である。公正取引委員会が運用している独占禁止法は，同じ業種の企業同士が，競争を避けるために価格の維持や引き上げの協定を結ぶ

カルテルなどを禁じている。

(4)① 常任理事国(アメリカ・イギリス・フランス・中国・ロシア)には大国一致の原則があり，常任理事国のうち1国でも反対すると，その議題は成立しない。この常任理事国の権利を拒否権という。 ② ウ 常に1位のアはアメリカ，急激に負担率が高まっているイは中国である。ドイツと日本では常に日本の負担率の方が高い。

③ エ 2020 年以降に広まった新型コロナウイルスのパンデミックに関しても，WHO(世界保健機関)が対応した。APEC はアジア太平洋経済協力，PKO は平和維持活動，UNESCO は国連教育科学文化機関の略称。

〔6〕

(1) B→A→C B(1992 年)→A(1997 年)→C(2015 年)

(2)① 温室効果ガスの排出量と吸収量を等しくすることを「カーボンニュートラル」という。削減することができない排出量を，資金提供で他国の排出量を削減することなどで埋め合わせる「カーボンオフセット」と合わせて覚えておきたい。 ② 資料Ⅳから，企業が最も重視する要素は「顧客の需要，評価」であること，資料Ⅴから，政府が消費者に「賢い選択(COOL CHOICE)」を提案していることを読み取る。

《2023 理科 解説》

〔1〕

(1) ア×…血液中の二酸化炭素は毛細血管から肺胞へと受けわたされて，気管を通って体外に排出される。
イ×…肺では，静脈血が動脈血に変わる。 エ×…空気を吸うときは，ろっ骨が上がり，横隔膜が下がる。

(2) 木星型惑星は，地球型惑星と比べて半径が大きく，密度が小さいので，A，Dが地球型惑星，B，Cが木星型惑星である。

(3) 化石燃料がもつ化学エネルギー(イ)は燃焼によって熱エネルギー(エ)に変化し水を水蒸気に変える。水蒸気はタービンを回転させ，その運動エネルギー(ア)によって発電機が回転し，電気エネルギー(ウ)に変化する。

(4) 20℃の水 300 g に溶ける硝酸カリウムは $32\times\frac{300}{100}=96$(g)だから，$200-96=104$(g)が溶け残る(結晶として出てくる)。

(5) マグマが地表付近で急に冷えて固まると，小さな結晶やガラス質(石基)と大きな結晶(斑晶)によるつくり(斑状組織)をもつ火山岩ができる。なお，マグマが地下深くでゆっくり冷え固まると，大きな結晶だけからなるつくり(等粒状組織)をもつ深成岩ができる。

(6) 晴れの日の午前中に上昇し，午後2時(3時)ごろに最高になるcが気温，気温が上がると飽和水蒸気量が大きくなって低くなるaが湿度，残りのbが気圧である。

〔2〕

(1) タマネギの根は，先端付近で細胞分裂が盛んに行われて，増えた細胞が大きくなることで成長するので，一番下と下から2番目の印の間隔だけが広くなっているアが正答である。

(2)① ア×…はじめに最も低倍率の対物レンズを用いて，観察をする。 ウ×…レンズの倍率を高くすると，視野が狭くなる。 エ×…プレパラートと対物レンズを遠ざけながらピントを合わせる。 ②③ 核の中に染色体が現れ(B)，染色体が中央に集まり(D)，染色体が両端に分かれ(A)，2つの核になっていく(C)。

〔3〕

(1)① 塩化ナトリウム〔NaCl〕は，ナトリウムイオン〔Na^+〕と塩化物イオン〔Cl^-〕に電離する。 ② 質量パーセント濃度が5％の食塩水 40 g に含まれる食塩の質量は $40\times0.05=2$(g)だから，水の質量は $40-2=38$(g)となる。

(2)② 熱を周囲から吸収し，温度が下がる反応を吸熱反応という。ア，イ，ウは発熱反応である。

(3) 温度の異なる物体を接触させたとき，高温の部分から低温の部分へ熱が移動して伝わる現象を伝導という。

〔4〕

(1) 日本では，太陽は東の地平線からのぼり，南の空で最も高くなって，西の地平線にしずむので，Aが南であり，Bが東，Cが北，Dが西である。

(4) 南中高度は太陽が真南の方角にきたときの太陽の高度だから，∠AOPである。

(5) 午前9時から午後3時までの6時間で太陽が透明半球上を12㎝動くので，9時の点からPまで5.5㎝動くのにかかる時間は$6\times\frac{5.5}{12}=2.75$(時間)→2時間45分となる。よって，太陽が南中した時刻は午前11時45分である。

(6) 緯度が同じ2つの地点では太陽の南中高度が等しく，経度が同じ2つの地点では南中時刻が等しい。よって，緯度が同じで経度が異なる2地点では，太陽が南中する時刻は異なるが，太陽の南中高度は同じになる。

〔5〕

(1) 光がガラスから空気へ進むとき，境界面に近づくように屈折するので，アが正答である。

(2) 光ファイバーは細いガラスの繊維による2層の構造をしている。入射した光はそれらのガラスの境界面で全反射を繰り返しながら進む。

(3) 図iのように，和美さんの体の各部から出た光は鏡で反射して目に届くので，目から下に鏡の長さの2倍の52×2＝104(㎝)の部分(エ)を見ることができる。

図i

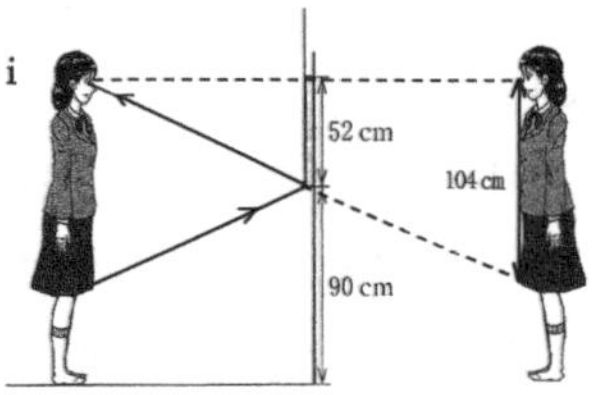

(4) 和美さんが自分の全身の像を見るためには，身長の半分の長さ(154÷2＝77㎝)の鏡が必要である。目より下の部分の像は142÷2＝71(㎝)だから，鏡の下端が床から142－71＝71(㎝)の位置になるように設置する。

〔6〕

(1)② 銅よりもイオンになりやすい亜鉛がイオンとなって水溶液中に溶け出すときに電子を放出する〔$Zn \rightarrow Zn^{2+} + 2e^-$〕。放出された電子は，導線を通って銅板に移動するから，銅板上では，水溶液中の銅イオンが電子を受け取って銅原子となり〔$Cu^{2+} + 2e^- \rightarrow Cu$〕，銅板に付着する。

(2) (1)②解説より，実験1では亜鉛板から銅板へ電子が移動し，電流の向きは電子が移動する向きと反対だから，電流は銅板から亜鉛板へ流れ，亜鉛板が－極になる。また，実験2ではプロペラが実験1とは逆に回転したことから，実験2の電流の向きは実験1と反対であり，マグネシウム板が－極である。よって，銅に比べてマグネシウムの方が陽イオンになりやすいことがわかる。

(3) 実験1の硫酸亜鉛水溶液中では陽イオンである亜鉛イオンが増加していくのでプラスにかたむく。これに対し，硫酸銅水溶液中では陽イオンである銅イオンが減少していくのでマイナスにかたむく。このようなイオンのかたよりを防ぐために，セロハン膜の穴を通って硫酸イオン〔SO_4^{2-}〕が亜鉛板側へ，亜鉛イオン〔Zn^{2+}〕が銅板側へ移動する。

〔7〕

(2) X．Aは緑色で，B(ふの部分)は白色である。Aではデンプンができ Bではできなかったので，光合成は葉の緑色の部分で行われていることがわかる。なお，この実験からは緑色の部分に葉緑体があるかどうかはわからない。　Y．Aは日光が当たり，C(アルミニウムはくでおおった緑色の部分)は日光が当たらない。Aではデンプンができ Cではできなかったので，光合成には，葉に光を当てる必要があることがわかる。

(3) 葉の緑色の部分の有無による影響を調べるためのAの対照実験がB，光の有無による影響を調べるためのAの対照実験がCである。

〔8〕

(1)　〔電流(A)$=\dfrac{電圧(V)}{抵抗(\Omega)}$〕より，$\dfrac{2.0}{2}=1$ (A)となる。

(2)　電熱線を流れる電流は$\dfrac{4.0}{2}=2$ (A)だから，〔電力(W)＝電圧(V)×電流(A)〕より，$4.0\times2.0=8$ (W)となる。

(3)　電熱線で発生する熱量は水の温度上昇に比例する。表より，実験２で電流を１分間流したときの水の温度上昇は0.8℃だから，実験１で電流を４分間流したときである。

(4)　原点を通る比例のグラフになる。

(5)　実験１～３で，表の 2.0V，4.0V，8.0Vそれぞれのとき，水の上昇温度は電流を流した時間に比例していることから，電圧が一定(電力が一定)のとき，水の上昇温度は電流を流した時間に比例することがわかる。

《2022　国語　解答例》

〔一〕㈠1．うば　2．ただよ　3．びょうしゃ　4．よくよう　5．ちんれつ

㈡1．細　2．試　3．共鳴　4．議案　5．段階

〔二〕㈠エ　㈡ア　㈢イ　㈣エ　㈤ウ

〔三〕㈠おもう　㈡イ　㈢ア　㈣その場では、何も言わなかったということ。　㈤エ　㈥中国の故事を踏まえて竜が和歌に詠まれていることに考えが及ばなかったということ。

〔四〕㈠はじめ…風景とは、　終わり…貌である。　㈡イ　㈢ウ　㈣風景は、外界からの刺激により身体に属する感覚器官に対して空間が感覚的に立ち現れ、心が動かされることで出現するということ。　㈤エ　㈥人が風景と出会うという出来事は、自己の存在を了解するという本質的契機を提供することであり、風景についての考察を深めるということは、風景とともにある自分という存在がこの世界に存在していることを実感し、人間の自己理解を深めることになるから。

《2022　数学　解答例》

〔1〕(1) -4　(2) $7a-17b$　(3) $2b$　(4) $\sqrt{2}$　(5) $6,\ -1$　(6) $y=2x+3$　(7) 80　(8)ウ，オ

〔2〕※(1) 14　※(2) $\frac{4}{5}$　(3)右図

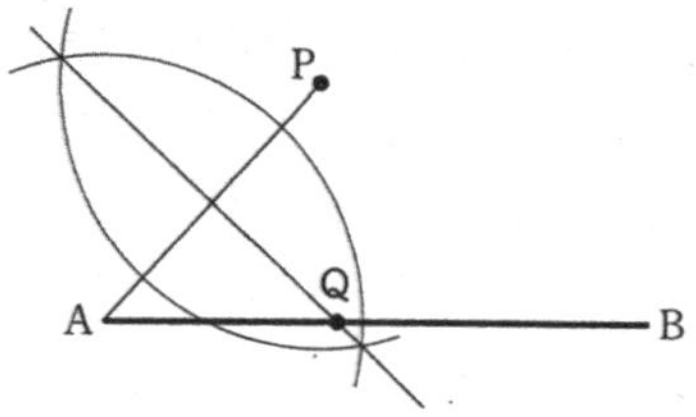

〔3〕(1) $y=\frac{1}{4}x^2$　(2) 7　※(3) $\frac{249}{7}$　(4)ア．B　イ．A　ウ．$\frac{4}{7}$

〔4〕(1)ア．144　イ．12　(2) 3

(3)△PQRと△HQPにおいて，

∠QPR＝∠QHP＝90°…①　∠PQR＝∠HQP…②

①，②より，2組の角がそれぞれ等しいから，△PQR∽△HQP

(4) 12

(5)点Hは，図4と同じ点とする。△PQHと△ERDにおいて，

QH＝RD…①　∠PHQ＝∠EDR＝90°…②

∠QPH＝∠PRHだから，∠PQH＝90°－∠QPH＝90°－∠PRH＝∠ERD…③

①，②，③より，1組の辺とその両端の角がそれぞれ等しいので，△PQH≡△ERD　よって，PQ＝ER

〔5〕(1) 1　※(2) $\frac{4\sqrt{2}}{3}$　※(3) $\frac{4\sqrt{6}}{3}$

※の求め方は解説を参照してください。

《2022　英語　解答例》

〔1〕(1)1．ア　2．ウ　3．エ　4．ウ　(2)1．イ　2．エ　3．エ　4．ウ　(3)1．No, they won't.

2．She wants to take pictures with them.

〔2〕(1)ウ　(2)a．I'm interested in Lecture B the most.　b．Because I want to help children who hope to study at school. To find good ways to help them, I should know their problems.

〔3〕(1)A．エ　D．ウ　(2)B．what an interesting story　G．happy to hear that　(3)It will rain when a swallow flies low.／By touching an aching body part, you can reduce pain.　(4)イ　(5)「それはなぜ起こるのか」「それは本当に正しいか」というような疑問をいつも持ち，研究をする人々。　(6)エ

〔4〕(1)レオは日本語をうまく話せず，ときどきカナたちの日本語を理解できないこと。　(2)ア　(3)talk with them in Japanese　(4)エ　(5)①Yes, they can.　②Because he doesn't look so happy when Kana and her classmates talk to him.　③They can share ideas with people in the world.

(6)(カナの例文)Why don't you ask him what he really wants?　For example, he may like talking in Japanese because he is studying in Japan.　You are kind, so you can help him better.　(レオの例文)Your classmates will understand you if you tell them your true feelings.　When I had an experience like yours and told my friends my feelings, we became better friends.

《2022　社会　解答例》

〔1〕(1)ア　(2)北／30／東／150　(3)ウ　(4)エ　(5)工業化が進んだアジア州の国々への鉱産資源の輸出が増加したから。

〔2〕(1)リアス海岸　(2)エ　(3)①静岡(県)　②右図　(4)①エ　②ウ

〔3〕(1)奈良　(2)イ　(3)①武士の慣習をもとに裁判の基準を定め，争いを公正に解決するため。　②ア　(4)①イ　②カ　③参勤交代

〔4〕(1)X．廃藩置県　Y．30　(2)欧米の進んだ技術を取り入れ，官営工場を設立した。　(3)①イ→ウ→ア　②ウ　(4)イ

〔5〕(1)①子どもの権利条約〔別解〕児童の権利に関する条約　②エ　(2)①ア　②a．3　b．2　c．1　d．0　③衆議院の議決が国会の議決となる。　(3)①エ　②イ　③ア　(4)①平和維持活動〔別解〕ＰＫＯ　②ウ

〔6〕(1)イ，オ　(2)X．エ　Y．民法の未成年者を保護するための規定が適用されず，悪質な手口による被害が増加する

《2022　理科　解答例》

〔1〕(1)エ　(2)イ　(3)ア　(4)エ　(5)ウ　(6)ウ

〔2〕(1)X．柱頭　Y．花粉　(2)対立形質　(3)①丸形の種子の遺伝子の組合せ…ア　しわ形の種子の遺伝子の組合せ…ウ　②オ　(4)３：５

〔3〕(1)カ　(2)0.51　(3)ア　(4)275

〔4〕(1)イ　(2)飽和水蒸気量　(3)①11　②ア

〔5〕(1)エ　(2)①X．相同器官　Y．進化　②目の向きが前向きであるため，シマウマと比較して，視野がせまいが，物体を立体的に見ることのできる範囲が広いという違いがある。

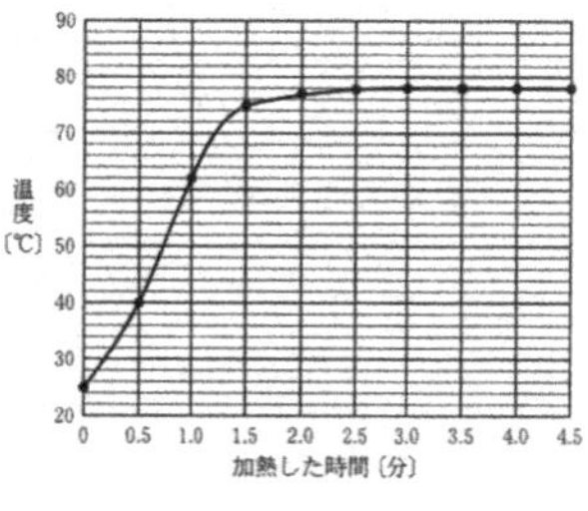

〔6〕(1)B　(2)ア　(3)イ　(4)エ　(5)太陽，地球，月の順で，３つの天体が一直線に並んだとき。

〔7〕(1)①24　②125　(2)200　(3)0.45　(4)ウ→イ→ア→エ

〔8〕(1)①右グラフ　②沸点…78　理由…沸騰している間は，温度が一定であるため。　(2)①0.79　②蒸留　③ウ

新潟県公立高等学校

←解答例は前ページにありますので，そちらをご覧ください。

《2022　国語　解説》

〔二〕

㈠　設問の文を文節に分けると、「休日に／図書館で／本を／借りる。」となり、文節の数は４である。同様に、アは「虫の／音に／秋の／気配を／感じる。」、イは「こまやかな／配慮に／感謝する。」、ウは「あの／山の／向こうに／海が／ある。」、エは「風が／入るように／窓を／開ける。」となる。よって、エが適する。

㈡　「眺望」とアの「展望」は、遠方を見るという意味で使われている。イの「待望」とウの「希望」は、待ち望む、願うという意味で使われている。エの「信望」は、人々に期待されているという意味で使われている。

㈢　「聞こえない」の「ない」とイの「ない」は、動詞の未然形についてこれを打ち消している、打ち消しの助動詞。打ち消しの助動詞の「ない」は、「ない」を「ぬ」に置き換えても意味が通る。アの「ない」は、形容詞の連用形についてこれを打ち消している、打ち消しの補助形容詞。ウの「ない」は、形容詞「少ない」の一部。エの「ない」は形容詞。

㈣　「若葉」は、生えたばかりの草木の葉で、夏の季語。アの「山茶花《さざんか》」は冬の季語。イの「鳥渡る」は秋の季語。エの「噴水」は夏の季語。よって、エが適する。

㈤　「春風の心地よい季節」にふさわしい「相手の安否をきづかう言葉」を選ぶ。よって、ウが適する。

〔三〕

㈠　古文で言葉の先頭にない「はひふへほ」は、「わいうえお」に直す。

㈡　Ｂの「俊頼の和歌は、会いたい人に会えない気持ちを詠んだ和歌ですね」と「俊頼は、中国の故事を踏まえて、竜を和歌に詠んだことがわかりました」より。この歌は、中国の故事にある「思ふ人」は竜を見ることができたことをふまえて、会いたい人に会えないことを残念がる気持ちを詠んでいる。よって、イが適する。

㈢　ここでは、「反語」という表現技法が使われている。「反語」は、言いたいことを強調するために、言いたいこととは逆の内容を疑問の形で述べるもの。基俊は、鶴が雲の中に住む事などありえないと言い、非難している。よって、アが適する。

㈣　【古文の内容】を参照。

㈤　Ｂに「俊頼は、中国の故事を踏まえて、和歌に詠んだことがわかりました」とある。その故事にあった内容が、和歌の「(たつも)思ふ人には見えけるものを」に当たる。【古文の内容】にあるように、会いたいと願ったのは人の方であり、竜はその人のために姿を現した。よって、エが適する。

㈥　基俊が「たつ＝竜」を「たづ＝鶴・田鶴」だと思いこんでいたことをふまえて、俊恵が基俊について語ったことを解釈する。

【古文の内容】

法性《ほっしょう》寺《じ》殿《どの》(内大臣《ないだいじん》藤原《ふじわらの》忠通《ただみち》の邸宅)で歌合《うたあわせ》があった時に、俊頼《としより》・基俊《もととし》が、二人の判者《はんじゃ》として、作者の名を隠してその場で勝負を判定したが、俊頼の歌に、

あなたが姿を見せてくれないとは残念だなあ。雲の中に棲《す》む竜も、見たいと思う人には見えたというのに

(という歌があり、)

是《これ》(歌にある「たつ」)を基俊は、鶴《たづ》と思い込んで、「田鶴《たづ》は沢にこそ棲むが、雲の中に住む事などあるだろうか(いや決してありはしない)」と非難して、負けにしたのであった。しかし俊頼は、その場では何も言わなかった。その時殿下(忠通殿) は、「今夜《こよい》の判定の辞を、それぞれ書いて差し出せ」とおっしゃたので、俊頼朝臣《あそん》は、「これは鶴《たづ》ではなく、竜《たつ》である。中国の誰それといった人が、竜を見ようと思う気持ちが強かったために、竜がその人のために姿を見せたという話が(中国の故事に)あったことを、歌に詠んだのである」と書いたのであった。

〔四〕

(一) 3段落目の最後から2番目の一文に、「風景とは、身体という空間的存在に立ち現れる空間の相貌である」とある。下線部に注目すると、風景とは何であるかを具体的に述べ、言い切っている。

(二) 「自己が存在するということを了解するとき」のあり方は、「まず、自己の存在を感じること、実感することである」と述べている。このことから、[A]には、「感じること、実感すること」や具体性を伴わない様子を表す言葉が入ると推測できる。すると、選択肢の中では、イの「概念的」が最もよく当てはまる。

(三) 二段落目に「人間の存在は『与えられていること(所与)』と『選ぶこと(選択)』と、その間に広がる『出会うこと(遭遇)』の領域によって構成されている」とあり、「選ぶこと(選択)」と「出会うこと(遭遇)」は異なるものであることがわかる。――線部分(2)を含む段落に、「人間は風景を見に行くことを選択することができる」「海を見ようと目を開けることは行為であるが、目を開けたわたしの視覚に広がった海は、わたしにその姿を見せた。わたしが海を別の時間に、また別の場所で見たとすれば、わたしには違った風景が立ち現れたであろう」とある。つまり、人間は風景を見に行く、海を見ようとするという行為は選択できるが、風景は選択できず、時間や場所によって違った風景が立ち現れる。だから、風景は出会うもの、遭遇するものなのである。よって、ウが適する。

(四) ――線部分(3)の前後からまとめる。風景とは何かを述べた三段落目の後半でも同じようなことを述べているので、そちらも参考にする。

(五) 少し前に、「わたしたちは、特別な機会に風景と出会っているように思うかもしれない」とある。一方、空欄の後の内容から導き出されるのは「人間にとって存在するとは、『風景とともにある』ということである」というまったく逆の結論である。よって、逆接のエの「しかし」が適する。

(六) まず、Ⅰの最初の段落から、「自己の存在を了解する」ことと風景の関係について押さえる。Ⅱでは、風景との出会いには、「自己の変化」と「人生が風景とともにあることを知るとき」という2つの場合があることを押さえる。また、「風景について考えるということは、そのような体験の契機に出会うということである～人間の自己理解を深めることを意味している」も重要なポイントである。

《2022　数学　解説》

〔1〕

(1) 与式$=-9+5=-4$

(2) 与式$=3a-9b+4a-8b=7a-17b$

(3) 与式$=8a^2b^3\div4a^2b^2=\dfrac{8a^2b^3}{4a^2b^2}=2b$

(4) 与式$=2\sqrt{18}-5\sqrt{2}=2\times3\sqrt{2}-5\sqrt{2}=6\sqrt{2}-5\sqrt{2}=\sqrt{2}$

(5) 与式より，$(x-6)(x+1)=0$　　$x=6,\ -1$

(6) **【解き方】求める直線の式を$y=mx+n$として，通る2点の座標を代入し，連立方程式をたてる。**

点$(-1,\ 1)$を通るので，$1=-m+n$，点$(2,\ 7)$を通るので，$7=2m+n$が成り立つ。

これらを連立方程式として解くと，m＝２，n＝３となるので，求める直線の式は，$y=2x+3$である。

⑺　ＢＤとＡＣとの交点をＥとする。ＢＤは円Ｏの直径なので，∠ＢＡＤ＝90°

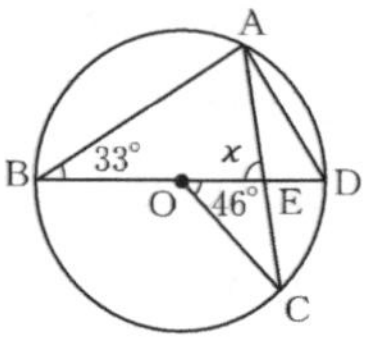

同じ弧に対する円周角の大きさは，中心角の大きさの半分だから，∠ＣＡＤ＝$\frac{1}{2}$∠ＣＯＤ＝23°

∠ＢＡＥ＝90°－23°＝67°だから，△ＡＢＥの内角の和より，∠x＝180°－33°－67°＝80°

⑻　**【解き方】箱ひげ図からは，右図のようなことがわかる。**

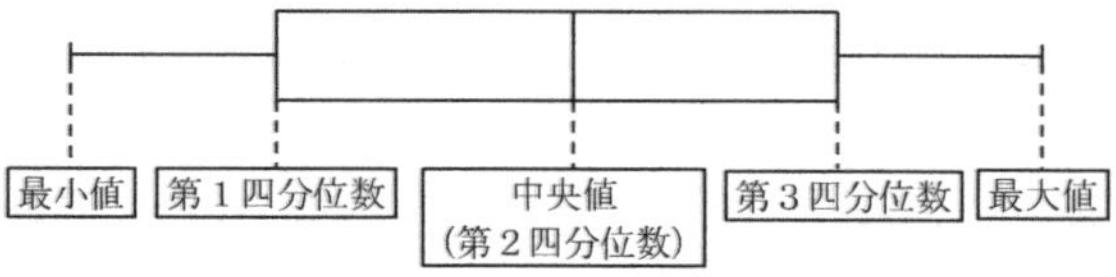

ア．Ａ組の最大値は30ｍをこえていないので，正しくない。

イ．（四分位範囲）＝（第３四分位数）－（第１四分位数）である。箱の長さはＢ組よりＡ組の方が長いので，正しくない。

ウ．（範囲）＝（最大値）－（最小値）である。全体の長さはＣ組よりＢ組の方が長いので，正しい。

エ．最小値から第１四分位数まで，第１四分位数から中央値まで，中央値から第３四分位数まで，第３四分位数から最大値まではそれぞれ，全体の約$\frac{1}{4}$の割合となる。よって，Ａ組の10ｍ以上15ｍ以下の生徒は全体の$\frac{1}{4}$より多く，15ｍ以上20ｍ以下の生徒は全体の$\frac{1}{4}$より少ないから，正しくない。

オ．Ｃ組の第３四分位数は25ｍより小さいので，エの説明より，25ｍ以下だった生徒は全体の$\frac{3}{4}$以上いる。よって，25ｍ以下だった生徒は，$35\times\frac{3}{4}=26.25$より，27人以上いるから，正しい。

〔２〕

⑴　$\sqrt{56n}=2\sqrt{14\times n}$が自然数となる最も小さい自然数ｎは，14である。

⑵　**【解き方】１－（２枚のカードに偶数が書かれている確率）で求める。**

２枚ある３のカードを３と③，４のカードを４と④として考える。

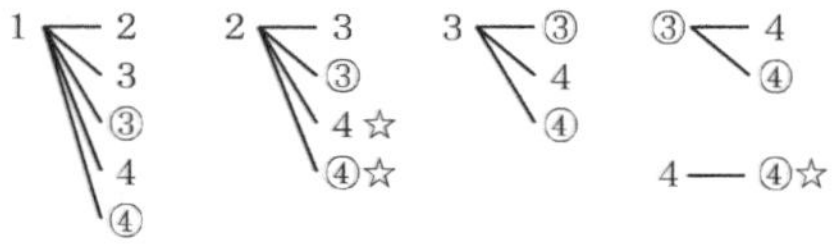

２枚のカードを取り出すときの組み合わせは右樹形図の15通りあり，そのうち２枚が偶数となるのは，☆印の３通りなので，求める確率は，$1-\frac{3}{15}=\frac{4}{5}$

⑶　ＱはＡＢ上にあるので，ＡＱ＋ＱＢ＝ＡＢである。

よって，ＰＱ＋ＱＢ＝ＡＱ＋ＱＢより，ＰＱ＝ＡＱが成り立つので，Ｑは線分ＡＰの垂直二等分線上にある。

したがって，Ｑは線分ＡＰの垂直二等分線と線分ＡＢとの交点である。

〔３〕

⑴　**【解き方】放物線の式は$y=px^2$（ｐは比例定数）と表せる。**

放物線$y=px^2$は点(14，49)を通るので，$49=p\times14^2$　　$196p=49$　　$p=\frac{1}{4}$

よって，求める式は，$y=\frac{1}{4}x^2$である。

⑵　14秒後からは，20－14＝６（秒）で91－49＝42（ｍ）進むので，求める速さは，42÷６＝７（ｍ/秒）

⑶　**【解き方】ボートＡについて，$14\leqq x\leqq a$の直線の式を求め，その式に点（ａ，200）を代入し，ａの値を求める。**

⑵より，直線の傾きは速さに等しく７なので，式は$y=7x+q$と表せる。これが点(14，49)を通るので，

$49=7\times14+q$より，$p=-49$

直線$y=7x-49$は点（ａ，200）を通るので，$200=7a-49$　　$7a=249$　　$a=\frac{249}{7}$

⑷　**【解き方】ボートＢの$20\leqq x\leqq b$のときの式を求めてから，ｂの値を求める。**

ボートＢについて，$20\leqq x\leqq b$のとき，グラフは傾きが$\frac{160-80}{30-20}=8$の直線なので，式は$y=8x+r$と表せる。

点(20，80)を通るので，$80=8\times20+r$より，$r=-80$

直線$y=8x-80$は点(b，200)を通るので，$200=8b-80$　$8b=280$　$b=35$

ボートAは$\frac{249}{7}$秒後$=35\frac{4}{7}$秒後，ボートBは35秒後にゴールするので，先にゴールしたのはボート$_{ア}$Bであり，

ボート$_{イ}$Aの$35\frac{4}{7}-35={}_{ウ}\frac{4}{7}$(秒前)にゴールした。

〔4〕

(1)　図1の長方形の面積は，$9\times16={}_{ア}144$(cm²)

これと同じ面積の正方形の1辺の長さを$x$cmとすると，$x^2=144$　$x=\pm12$　$x>0$より，$x=12$

よって，正方形の1辺の長さは$_{イ}$12cmである。

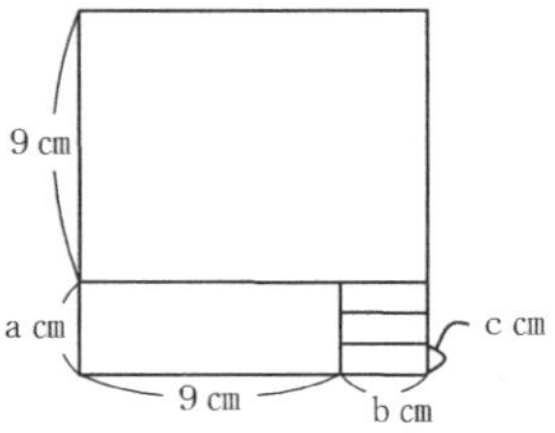

(2)　図3について，右のように記号をおく。

正方形の1辺の長さは12cmだから，$a=b=12-9=3$(cm)，$c=3\div3=1$(cm)

よって，求める面積は，$3\times1=3$(cm²)

(3)　まず，問題文の仮定を図にかきこんで，証明のために必要な条件を探そう。

条件が足りない場合は，問題の内容に応じて，図形の性質，平行線の同位角・錯角，

円周角の定理などからわかることもかきこんでみよう。

(4)　**【解き方】相似な三角形の対応する辺の長さの比は等しいことを利用する。**

△PQR∽△HQPより，PQ：HQ＝RQ：PQ　PQ：9＝16：PQ　$PQ^2=144$　$PQ=\pm12$

$PQ>0$より，PQ＝12cmである。

(5)　PQを含む三角形と，ERを含む三角形の合同から，PQ＝ERを証明したい。

図7だけでは合同な三角形は見つからないので，図4をふまえて考えると，△PQHと△ERDが見つかる。

〔5〕

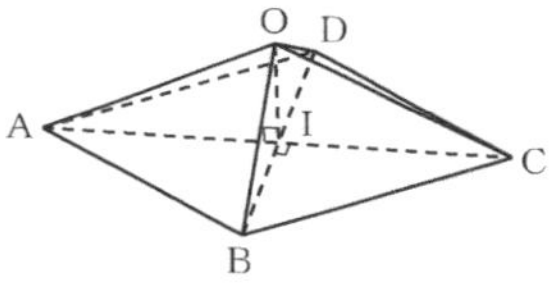

(1)　**【解き方】正四角すいOABCDについて，底面ABCDの対角線の交点をIとすると，高さはOIとなる。**

△ABCはBA＝BCの直角二等辺三角形だから，$AC=\sqrt{2}AB=4\sqrt{2}$(cm)

正方形の対角線は中点で交わるから，$AI=\frac{1}{2}AC=2\sqrt{2}$(cm)

△OAIについて，三平方の定理より，$OI=\sqrt{OA^2-AI^2}=\sqrt{3^2-(2\sqrt{2})^2}=1$(cm)

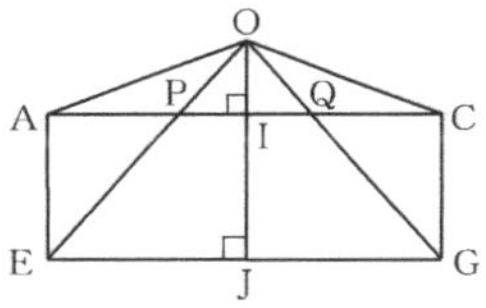

(2)　**【解き方】5点O，A，E，G，Cを通る平面について，右のように作図する。**

(1)より，OI＝1cm，$EG=AC=4\sqrt{2}$cm

AC//EGより，OP：OE＝OI：OJ＝1：(1＋2)＝1：3

△OPQ∽△OEGより，PQ：EG＝OP：OE＝1：3

よって，$PQ=\frac{1}{3}EG=\frac{1}{3}\times4\sqrt{2}=\frac{4\sqrt{2}}{3}$(cm)

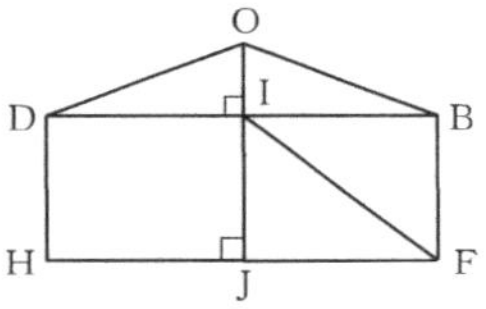

(3)　**【解き方】P，Qは5点O，B，F，H，Dを通る平面について対称だから，△PFQはFP＝FQの二等辺三角形である。(2)のIはPQの中点なので，△PFQの底辺をPQとしたときの高さはFIとなる。5点O，B，F，H，Dを通る平面について，右のように作図する。**

$JF=\frac{1}{2}HF=\frac{1}{2}EG=2\sqrt{2}$(cm)だから，△IJFについて，三平方の定理より，

$FI=\sqrt{IJ^2+JF^2}=\sqrt{2^2+(2\sqrt{2})^2}=\sqrt{12}=2\sqrt{3}$(cm)

よって，$\triangle PFQ=\frac{1}{2}\times PQ\times FI=\frac{1}{2}\times\frac{4\sqrt{2}}{3}\times2\sqrt{3}=\frac{4\sqrt{6}}{3}$(cm²)

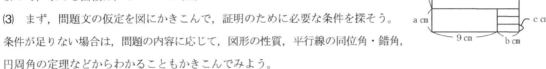

《2022　英語　解説》

〔1〕

(1) 1　質問「これは何ですか？」…「顔が見たいときは，これを使います」より，ア「鏡」が適当。　2　質問「公園でスポーツをしている人は何人ですか？」…「公園に９人います。彼らのうち４人はバスケットボール，２人はサッカーをしていて，３人は木の下で話しています」より，ウ「６人」が適当。　3　質問「誰が夕食を作っていますか？」…「ヒロコは自分の部屋を掃除しています。父は夕食を作っていて，兄(弟)が父を手伝っています。母は部屋で手紙を書いています」より，エ「ヒロコの父と兄(弟)」が適当。　4　質問「今日，スティーブはどのようにして図書館へ行きましたか？」…「ティーブはたいてい自転車で図書館に行きます。先週の日曜日は母も本を読みたかったので，車でそこへ行きました。今日，雨がたくさん降っていたので，彼はバスでそこに行きました。彼は正午前に図書館を出て，電車で隣町の大きな本屋に行きました」より，ウ「バスで」が適当。

(2) 1　質問「彼らは今日，英語の辞書が必要ですか？」…Ａ「今日，英語の辞書が必要？」→Ｂ「今日は英語の授業がないよ。でも，国語の授業があるから，国語辞典が必要だよ」→Ａ「わかった」より，イ「いいえ，必要ありません」が適当。　2　質問「彼らはいつ映画を見に行きますか？」…Ａ「やあ，マキ。土曜日に映画を見に行こう」→Ｂ「土曜日の朝，友達の家に行くわ。午後にはスイミングスクールも行くの」→Ａ「日曜日はどう？」→Ｂ「そうね，テニスの試合があるけど，11 時 30 分までに家に帰るわ。午後に行かない？」→Ａ「いいね」より，エ「日曜日の午後」が適当。　3　質問「電車は何時に出発しますか？」…Ａ「さあ行こう！電車の出発まであと 20 分しかないよ」→Ｂ「心配いらないよ。この時計を見て。まだ９時だよ。駅まで 10 分で行けるよ」→Ａ「ああ，その時計は止まっているよ。この時計を見て。すでに９時 40 分だよ」→Ｂ「おお，大変だ！」より，エ「10時」が適当。　4　質問「２人は今，どこで話をしていますか？」…Ａ「すみません。美術館はどこですか？友達はお寺のとなりだと言っていたのですが，こちらは本屋ですよね」→Ｂ「ああ，そうです。美術館はもう１つのお寺のとなりです」→Ａ「ああ，そうですか？美術館への行き方を教えてくれませんか？」→Ｂ「いいですよ。まっすぐ進んで，花屋が見えたら左折してください。それから，靴屋と科学博物館が見えたら左折します。３分ほど歩くと，美術館が見えます」→Ａ「わかりました。ありがとうございます！」より，ウが適当。

(3) 【放送文の要約】参照。 1　質問「生徒たちは９月 24 日に歓迎パーティーをしますか？」…歓迎パーティーは９月 21 日になったので，No で答える。　2　質問「メアリーはパーティーで生徒たちと何をしたいですか?」…メアリーは一緒に写真を撮りたがっている。

【放送文の要約】

みなさん，こんにちは。私はメアリーの歓迎パーティーについて話します。1私たちは９月 24 日にパーティーを計画してきました。でも，彼女は９月 24 日に外国人留学生の活動があるので来ることができません。そこで，９月 21 日にパーティーをしましょう。すでに英語の歌を歌うことは決まっています。2メアリーはパーティーで私たちと写真を撮りたがっています。他に何かアイデアはありますか？

〔2〕

(1) [　　]の直後にオリバーは「母はレストランで働いていて，たくさんの食べ物が廃棄されているとよく言っている。僕はその防ぎ方を学びたいよ」と言っているので，講演Ｃ「食べ物を無駄にしてはいけない」が適当。

(2) 難しい単語を使う必要はないので，間違いのない単語を使って文を作ろう。ａは３語以上，ｂは３行以内の条件を守ること。（ａの例文）「私は講演Ｂに最も興味があります」　（ｂの例文）「なぜなら私は学校で学びたい子どもたちを助けたいからです。彼らを助ける良い方法を見つけるために彼らが抱える問題を知るべきです」

〔３〕【本文の要約】参照。

⑴A　飛んでいる昆虫という意味になるように，現在分詞の flying にする。　D　直前に have があるので，現在完了の形〈主語＋have/has＋過去分詞 ～.〉にする。

⑵B　〈what＋a/an＋形容詞＋名詞〉の語順で「何て～な○○でしょう」の意味を表す。　G　「それを聞いてうれしいわ」＝I'm happy to hear that.

⑶　ジェーンの２回目の発言と７回目の発言からそれぞれ抜き出す。

⑷　ア×「どうしてそのことを覚えているの？」　イ○「どういう意味？」　ウ×「私はそのことを決して忘れないわ」　エ×「きっとあなたは正しいわ」

⑸　指示語の指す内容は直前に書かれていることが多い。下線部分Ｆの直前の３文を日本語にする。

⑹　ア×「ルリは迷信を信じるべきだとは思っていません。なぜなら役に立たないからです」…本文にない内容。

イ×「ジェーンは科学についての面白い話をたくさん知っています。なぜなら，祖母から学んだからです」…本文にない内容。　ウ「ジェーンは，科学者は×いつでも何が正しいかを知ることができるので，異なる学説を持つことはないと考えています」　エ○「ジェーンはルリに科学者でも本当のことを知るのは難しいと言いましたが，ルリは科学を勉強したいと思っています」　オ×「ジェーンは中学生はあまりに若いので，研究ができないと思っています」…本文にない内容。

【本文の要約】

ルリは中学生です。ジェーンはカナダ出身で，日本の大学で科学を学んでいます。ジェーンはルリの家に滞在しています。彼女らは公園で話しています。

ジェーン：見て。ツバメが飛んでいるわ。

ルリ　　：ああ，あのツバメは低いところを飛んでいるわ。じゃあ，おばあちゃんがここにいたら，「雨が降る前に帰りなさい」と言うわ。おばあちゃんは本当に迷信が大好きなの。

ジェーン：ルリ，おばあちゃんの言う通りかも。⑶ツバメが低いところを飛ぶと雨が降るわ。

ルリ　　：何ですって？

ジェーン：私は科学の本で読んだことがあるわ。ツバメは昆虫を食べる。雨が降り始める前は，湿気のために昆虫は高く飛べないの。それらのAエ飛んでいる(＝flying)昆虫を食べるために，ツバメも低く飛ぶわ。

ルリ　　：わあ，何て面白い話なの！それは迷信じゃないのね。

ジェーン：おばあさんは他にも役に立つ話を知っているかもしれないわ。

ルリ　　：ええ，聞いてみるわ。

ジェーン：もう１つ面白い話を知っているわ。ルリ，弟がテーブルの脚に足をぶつけて泣き出したらどうする？

ルリ　　：うーん，私は「大丈夫？」と言って，手で彼の足を触ると思うわ。

ジェーン：あなたはいいお姉さんね。でも，それで痛みは和らぐと思う？

ルリ　　：いいえ。迷信でしょ？

ジェーン：ルリ，迷信ではないと言う科学者もいるの。⑶痛む体の部位を触ることで痛みを抑えることができるわ。私はこの話を先生から聞いたの。

ルリ　　：本当？すごいわね！

ジェーン：これらの話は人間が経験から学んだ２つの例よ。人々はそういうことを子どもたちにDウ教えてきた(＝have taught)わ。迷信だと思っている人もいるかもしれないけど，中には本当のこともあるわ。科学的な研究をすれば，多くのことを知ることができるわ。

ルリ　　：すごい！科学はとても面白いわ。

ジェーン：そうね。科学が好きなら覚えておいて欲しいことがあるわ。科学は完璧ではないの。

ルリ　　：Eィどういうこと？(＝What do you mean?)科学的な研究をすれば，多くのことを知ることができるって言ったじゃない。

ジェーン：そうよ。科学は役に立つし，私たちに多くのことを教えてくれる。でも，何が本当に正しいことなのか知るのは非常に難しいの。

ルリ　　：例を挙げてくれない？

ジェーン：例えば，過去に多くの科学者が恐竜は絶滅したと信じていた。でも，現在，一部の科学者は，生き残った恐竜もいたと考えているの。この例みたいに，科学者はあることについて異なる学説を持つことがあるわ。

ルリ　　：わかったわ。科学は役に立つけど，正しいことを知るのは難しいってことね。

ジェーン：そうよ。⑹エ科学者でも，正しいことを知るのは難しいわ。⑸「それはなぜ起こるの？」「それは本当に正しいの？」科学者はいつもこのような疑問を持って研究しているわ。長い間，そういう人々が，科学を発達させてきたの。

ルリ　　：どうすればそういう人になれるの?

ジェーン：いつも深く考え，常に日々の生活からの疑問を見つけようとしなければならないわ。疑問があれば，それについて勉強する方法を考えて，研究するの。また，科学の本をたくさん読むことが重要よ。あなたはまだ中学生だけど，できることはたくさんあるわ。

ルリ　　：ええ，やってみるわ。⑹エそして，将来あなたのように科学を研究するわ！

ジェーン：私はそれを聞いてうれしいわ。きっとあなたはもっと楽しく科学を学べるわ。

〔4〕【本文の要約】参照。

⑴ 指示語の指す内容は直前に書かれていることが多い。ここでは，直前の１文を指している。

⑵ Xはカナからの手紙の第２段落４行目，Yは第３段落３行目などから考える。カナの考えは「レオはX私たちと話すときにうれしそうではありません。なぜならY私たちの英語はレオほど上手ではないからです」である。

⑶ 直後の「日本語を上達させる」という内容から，日本語上達のためにするべきことを答える。talk with them in Japanese「彼らと日本語で話す」などを入れる。

⑷ カナとレオの手紙の内容から，彼らはお互いのことを考えて悩んでいることがわかる。エ「お互いのことを考える」が適当。

⑸① 「生徒たちは『質問箱』に手紙を入れることによってマイクに質問することができますか？」…第１段落３行目より，Yes で答える。　② 「なぜカナは最近のレオのことを心配しているのですか？」…カナからの手紙の第２段落４行目の内容を答える。we→Kana and her classmates のように代名詞を置き換えること。

③ 「レオによると，レオとクラスメートは将来，英語を使うことによって何ができますか？」…レオからの手紙の第４段落２～３行目の内容を答える。my classmates and I→they にすること。

⑹ 難しい単語を使う必要はないので，間違いのない単語を使って文を作ろう。４行以内の条件を守ること。

(カナの例文)「彼が本当は何を望んでいるのかを彼に聞いてみたらどうですか？例えば，彼は日本語で話すのが好きかもしれません。なぜなら，彼は日本で勉強しているからです。あなたは親切なので，彼を上手く助けられるでしょう」　(レオの例文)「もしあなたが本当の気持ちを伝えるなら，クラスメートはあなたのことが理解できるでしょう。私はあなたのような経験をしたことがあり，友達に気持ちを伝えたらよりよい友達になれました」

【本文の要約】

マイクはアメリカ出身で，日本の大学で日本文化について学びました。現在，彼はひかり高校のＡＬＴをしています。彼は職員室の前の机に「質問箱」を設置し，⑸①生徒たちは質問があるとき，そこに手紙を入れることができます。彼らは彼にアメリカのことや英語の勉強法などを尋ねます。マイクは「質問箱」を気に入っています。なぜなら，生徒とコミュニケーションを取るのに良い方法だからです。

10 月のある日，彼は長い手紙を２通受け取りました。１通は英語部の女の子，カナからの手紙でした。 もう１通の手紙はフランスからの留学生，レオからのものでした。

【カナからの手紙】

こんにちは，マイク先生。カナです。フランスからの留学生，レオを知っていますか？彼が私たちのクラスに来て２か月になります。彼は親切でみんなに好かれています。でも，私は今，彼のことが少し心配です。

⑴彼は日本語が上手に話せず，時々私たちの日本語を理解できないことがあります。しかし，それが問題というわけではありません。私たちは彼と英語で意思を伝え合うことができます。彼は英語がとても上手で，私たちは彼から多くのことを学んでいます。先月，彼は私たちと話をした時，とても楽しそうでした。⑵×ア．⑸②でも最近，私たちが話しかけるとあまりうれしそうに見えません。どうして彼はそんな感じなのでしょうか？

うーん，私たちはレオの英語を理解できないことがあります。なぜなら彼の英語は早口で難しい言葉を使うからです。また，私たちは全てのことを英語で表現するのは難しいです。それが彼をがっかりさせているのでしょうか？⑵Ｙア私たちが英語を上達させれば，彼は喜ぶでしょうか？

私が彼に「大丈夫？」と聞くと，いつも彼は大丈夫だと言います。でも，何か困っているなら，私は彼を助けたいです。マイク先生，彼の問題は何だと思いますか？私たちが良い友達になれるようアドバイスをお願いします。

【レオからの手紙】

こんにちは，マイク先生。レオです。僕は８月に日本に来ました。先生は僕の気持ちがわかる唯一の人かもしれないので僕はこの手紙を書いています。

僕は日本語が上手に話せません。それでクラスメートは英語で僕に話しかけます。彼らは，すべての外国人が英語を上手に話すと思っているかもしれません。僕の英語は彼らよりも上手かもしれませんが，僕は英語が上手なわけではありません。僕はクラスメートと話をするのが大好きですが，クラスメートは英語を練習したいがためだけに僕に話しかけているように感じることがあります。

僕は日本語を学ぶために日本に来ました。僕は毎日日本語を勉強し，いくつか言葉を覚えました。もしクラスメートがゆっくり話してくれれば，少しは日本語を理解できます。でも彼らは全部英語で言おうとします。

英語は僕たちの共通言語だということはわかります。英語は僕達がいつも話す言語ではありませんが，英語でお互いに意思を伝え合うことができます。⑸③将来，英語を使って，クラスメートと僕は世界の人とアイデアを共有することができます。それは素敵なことですが，今，僕は日本語でクラスメートと意思を伝え合いたいです。学校で日本語を使わないと日本語が上手になりません。

マイク先生，自分の気持ちをクラスメートに伝えるべきでしょうか？彼らが僕に親切にしようとしてくれていることはわかっているし，彼らの気分を悪くするようなことはしたくありません。もし先生が僕だったらどうしますか？

マイクは大学時代を思い出しました。彼は彼らの気持ちがよくわかりました。彼は「私を助けるために英語で話しかけてくれる友達もいたなあ。彼らは良い友達で，彼らのおかげで日本の生活が楽しくなった。でも私は彼らと c日本語で話し，日本語を上達させたかった。レオ，私も同じ願いを抱いていたよ」と思いました。

でも，マイクはそれほど心配しませんでした。彼は自分自身の心の中で「時には他の人と意思を伝え合うのが難しいこともあるけど，カナもレオもDエお互いのことを考えている。彼らは良い友達になるだろう」と思いました。マイクは彼らに手紙を書き始めました。

《2022　社会　解説》

〔1〕

⑴　ア　　アンデス山脈は南アメリカ大陸，ヒマラヤ山脈とウラル山脈はユーラシア大陸にある。

⑵　北緯 30 度，東経 150 度　　イギリスを通る経線(縦の線)が経度０度の本初子午線，ブラジルのアマゾン川河口や東南アジアのマレー半島南端を通る緯線(横の線)が緯度０度の赤道にあたり，緯線と経線が 30 度間隔で引かれていることから，X地点は赤道から北に 30 度，本初子午線から東へ 150 度の地点になる。

⑶　ウ　　地図を見ると，４つの都市のうちバンコクが最も赤道に近いことがわかる。赤道に近いほど，気温は高温で１年を通しての気温の変化が少なくなるから，ウと判断する。また，北半球は７月８月に最高気温，南半球では 12 月１月に最高気温に到達する。アはイルクーツク，イはケープタウン，エはカイロ。

⑷　エ　　Aのアルゼンチンを流れるラプラタ川の南に広がる平原をパンパと言い，小麦栽培と牧畜が盛んに行われている。アはイギリス，イはコートジボワールやガーナ，ウはアメリカ合衆国。

⑸　Bのオーストラリアは，白豪主義と呼ばれる白人優先の移民政策をとっていたため，イギリスとの貿易が多かった。1970 年代に多文化共生主義に転換したことでアジア系移民が多くなり，それとともにアジアとの貿易額も増えていった。指定語句は，「工業化が進んだアジア」へ「鉱産資源を輸出する」などとつなぐ。

〔2〕

⑴　リアス海岸　　土地が沈降して山地の谷の部分に海水が入り込むことで，入り組んだ複雑なリアス海岸が形成される。三陸海岸のほか，三重県の志摩半島，福井県の若狭湾沿岸，愛媛県の宇和海沿岸などで見られる。

⑵　エ　　中部国際空港は愛知県にある。航空輸送では，小型軽量で単価の高い製品が運ばれる。自動車などの重くてかさばる貨物は船舶で運ばれる。

⑶①　静岡県　　表中の特徴のある部分に着目する。ａは製造品出荷額等が多い。ｂは米の産出額が多い。ｃは果実の産出額が多い。ｄは野菜の産出額が多い。以上のことから，東海工業地域を形成し，自動車・オートバイ・楽器・製紙などの生産が多い静岡県がａ，全国３位の米の生産量をもつ秋田県がｂ，ぶどう・桃の生産量が全国１位の山梨県がｃ，キャベツの生産量が全国上位の群馬県がｄと判断する。　②　①より，ｃは山梨県だから，山梨県を 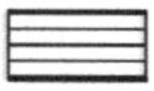 で描けばよい。

⑷①　エ　　高等学校(⊗)は，市役所(◎)から見て東(右側)にある。ア．Aの美術館(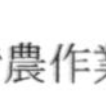)の標高は 10ｍ程度である。イ．25000 分の１地形図上の５㎝は，５×25000＝125000(㎝)＝1250(ｍ)＝1.25(㎞)である。ウ．河井町付近は市街地で広葉樹林(Q)は見られない。　②　ウ　　北陸地方では積雪の多い冬に外で農作業ができないため，農家の副業として，その土地に適した産業が発展した。輪島市の輪島塗，金沢市の友禅染，金沢市・小松市・加賀市などの九谷焼などが，石川県の伝統的工芸品として知られている。アは岩手県の南部鉄器，イは山形県の天童将棋駒が知られている。

〔3〕

⑴　奈良　　鑑真は，聖武天皇の招きを受け，日本に正しい仏教の戒律を伝えるために，753 年に日本に到着した。

⑵　イ　　シャカの死から 2000 年がたつと，仏教の力が衰える末法の世の中がくるという思想(末法思想)が平安

時代に広まった。1052 年がその年とされ，阿弥陀仏にすがって死後に極楽浄土によみがえることを願う浄土の教え(浄土信仰)を信仰する貴族が多かった。藤原道長は阿弥陀仏の仏像と手を五色の糸で結んで念仏を唱えながら亡くなり，藤原頼通は極楽浄土を再現しようと，平等院鳳凰堂を建てた。アは鎌倉時代，ウは平安時代初期，エは奈良時代。

⑶① 「公正な裁判を行うため」に，「武士の慣習をもとに」して，裁判の基準を示したものが御成敗式目である。

② ア　運慶・快慶らによって金剛力士像がつくられた。雪舟は室町時代に水墨画を大成させた画僧。一遍は鎌倉時代に広まった時宗の開祖。道元は鎌倉時代に広まった曹洞宗の開祖である。

⑷① イ　江戸時代になると，千歯こき・唐箕・備中ぐわなどの農具が開発された(右図参照)。

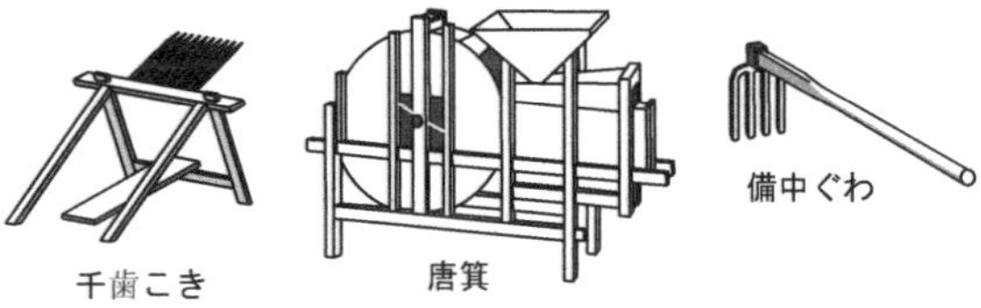

② カ　1825 年，幕府は異国船打払令を出した。1853 年，大統領の国書を持ったペリーが黒船に乗って神奈川県の浦賀に現れた。翌年再びペリーが来日し，日米和親条約を結び，下田と函館が開かれた。1858 年，井伊直弼が朝廷の許可を得ないまま，日米修好通商条約を結んでアメリカとの貿易が始まった。井伊直弼は，幕府の対応に反対する大名・公家を処罰し，吉田松陰・橋本左内らを処刑する(安政の大獄)と，反発した水戸藩などの元藩士によって，江戸城の桜田門外で暗殺された(桜田門外の変)。

③ 参勤交代　江戸幕府の第三代将軍である徳川家光が制定し，武家諸法度に追加した。大名と将軍の主従関係の確認のために行われた参勤交代は，結果として大名の財政を圧迫するものとなった。

〔4〕

⑴ X＝廃藩置県　Y＝30　Xの後に「新政府から派遣された府知事や県令(県知事)が政治を行う」とあることから，廃藩置県と判断する。

⑵ お雇い外国人と呼ばれた外国人技術者や学者を招き入れ，欧米の進んだ技術や機械を取り入れ，政府が主導して製糸や紡績などの官営工場や軍需工場をつくり，近代的な産業を育てようとした政策を殖産興業と呼ぶ。

⑶① イ→ウ→ア　桂太郎内閣の退陣(第一次護憲運動・1912 年)→米騒動(1918 年)→普通選挙法の成立(第二次護憲運動・1925 年)

② ウ　ラジオ放送は 1925 年に始まった。アは太平洋戦争後の昭和時代，イは平成時代，エは明治時代。

⑷ イ　イスラエルとエジプト・シリアなどのアラブ諸国との争いが第四次中東戦争である。この戦争をきっかけに石油輸出国機構(ＯＰＥＣ)が原油価格を引き上げたことで，石油危機が発生した。1980 年代に，日本とアメリカとの間で，日本の自動車輸出量が多くなり，日本が輸出超過になる貿易摩擦が発生した。日本の企業は，自動車の生産工場をアメリカに建設し，現地の労働者を雇うことで，貿易摩擦に対応した。

〔5〕

⑴① 子どもの権利条約　資料中の「児童」「権利」などの語句に注目する。　② エ　例えば，インターネットに他人の名誉を傷つけるような書き込みをすることは，表現の自由があったとしても許されることではない。

⑵① ア　議会制民主主義は，代議制などとも呼ばれる間接民主制の１つである。

② a＝3　b＝2　c＝1　d＝0　ドント式による各党の獲得議席数と計算値は右表を参照(表内の丸番号は当選順を表す)。　③ 衆議院の議決が国会の議決となる。予算案の議決・内閣総理大臣の指名・条約締結の承認に

政党名	得票数㋐(万票)	㋐÷1	㋐÷2	㋐÷3	獲得議席
a	78	78①	39③	26⑥	3
b	72	72②	36④	24	2
c	30	30⑤	15	10	1
d	18	18	9	6	0

おいて，衆議院と参議院の議決が一致せず，両院協議会を開いても議決が一致しないときは，衆議院の優越によって，衆議院の議決が国会の議決となる。

(3)① エ　　納税者(実際に税を納める人)と担税者(税を負担する人)が一致する税が直接税，異なる税が間接税である。揮発油税・消費税・関税・入湯税はいずれも間接税である。

② イ　　政府の行う財政政策では，好況時には，公共事業を減らし増税をすることで，家計や企業の経済活動を抑える。逆に不況時には，公共事業を増やし減税をすることで，家計や企業の経済活動を刺激する。

③ ア　　少子高齢化が進むほど，高齢者の割合が増え，社会保障にかかる費用が増えていくので，最も割合が高いアが社会保障関係費である。イは国債費，ウは公共事業関係費，エは防衛関係費。

(4)① 平和維持活動(ＰＫＯ)　　自衛隊がはじめてＰＫＯとして出動したのは，1992年のカンボジアであった。

② ウ　　ＡＳＥＡＮは東南アジア諸国連合の略称である。ＡＰＥＣはアジア太平洋経済協力，ＡＵはアフリカ連合，ＮＡＦＴＡは北米自由貿易協定の略称である。ただし，ＮＡＦＴＡは現在ＵＳＭＣＡに発展している。

〔６〕

(1) イ，オ　　商品を購入するだけでなく，口頭による約束でも契約は成立する。

(2) エ　　2018年は，7393÷4035＝1.8…，2019年は，8571÷5203＝1.6…，2020年は7741÷4820＝1.6…だから，エを選ぶ。資料Ⅲで，民法の規定では未成年者が親の同意なしに契約した場合には，契約を取り消すことができるとあるが，18歳，19歳を成年とすると，この規定が適用されなくなる。その結果，悪質な詐欺事件などに巻き込まれることが問題視されている。

《2022　理科　解説》

〔１〕

(1) サンゴの化石のように，地層が堆積した当時の環境を推測するのに役立つ化石を示相化石という。また，地層が堆積した時代を推測するのに役立つ化石を示準化石という。

(2) ア×…シダ植物は胞子でふえる。ウ×…コケ植物は光合成を行う。エ×…コケ植物には，根・茎・葉の区別がなく，維管束もない。また，コケ植物の根のように見えるものは仮根といい，体を地面に固定する役割をもつ。

(3) イ×…γ線とX線は，アルミニウムなどのうすい金属板を通り抜けることができる。なお，α線は紙，β線はアルミニウムなどのうすい金属板を通り抜けることができない。ウ×…放射線は食物や岩石，温泉などからも出ていて，これらは自然放射とよばれる。エ×…放射線が人体に対する影響を表す単位は，シーベルト(Sv)である。

(4) 化学式で表すと，水〔H_2O〕，硫黄〔S〕，酸化銅〔CuO〕，炭酸水素ナトリウム〔$NaHCO_3$〕である。よって，硫黄は１種類，水と酸化銅は２種類，炭酸水素ナトリウムは４種類の原子からできているとわかる。

(5) 水に入れてかきまぜたとき，溶けずに残ったＣはデンプンとわかる。ＡとＢのうち，ガスバーナーで加熱したとき，黒くこげたＢは砂糖とわかる。よって，残りのＡは食塩である。

(6) 赤色のリトマス紙を青色に変化させるのは，アルカリ性の水溶液中にある水酸化物イオン〔OH^-〕である。水酸化物イオンは－の電気を帯びているので，陽極側に向かって移動する。したがって，リトマス紙に落とした水溶液はアルカリ性の水酸化ナトリウム水溶液で，電流を流すと青色のしみは陽極側に広がる。

〔２〕

⑶① 実験２でできた種子(孫)がすべて丸形だから，丸形の種子が顕性形質，しわ形の種子が潜性形質とわかり，遺伝子の組み合わせはⅠがＡＡ(丸形)，Ⅱがａａ(しわ形)である。 ② ＡＡとａａをかけ合わせてできた種子(孫)の遺伝子の組み合わせはＡａ(丸形)である。Ａａを自家受粉させると，表ｉより，丸形としわ形の種子の数の比は，(１＋２)：１＝３：１となる。

表ｉ

	A	a
A	AA(丸)	Aa(丸)
a	Aa(丸)	aa(しわ)

⑷ 実験３でできた種子(孫)は丸形としわ形の種子の数の比が１：１であったことから，選んだ丸形の種子(子)の遺伝子の組み合わせはＡａとわかる。表ⅱより，Ａａとａａをかけ合わせたときにできる種子(孫)の遺伝子の組み合わせと比はＡａ：ａａ＝１：１となる。これらの種子を育て，それぞれ自家受粉させるから，Ａａを自家受粉させると，丸形：しわ形＝３：１となり，ａａを自家受粉させるとａａしかできない。１つのエンドウの個体にできる種子の総数が等しいから，できる種子の総数を４とすると，Ａａからは丸形が３，しわ形が１，ａａからはしわ形が４できる。よって，丸形としわ形の種子の数の比は，３：(１＋４)＝３：５となる。

表ⅱ

	A	a
a	Aa(丸)	aa(しわ)
a	Aa(丸)	aa(しわ)

〔３〕

⑴ 浮力は，水中にある物体にはたらく上向きの力のことである。容器にはたらく重力(下向きの力)は，①の値(0.95N)であり，容器の下半分が水中にあるときにはたらく下向きの力は，②の値(0.73N)である。したがって，容器の下半分が水中にあるときにはたらく上向きの力は，①の値と②の値の差の0.95－0.73＝0.22(N)である。

⑵ 浮力の大きさは，水中に沈んでいる部分の体積に比例するから，容器全体を沈めたときの浮力は，容器半分を沈めたときの浮力(0.22N)の２倍の0.44Nである。したがって，③の値は0.95－0.44＝0.51(N)である。

⑶ 重さには関係しないことを確かめたいので，重さ以外の条件は変えない実験を行えばよい。

⑷ 浮力は，物体の上面と下面にはたらく水圧の差で生じる。容器の下半分を水中に沈めたとき，物体の上面には水圧がかかっていないから，物体の下面にはたらく水圧の大きさは，物体にはたらく浮力の大きさ(0.22N)と等しい。〔$\text{圧力(Pa)}=\dfrac{\text{力の大きさ(N)}}{\text{力がはたらく面積}(\text{m}^2)}$〕，8.0$\text{cm}^2$→0.0008$\text{m}^2$より，$\dfrac{0.22}{0.0008}=275$(Pa)である。

〔４〕

⑶① 露点は，空気が冷やされて，含まれていた水蒸気が水滴に変わりはじめる(雲ができはじめる)ときの温度だから，地表から950mの地点の気温を求めればよい。地表からの高さが950－50＝900(m)高くなったから，空気の温度は$1.0\times\dfrac{900}{100}=9.0$(℃)下がり，地表から950mの地点の気温(この空気の露点)は20－9.0＝11(℃)である。

② 〔$\text{湿度(\%)}=\dfrac{\text{空気中に含まれる水蒸気量}(\text{g/m}^3)}{\text{その温度での飽和水蒸気量}(\text{g/m}^3)}\times100$〕で求める。また，空気中に含まれる水蒸気量は，露点の飽和水蒸気量に等しい。グラフより，露点(11℃)の飽和水蒸気量は約10g/m^3，気温20℃の飽和水蒸気量は約17.2g/m^3だから，湿度は$\dfrac{10}{17.2}\times100=58.1\cdots$→58％である。

〔５〕

⑴ 魚類は古生代の前半，両生類は古生代の中頃，ハチュウ類は古生代の後半，ホニュウ類は中生代のはじめ頃，鳥類は中生代の中頃に現れたと考えられている。

⑵② ライオンは目が前向きについているため，物体を立体的に見ることができる範囲が広く，獲物との距離をはかってとらえやすい。シマウマは目が横向きについているため，視野が広く，肉食動物が近づいてきたときに早く気づきやすい。

〔６〕

⑴ Ａは右半分が光る上弦の月，Ｂは満月，Ｃは左半分が光る下弦の月，Ｄは新月である。

⑵　満月（B）のとき，地球を真ん中にして，月と太陽が反対側にあるから，太陽が西の地平線に沈んだあとの午後7時頃には東の空に見える。

⑶　月はおよそ1か月で地球のまわりを1周するから，B（満月）の8日後はC（下弦の月）である。

⑷　月を毎日同じ時刻に観察すると，月の位置は1日につき約12°西から東へ移動する。日がたつにつれて，月の見える形や見える位置が変わるのは，月が地球のまわりを公転することによって，太陽，月，地球の位置関係が変わるためである。

〔7〕

⑴①　図3において，－端子が50mAにつながれているから，電流計の最も小さい目盛りは1mAを表す。よって，24mAである。　②　〔抵抗(Ω)＝$\frac{\text{電圧(V)}}{\text{電流(A)}}$〕，24mA→0.024Aより，$\frac{3.0}{0.024}=125$(Ω)

⑵　bが並列につながれているから，2つのbにはそれぞれ電圧計が示す電圧と等しい電圧(3.0V)が加わっている。〔電流(A)＝$\frac{\text{電圧(V)}}{\text{抵抗(Ω)}}$〕より，2つのbにはそれぞれ$\frac{3.0}{30}=0.1$(A)→100mAの電流が流れていて，枝分かれする前後には，2つのbに流れる電流の和が流れるから，電流計が示す値は100×2＝200(mA)である。

⑶　cが直列につながれているから，2つのcの合成抵抗は各抵抗の和に等しく10×2＝20(Ω)である。このとき回路に流れる電流は，$\frac{3.0}{20}=0.15$(A)である。〔電力(W)＝電圧(V)×電流(A)〕より，2つのcが消費する電力の合計は3.0×0.15＝0.45(W)である。

⑷　ア～エの電流計が示す値をそれぞれ求める。アは$\frac{3.0}{30}=0.1$(A)，イは$\frac{3.0}{10}=0.3$(A)，ウは$\frac{3.0}{30}+\frac{3.0}{10}=0.4$(A)，エは$\frac{3.0}{30+10}=0.075$(A)だから，電流計の示す値が大きい順に，ウ＞イ＞ア＞エである。

〔8〕

⑴①　点と点を直線で結ばず，なめらかな曲線で結ぶように注意する。

⑵①　〔密度(g/cm³)＝$\frac{\text{質量(g)}}{\text{体積(cm}^3\text{)}}$〕より，$\frac{2.37}{3.0}=0.79$(g/cm³)　③　エタノールは水よりも沸点が低いため(水の沸点は100℃)，水とエタノールの混合物を加熱すると，エタノールの方が先に気体となり，試験管で冷やされて液体となる。したがって，エタノールが多い順にA＞B＞Cとなる。また，エタノールの密度が0.79g/cm³なのに対し，水の密度は$\frac{17.0}{17.0}=1.0$g/cm³だから，A～Cの液体を同じ体積で比べたとき，エタノールが最も多く含まれるAの質量が最も小さくなる。

■ ご使用にあたってのお願い・ご注意

（1）問題文等の非掲載

著作権上の都合により，問題文や図表などの一部を掲載できない場合があります。

誠に申し訳ございませんが，ご了承くださいますようお願いいたします。

（2）過去問における時事性

過去問題集は，学習指導要領の改訂や社会状況の変化，新たな発見などにより，現在とは異なる表記や解説になっている場合があります。過去問の特性上，出題当時のままで出版していますので，あらかじめご了承ください。

（3）配点

学校等から配点が公表されている場合は，記載しています。公表されていない場合は，記載していません。

独自の予想配点は，出題者の意図と異なる場合があり，お客様が学習するうえで誤った判断をしてしまう恐れがあるため記載していません。

（4）無断複製等の禁止

購入された個人のお客様が，ご家庭でご自身またはご家族の学習のためにコピーをすることは可能ですが，それ以外の目的でコピー，スキャン，転載（ブログ，ＳＮＳなどでの公開を含みます）などをすることは法律により禁止されています。学校や学習塾などで，児童生徒のためにコピーをして使用することも法律により禁止されています。

ご不明な点や，違法な疑いのある行為を確認された場合は，弊社までご連絡ください。

（5）けがに注意

この問題集は針を外して使用します。針を外すときは，けがをしないように注意してください。また，表紙カバーや問題用紙の端で手指を傷つけないように十分注意してください。

（6）正誤

制作には万全を期しておりますが，万が一誤りなどがございましたら，弊社までご連絡ください。

なお，誤りが判明した場合は，弊社ウェブサイトの「ご購入者様のページ」に掲載しておりますので，そちらもご確認ください。

■ お問い合わせ

解答例，解説，印刷，製本など，問題集発行におけるすべての責任は弊社にあります。

ご不明な点がございましたら，弊社ウェブサイトの「お問い合わせ」フォームよりご連絡ください。迅速に対応いたしますが，営業日の都合で回答に数日を要する場合があります。

ご入力いただいたメールアドレス宛に自動返信メールをお送りしています。自動返信メールが届かない場合は，「よくある質問」の「メールの問い合わせに対し返信がありません。」の項目をご確認ください。

また弊社営業日（平日）は，午前９時から午後５時まで，電話でのお問い合わせも受け付けています。

2025 春

株式会社教英出版

〒422-8054　静岡県静岡市駿河区南安倍３丁目 12-28

TEL　054-288-2131　　FAX　054-288-2133

URL　https://kyoei-syuppan.net/

MAIL　siteform@kyoei-syuppan.net

教英出版

学校別問題集

北海道

①札幌北斗高等学校
②北星学園大学附属高等学校
③東海大学付属札幌高等学校
④立命館慶祥高等学校
⑤北海高等学校
⑥北見藤高等学校
⑦札幌光星高等学校
⑧函館ラ・サール高等学校
⑨札幌大谷高等学校
⑩北海道科学大学高等学校
⑪遺愛女子高等学校
⑫札幌龍谷学園高等学校
⑬札幌日本大学高等学校
⑭札幌第一高等学校
⑮旭川実業高等学校
⑯北海学園札幌高等学校

青森県

①八戸工業大学第二高等学校

宮城県

①聖和学園高等学校(A日程)
②聖和学園高等学校(B日程)
③東北学院高等学校(A日程)
④東北学院高等学校(B日程)
⑤仙台大学附属明成高等学校
⑥仙台城南高等学校
⑦東北学院榴ケ岡高等学校
⑧古川学園高等学校
⑨仙台育英学園高等学校(A日程)
⑩仙台育英学園高等学校(B日程)
⑪聖ウルスラ学院英智高等学校
⑫宮城学院高等学校
⑬東北生活文化大学高等学校
⑭東北高等学校
⑮常盤木学園高等学校
⑯仙台白百合学園高等学校
⑰尚絅学院高等学校(A日程)
⑱尚絅学院高等学校(B日程)

山形県

①日本大学山形高等学校
②惺山高等学校
③東北文教大学山形城北高等学校
④東海大学山形高等学校
⑤山形学院高等学校

福島県

①日本大学東北高等学校

新潟県

①中越高等学校
②新潟第一高等学校
③東京学館新潟高等学校
④日本文理高等学校
⑤新潟青陵高等学校
⑥帝京長岡高等学校
⑦北越高等学校
⑧新潟明訓高等学校

富山県

①高岡第一高等学校
②富山第一高等学校

石川県

①金沢高等学校
②金沢学院大学附属高等学校
③遊学館高等学校
④星稜高等学校
⑤鵬学園高等学校

山梨県

①駿台甲府高等学校
②山梨学院高等学校(特進)
③山梨学院高等学校(進学)
④山梨英和高等学校

岐阜県

①鶯谷高等学校
②富田高等学校
③岐阜東高等学校
④岐阜聖徳学園高等学校
⑤大垣日本大学高等学校
⑥美濃加茂高等学校
⑦済美高等学校

静岡県

①御殿場西高等学校
②知徳高等学校
③日本大学三島高等学校
④沼津中央高等学校
⑤飛龍高等学校
⑥桐陽高等学校
⑦加藤学園高等学校
⑧加藤学園暁秀高等学校
⑨誠恵高等学校
⑩星陵高等学校
⑪静岡県富士見高等学校
⑫清水国際高等学校
⑬静岡サレジオ高等学校
⑭東海大学付属静岡翔洋高等学校
⑮静岡大成高等学校
⑯静岡英和女学院高等学校
⑰城南静岡高等学校
⑱静岡女子高等学校
⑲ 常葉大学附属常葉高等学校
常葉大学附属橘高等学校
常葉大学附属菊川高等学校
⑳静岡北高等学校
㉑静岡学園高等学校
㉒焼津高等学校
㉓藤枝明誠高等学校
㉔静清高等学校
㉕磐田東高等学校
㉖浜松学院高等学校
㉗浜松修学舎高等学校
㉘浜松開誠館高等学校
㉙浜松学芸高等学校
㉚浜松聖星高等学校
㉛浜松日体高等学校
㉜聖隷クリストファー高等学校
㉝浜松啓陽高等学校
㉞オイスカ浜松国際高等学校

愛知県

①[国立]愛知教育大学附属高等学校
②愛知高等学校
③名古屋経済大学市邨高等学校
④名古屋経済大学高蔵高等学校
⑤名古屋大谷高等学校
⑥享栄高等学校
⑦椙山女学園高等学校
⑧大同大学大同高等学校
⑨日本福祉大学付属高等学校
⑩中京大学附属中京高等学校
⑪至学館高等学校
⑫東海高等学校
⑬名古屋たちばな高等学校
⑭東邦高等学校
⑮名古屋高等学校
⑯名古屋工業高等学校
⑰名古屋葵大学高等学校
(名古屋女子大学高等学校)
⑱中部大学第一高等学校
⑲桜花学園高等学校
⑳愛知工業大学名電高等学校
㉑愛知みずほ大学瑞穂高等学校
㉒名城大学附属高等学校
㉓修文学院高等学校
㉔愛知啓成高等学校
㉕聖カピタニオ女子高等学校
㉖滝高等学校
㉗中部大学春日丘高等学校
㉘清林館高等学校
㉙愛知黎明高等学校
㉚岡崎城西高等学校
㉛人間環境大学附属岡崎高等学校
㉜桜丘高等学校

㉝光ヶ丘女子高等学校
㉞藤ノ花女子高等学校
㉟栄徳高等学校
㊱同朋高等学校
㊲星城高等学校
㊳安城学園高等学校
㊴愛知産業大学三河高等学校
㊵大成高等学校
㊶豊田大谷高等学校
㊷東海学園高等学校
㊸名古屋国際高等学校
㊹啓明学館高等学校
㊺聖霊高等学校
㊻誠信高等学校
㊼誉高等学校
㊽杜若高等学校
㊾菊華高等学校
㊿豊川高等学校

三重県

①暁高等学校(3年制)
②暁高等学校(6年制)
③海星高等学校
④四日市メリノール学院高等学校
⑤鈴鹿高等学校
⑥高田高等学校
⑦三重高等学校
⑧皇學館高等学校
⑨伊勢学園高等学校
⑩津田学園高等学校

滋賀県

①近江高等学校

大阪府

①上宮高等学校
②大阪高等学校
③興國高等学校
④清風高等学校
⑤早稲田大阪高等学校
（早稲田摂陵高等学校）
⑥大商学園高等学校
⑦浪速高等学校
⑧大阪夕陽丘学園高等学校
⑨大阪成蹊女子高等学校
⑩四天王寺高等学校
⑪梅花高等学校
⑫追手門学院高等学校
⑬大阪学院大学高等学校
⑭大阪学芸高等学校
⑮常翔学園高等学校
⑯大阪桐蔭高等学校
⑰関西大倉高等学校
⑱近畿大学附属高等学校
⑲金光大阪高等学校
⑳星翔高等学校
㉑阪南大学高等学校
㉒箕面自由学園高等学校
㉓桃山学院高等学校
㉔関西大学北陽高等学校

兵庫県

①雲雀丘学園高等学校
②園田学園高等学校
③関西学院高等部
④灘高等学校
⑤神戸龍谷高等学校
⑥神戸第一高等学校
⑦神港学園高等学校
⑧神戸学院大学附属高等学校
⑨神戸弘陵学園高等学校
⑩彩星工科高等学校
⑪神戸野田高等学校
⑫滝川高等学校
⑬須磨学園高等学校
⑭神戸星城高等学校
⑮啓明学院高等学校
⑯神戸国際大学附属高等学校
⑰滝川第二高等学校
⑱三田松聖高等学校
⑲姫路女学院高等学校
⑳東洋大学附属姫路高等学校
㉑日ノ本学園高等学校
㉒市川高等学校
㉓近畿大学附属豊岡高等学校
㉔夙川高等学校
㉕仁川学院高等学校
㉖育英高等学校

奈良県

①西大和学園高等学校

岡山県

①[県立]岡山朝日高等学校
②清心女子高等学校
③就実高等学校
(特別進学コース〈ハイグレード・アドバンス〉)
④就実高等学校
(特別進学チャレンジコース・総合進学コース)
⑤岡山白陵高等学校
⑥山陽学園高等学校
⑦関西高等学校
⑧おかやま山陽高等学校
⑨岡山商科大学附属高等学校
⑩倉敷高等学校
⑪岡山学芸館高等学校(1期1日目)
⑫岡山学芸館高等学校(1期2日目)
⑬倉敷翠松高等学校
⑭岡山理科大学附属高等学校
⑮創志学園高等学校
⑯明誠学院高等学校
⑰岡山龍谷高等学校

広島県

①[国立]広島大学附属高等学校
②[国立]広島大学附属福山高等学校
③修道高等学校
④崇徳高等学校
⑤広島修道大学ひろしま協創高等学校
⑥比治山女子高等学校
⑦呉港高等学校
⑧清水ヶ丘高等学校
⑨盈進高等学校
⑩尾道高等学校
⑪如水館高等学校
⑫広島新庄高等学校
⑬広島文教大学附属高等学校
⑭銀河学院高等学校
⑮安田女子高等学校
⑯山陽高等学校
⑰広島工業大学高等学校
⑱広陵高等学校
⑲近畿大学附属広島高等学校福山校
⑳武田高等学校
㉑広島県瀬戸内高等学校(特別進学)
㉒広島県瀬戸内高等学校(一般)
㉓広島国際学院高等学校
㉔近畿大学附属広島高等学校東広島校
㉕広島桜が丘高等学校

山口県

①高水高等学校
②野田学園高等学校
③宇部フロンティア大学付属香川高等学校
(普通科〈特進・進学コース〉)
④宇部フロンティア大学付属香川高等学校
(生活デザイン・食物調理・保育科)
⑤宇部鴻城高等学校

徳島県

①徳島文理高等学校

香川県

①香川誠陵高等学校
②大手前高松高等学校

愛媛県

①愛光高等学校
②済美高等学校
③FC今治高等学校
④新田高等学校
⑤聖カタリナ学園高等学校

福岡県

①福岡大学附属若葉高等学校
②精華女子高等学校（専願試験）
③精華女子高等学校（前期試験）
④西南学院高等学校
⑤筑紫女学園高等学校
⑥中村学園女子高等学校（専願入試）
⑦中村学園女子高等学校（前期入試）
⑧博多女子高等学校
⑨博多高等学校
⑩東福岡高等学校
⑪福岡大学附属大濠高等学校
⑫自由ケ丘高等学校
⑬常磐高等学校
⑭東筑紫学園高等学校
⑮敬愛高等学校
⑯久留米大学附設高等学校
⑰久留米信愛高等学校
⑱福岡海星女子学院高等学校
⑲誠修高等学校
⑳筑陽学園高等学校（専願入試）
㉑筑陽学園高等学校（前期入試）
㉒真颯館高等学校
㉓筑紫台高等学校
㉔純真高等学校
㉕福岡舞鶴高等学校
㉖折尾愛真高等学校
㉗九州国際大学付属高等学校
㉘祐誠高等学校
㉙西日本短期大学附属高等学校
㉚東海大学付属福岡高等学校
㉛慶成高等学校
㉜高稜高等学校
㉝中村学園三陽高等学校
㉞柳川高等学校
㉟沖学園高等学校
㊱福岡常葉高等学校
㊲九州産業大学付属九州高等学校
㊳近畿大学附属福岡高等学校
㊴大牟田高等学校
㊵久留米学園高等学校
㊶福岡工業大学附属城東高等学校（専願入試）
㊷福岡工業大学附属城東高等学校（前期入試）
㊸八女学院高等学校
㊹星琳高等学校
㊺九州産業大学付属九州産業高等学校
㊻福岡雙葉高等学校

佐賀県

①龍谷高等学校
②佐賀学園高等学校
③佐賀女子短期大学付属佐賀女子高等学校
④弘学館高等学校
⑤東明館高等学校
⑥佐賀清和高等学校
⑦早稲田佐賀高等学校

長崎県

①海星高等学校（奨学生試験）
②海星高等学校（一般入試）
③活水高等学校
④純心女子高等学校
⑤長崎南山高等学校
⑥長崎日本大学高等学校（特別入試）
⑦長崎日本大学高等学校（一次入試）
⑧青雲高等学校
⑨向陽高等学校
⑩創成館高等学校
⑪鎮西学院高等学校

熊本県

①真和高等学校
②九州学院高等学校（奨学生・専願生）
③九州学院高等学校（一般生）
④ルーテル学院高等学校（専願入試・奨学入試）
⑤ルーテル学院高等学校（一般入試）
⑥熊本信愛女学院高等学校
⑦熊本学園大学付属高等学校（奨学生試験・専願生試験）
⑧熊本学園大学付属高等学校（一般生試験）
⑨熊本中央高等学校
⑩尚絅高等学校
⑪文徳高等学校
⑫熊本マリスト学園高等学校
⑬慶誠高等学校

大分県

①大分高等学校

宮崎県

①鵬翔高等学校
②宮崎日本大学高等学校
③宮崎学園高等学校
④日向学院高等学校
⑤宮崎第一高等学校（文理科）
⑥宮崎第一高等学校（普通科・国際マルチメディア科・電気科）

鹿児島県

①鹿児島高等学校
②鹿児島実業高等学校
③樟南高等学校
④れいめい高等学校
⑤ラ・サール高等学校

新刊
もっと過去問シリーズ

愛知県

愛知高等学校
7年分（数学・英語）
中京大学附属中京高等学校
7年分（数学・英語）
東海高等学校
7年分（数学・英語）
名古屋高等学校
7年分（数学・英語）
愛知工業大学名電高等学校
7年分（数学・英語）
名城大学附属高等学校
7年分（数学・英語）
滝高等学校
7年分（数学・英語）

※もっと過去問シリーズは入学試験の実施教科に関わらず、数学と英語のみの収録となります。

教英出版
〒422-8054
静岡県静岡市駿河区南安倍3丁目12−28
TEL 054-288-2131
FAX 054-288-2133
詳しくは教英出版で検索
教英出版 検索
URL https://kyoei-syuppan.net/

令和六年度

公立高等学校入学者選抜学力検査問題

国　語

十時～十時五十分（五十分間）

新潟県公立高等学校

注　意

1 「始め」の合図があるまで、開いてはいけません。
2 解答用紙は、この内側にあります。取り出して使いなさい。
3 問題は、問題用紙の1ページから7ページにあります。
4 解答は、すべて解答用紙に書きなさい。
5 解答は、縦書きで記入しなさい。
6 解答用紙の※の欄には、何も記入してはいけません。
7 「始め」の合図があったら、まず、解答用紙に受検番号を書きなさい。
8 「やめ」の合図があったら、すぐにやめて、筆記用具をおきなさい。

＃教英出版 編集部　注
編集の都合上、解答用紙はこの裏にあります。

国語解答用紙

（注1） 解答は、縦書きで記入すること。
（注2） ※の欄には、何も記入しないこと。

受検番号	

※

※100点満点

〔一〕 ※

	1	2	3	4	5
(一)	敬　う	詳　しい	回顧	濃霧	辛抱
(二)	サカ　ん	サズ　ける	ヨチョウ	センリャク	ヨクシュウ

(一)２点×５
(二)２点×５

〔二〕 ※

(一)	(二)	(三)	(四)	(五)

３点×５

令和六年度
公立高等学校入学者選抜学力検査

国語

問題用紙

〔一〕 次の㈠、㈡の問いに答えなさい。

㈠ 次の1～5について、——線をつけた漢字の部分の読みがなを書きなさい。

1 お年寄りを敬う。

2 彼は天文学に詳しい。

3 幼い頃を回顧する。

4 濃霧に注意して前に進む。

5 辛抱強く課題に取り組む。

㈡ 次の1～5について、——線をつけたカタカナの部分に当てはまる漢字を書きなさい。

1 農業がサカんな地域である。

2 研究者に学位をサズける。

3 何のヨチョウもなく雨が降った。

4 経営のセンリャクを練る。

5 練習会のヨクシュウに発表会がある。

〔二〕 次の㈠～㈤の問いに答えなさい。

㈠ 次の文中の「立てる」と同じ意味で使われている「立てる」がある文を、あとのア～エから一つ選び、その符号を書きなさい。

春休みの計画を立てる。

ア 来年度の目標を立てる。

イ やかんが湯気を立てる。

ウ 実業家として身を立てる。

エ 隣の会話に聞き耳を立てる。

㈡ 次の文と、単語の数が同じ文を、あとのア～エから一つ選び、その符号を書きなさい。

あなたと再び会えてうれしい。

ア 穏やかに日々を過ごした。

イ 駅のホームで電車を待つ。

ウ 素早く準備に取りかかる。

エ 借りた本をいったん返す。

㈢

㈢は出題に誤りがある為、掲載しておりません。

㈣ 次の文中の「花鳥風月」と構成が同じ四字熟語を、あとのア～エから一つ選び、その符号を書きなさい。

公園を散歩しながら花鳥風月に親しむ。

ア 共存共栄
イ 起承転結
ウ 大器晩成
エ 有名無実

㈤ 次の会話文の［A］～［C］に当てはまる語の組合せとして最も適当なものを、あとのア～カから一つ選び、その符号を書きなさい。

先生　皆さんには、それぞれ目標があると思います。その目標を、数字を含んだ慣用句やことわざを用いて発表してみましょう。
カズキ　私は、一にも［A］にも勉強に励みます。
ユタカ　私は、人から、一から［B］まで手取り足取り教えてもらうのではなく、自分なりに考えて行動します。
サクラ　私は、「［C］聞は一見に如《し》かず」ということわざのとおり、様々なことを自分の目でしっかりと確認していきたいと思います。

ア　A 二　B 十　C 一
イ　A 二　B 十　C 百
ウ　A 二　B 百　C 百
エ　A 十　B 十　C 一
オ　A 十　B 百　C 一
カ　A 十　B 百　C 百

〔三〕 次のAの文章は、『今昔物語集《こんじゃくものがたりしゅう》』の「藤原資業《ふじわらのすけなり》作《つくる》詩《しを》義忠《のりただ》難《なんずる》語《こと》第《だい》二十九《にじゅうく》」の前半の内容を現代語でまとめたものであり、Bの文章は、Aに続く部分の古文である。この二つの文章を読んで、㈠～㈥の問いに答えなさい。

A 昔、天皇が、達人たちに屏風《びょうぶ》に書く漢詩を作らせた。学才豊かで、漢詩に精通していた民部卿大納言《みんぶのきょうのだいなごん》が、天皇の命令を受けてこれらの漢詩を選定したところ、藤原資業《ふじわらのすけなり》という文章博士《もんじょうはかせ》のものが数多く採用された。このことを藤原義忠《ふじわらののりただ》という文章博士がねたみ、「資業の作った漢詩は難点が多いにもかかわらず、数多く採用されています。思うに、民部卿は資業から金品を受け取って採用したのです。」と宇治殿《うじどの》に訴えた。

（注） 民部卿大納言＝藤原斉信《ふじわらのただのぶ》。平安時代の歌人。
文章博士＝漢詩文・歴史などを教えた教官。
宇治殿＝藤原頼通《ふじわらのよりみち》。当時の高官。

B

民部卿此《こ》の事を伝へ聞《きき》て、攀縁《へんねん》（激怒シテ）を発して、此の詩共《ども》を、皆麗句《れいく》（立派ナ辞句）微妙《みめう》にして、撰《えら》ぶ所に私《わたくし》（私情ハ交エテイナイコト）無き由《よし》を申《まうさ》れければ、宇治殿、頗《すこぶ》る（非常ニ）義忠が言《こと》（言ッタコト）を(1)心得ず思食《おぼしめし》（オ思イニナッテ）て、義忠を召《めし》て、「何の故《ゆゑ》有て、此《かか》る（アノヨウナデタラメ）僻言《ひがごと》を申て事を壊《やぶ》（事態ヲ混乱）ら（サセヨウ）むと為《す》るぞ」と、勘発《かむぼつ》（叱責）し仰《おほせ》られける。義忠恐れ（恐縮）を成《な》して蟄《こも》り居《ゐ》（家ニコモッテシマッタ）にけり。明《あく》る年の三月《やよひ》になむ免《ゆるさ》れける。而《しか》る（トコロガ）に義忠或《あ》る女房《にょうぼう》に付《つけ》（託シテ）、和歌をぞ奉《たてまつり》（差シ上ゲタ）ける、

〈I〉 あをやぎのいろのいとにてむすびてし（資業ノ色糸ノ詩句ヲ非難シタタメオトガメヲ受ケタ）
うらみをと（晴ラサナイママ）かで春のくれぬる

と。其後《そののち》、指《させ》（コレトイッタ）る仰せ無《なく》て止《やみ》にけり。

此《これ》を思ふに、義忠も誹《そしる》（非難スル）べき所有てこそ誹（非難シタノデアロウ）けめ。只《ただ》民部卿の当時止事無《やむごとな》き（人望ノアル）人なるに、(2)「私有る思《おぼ》へを（私情ヲ交エルトイウ評判ヲ）取（取ラナイヨウニ）ざれ」とて（トシテ）、有ける事にや（オトガメガアッタノデアロウカ）。亦《また》資業も人の(3)誹り有る計《ばかり》（漢詩）は世も作ざりけむかし（ヨモヤ作ラナカッタデアロウヨ）。此《こ》れも只《ただ》才を挑（競ウコト）むより出来《いできた》る事（事件）なり。但《ただ》義忠が民部卿を放《はう》（無責任ナ発言）言《ごん》するが由《よし》無き（ヨクナイ）なり、とぞ人云《いひ》て、(4)義忠を誹ける、となむ語り伝へたると（トイウコトダ）や。

（注） 女房＝貴族などの家に仕えた女性。

数 学 解 答 用 紙

（注１） 解答は，横書きで記入すること。
（注２） ※の欄には，何も記入しないこと。

〔１〕

※

４点×８

(1)		(2)		(3)	
(4)		(5)	$x =$	(6)	分　秒
(7)	$\angle x =$　度	(8)	およそ　個		

〔２〕

※

６点×３

(1)	〔求め方〕 答 ＿＿＿＿＿＿
(2)	〔求め方〕 答 $a =$ ＿＿＿＿＿＿
(3)	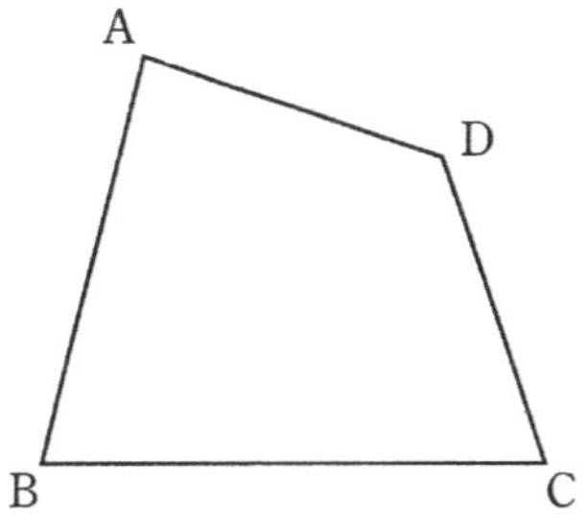

〔３〕

※

(1)４点
(2)①５点
　②６点

(1)	：	
(2)	①	〔証明〕
	②	〔求め方〕 答 ＿＿＿＿＿＿ cm

令 和 6 年 度

公立高等学校入学者選抜学力検査問題

数　　学

11：10～12：00(50 分間)

注　　意

1 「始め」の合図があるまで，開いてはいけません。

2 解答用紙は，この内側にあります。取り出して使いなさい。

3 問題は，問題用紙の 1 ページから 7 ページにあります。

4 解答は，すべて解答用紙に書きなさい。〔求め方〕がある場合は，求め方も書きなさい。

5 解答は，横書きで記入しなさい。

6 解答用紙の※の欄には，何も記入してはいけません。

7 「始め」の合図があったら，まず，解答用紙に受検番号を書きなさい。

8 「やめ」の合図があったら，すぐにやめて，筆記用具をおきなさい。

＃教英出版 編集部　注
編集の都合上、解答用紙はこの裏にあります。

(一) 〰〰線部分の「伝へ」の読みを、すべてひらがなで書きなさい。ただし、現代かなづかいでない部分は、現代かなづかいに改めること。

(二) ――線部分(1)の「心得ず」の意味として最も適当なものを、次のア～エから一つ選び、その符号を書きなさい。

ア 分かりにくいと
イ しかたがないと
ウ 不思議なことだと
エ 納得がいかないと

(三) 〈Ⅰ〉の和歌には、誰の、どのような気持ちが表れているか。最も適当なものを、次のア～エから一つ選び、その符号を書きなさい。

ア 義忠の、宇治殿から弁明の余地なく叱責されたことを今も不満に思う気持ち。
イ 義忠の、民部卿の怒りを買ったために謹慎を命じられたことを悔しく思う気持ち。
ウ 宇治殿の、義忠の訴えを退けなかったことを今になって情けなく思う気持ち。
エ 宇治殿の、民部卿が資業の漢詩を高く評価したことをいら立たしく思う気持ち。

(四) ――線部分(2)の「私」とは、誰の「私情」か。最も適当なものを、次のア～エから一つ選び、その符号を書きなさい。

ア 資業
イ 民部卿
ウ 義忠
エ 宇治殿

(五) ――線部分(3)の「誇り」とは、どのようなことに対する「非難」か。最も適当なものを、次のア～エから一つ選び、その符号を書きなさい。

ア 資業が文章博士にふさわしくないこと。
イ 資業が達人たちに漢詩を作らせたこと。
ウ 資業が作成した漢詩に難点が多いこと。
エ 資業が民部卿に金品を渡していたこと。

(六) ――線部分(4)の「義忠を謗ける」について、人々が義忠を非難したのはなぜか。六十字以内で書きなさい。

〔四〕 次のⅠ、Ⅱの文章を読んで、㈠～㈥の問いに答えなさい。

Ⅰ

生き物どうしのつながりと言えば連想されやすいのが食物連鎖かもしれない。食物連鎖はしばしばピラミッドの形で描かれる。底辺から順に細菌、植物、草食動物、そして肉食動物が複数段階ある。これは、［A］、草食性の昆虫がいたとして、それを食べるカエルがいて、さらにそれを食べるヘビ、そしてヘビを食べるタカなどがいるからである。また別の地域では別のピラミッドが描かれうる。草食動物としてシマウマ、その上位の捕食者としてライオンが位置づけられる地域もあるだろう。

現代のヒトをここに位置づけるとしたら、タカやライオンの層、あるいはそれより上の層に入るかもしれない。おそらく、かつてヒトがまだサルと区別されにくかった時代、周囲にはヒトを襲って食べる肉食獣がたくさんいたであろうから、そのときヒトは上から2番目ぐらいの層に入っていたことだろう。現代のヒトは自分が住んでいる地域の野生動物を食べないため、そもそもこのピラミッドに入れるのが適切かどうか分からないが、入れるとすれば［a］に食物連鎖の頂点である。それは、究極的には「自分たちを食べる動物がいるか否か」の判断に基づくだろう。

本来、食物連鎖がピラミッドで描かれる理由は、それが個体の数あるいは生物量を表せるからである。頂点の少数の生き物を養うために、底辺へ向かうにしたがって幾《き》何《か》級《きゅう》数《すう》的《てき》に、必要な個体数が増えていく。上部の相対的に少ない生物量と、下部の相対的に多い生物量とは均衡の関係にあると言える。ところが今は、頂点に位置する人類の数がどんどん増え続ける一方で、それより下に位置する無数の生物については、生息地域の確実な減少から、数と多様性が減っているであろうこと、また将来的にもそれが進むであろうことが指摘されている。これは、本来は分厚かったピラミッドの下部をやせ細らせることであり、(1)生物量の均衡を失うことである。

(2)ピラミッドは三角形であるから安定している。この下部がやせ細り、頂点だけ大きくなれば安定性は損なわれる。それがさらに進行すれば、もはや三角形をなさず、いずれ倒れてしまう――つまり、ヒトという種の健全な存続が危ぶまれるようになるか、最悪の場合には生命システム全体が破綻《はたん》してしまうであろう。生物量の均衡喪失は、種の不安定化要因の1つになる。地球は過去に5度の大規模な絶滅を経験している。ヒトが自然を改変した結果としての、現在進行形の種や個体の減少について、これが〝6度目の大絶滅〟であるとする見方もあるが、それは他人事ではない。(3)ヒトが〝滅びゆく運命〟の中にいないとは誰も言えないのである。

このような未来像は、暗い。次世代のためにも、皆がそれぞれの分野で「別のあり方」を考え、明るい方向に向かうための材料を出しておかなければならない。筆者にとってそのヒントは「ナチュラル・ヒストリー」にある。さらに、それを活かすことのできる、ヒトの英知も忘れてはならない。

ナチュラル・ヒストリーは日本では「自然史」あるいは「生命誌」と訳されるが、噛《か》みくだいて言うなら「生き物の中にある、生命が歩んできた道の記録」となるだろう。

具体的には、地球の歴史があり、そこに生命が誕生し、さまざまな条件の環境に進出し、種が分化し、新種が生まれる一方で別の種が滅びて今に至ること。また、例えば初期の生物が光合成を行って大気中に酸素を増やし、それによって太陽光線を受ける地上の環境を大きく変えてしまうなど、地球環境との「共進化」によって、今日の自然と生命の多様性が生まれてきたということである。

その中で、それぞれの生き物は個別の特殊性を持ち、それが全体としては多様性となる一方で、互いに構造や機能の共通性——生物としての普遍性——を持っている。ナチュラル・ヒストリーとは、生き物が歩んできた、このような歴史のことである。

地球上に生物種がどれだけあるかは諸説あるが、ここでは1千万種としておこう。それらの生物の形づくりや歩いてきた道（ナチュラル・ヒストリー）を知ることは、その一部でありながらかなり例外的な種であるヒトが、将来はどこへ向かっていくのかを考えていくときに、基本的な視点になると考えるのである。

（浅島　誠『生物の「安定」と「不安定」　生命のダイナミクスを探る』による）

(注)　幾何級数的＝増加が急激なさま。

(一)　文章中の A に最もよく当てはまる言葉を、次のア～エから一つ選び、その符号を書きなさい。

ア　しかし　　イ　ただし

ウ　例えば　　エ　したがって

(二)　文章中の a に最もよく当てはまる言葉を、次のア～エから一つ選び、その符号を書きなさい。

ア　実質的　　イ　自発的　　ウ　共同的　　エ　対照的

(三)　——線部分(1)とはどういうことか。四十五字以内で書きなさい。

(四)　——線部分(2)について、その状態を具体的に述べている一文を、Ⅰの文章中から四十五字以上五十字以内で抜き出し、そのはじめと終わりの五字をそれぞれ書きなさい。

(五)　——線部分(3)について、筆者がこのように述べるのはなぜか。その理由として最も適当なものを、次のア～エから一つ選び、その符号を書きなさい。

ア　ヒトは、食物連鎖のピラミッドの安定性を損なったとしても、自然を改変することにより存続が可能となるから。

イ　ヒトが自分の住む地域の野生動物を食べなくなった現在、食物連鎖のピラミッドに位置づけることはできないから。

ウ　ヒトは、自らを食物連鎖の頂点に位置づけ、意のままに自然を改変した結果、生命システム全体を破綻させたから。

エ　ヒトが自然を改変し続け、食物連鎖のピラミッドが崩れると、ヒトの健全な存続が不安視されるようになるから。

国語〔四〕の問題の続きは7ページにあります。

(六)　次のⅡの文章は、Ⅰの文章と同じ著書の一部である。筆者は、ヒトが幸福になるためには、どのようなことをヒトが知り、どのような知識が広がって行く必要があると考えているか。ⅠとⅡの文章を踏まえ、百二十字以内で書きなさい。

Ⅱ

　技術発展の方向性を決める要因とは何か。それは、快適さや便利さ、効率性を追求する心であり、経済的な利益を最大化しようとする欲求である。こうした志向はおそらく、社会発展を支えるという意味で、今後もある程度必要なものだろう。

　しかし、こうした志向だけではおそらく今後のヒトの社会がやって行けないことに、人々はうすうす気づいている。便利さと豊かさは、似ているようでずれる部分が大きい。便利さと幸福も、近いようでいて、実はほとんど関係がない。幸福なき便利さを求める意味はない。金銭的な利益が幸福と直結しないことを示す事例は少なくない。そうしたことをヒトが知り、ナチュラル・ヒストリーについての知識が広がって行けば、技術発展の方向性に影響を与えずにはおかないだろう。

　ナチュラル・ヒストリーを知るべきである。ほかの生き物について知り、ヒトとの共通点と相違点を知るべきである。ヒトが他を思いやる心を身につけたという事実を振り返り、自らもそれを実践すべきである。そうしたことが、個体としてのヒトと、種としてのヒトを同時に豊かにし、安定させることになると、筆者は考えている。

〔三〕

※

㈠ ㈡ ㈢ ㈣ ㈤ ㈥

60

㈠2点
㈡4点
㈢4点
㈣4点
㈤4点
㈥12点

〔四〕

※

㈠ ㈡ ㈢ ㈣ ㈤ ㈥

はじめ

終わり

45

120

㈠3点
㈡3点
㈢8点
㈣5点
㈤4点
㈥12点

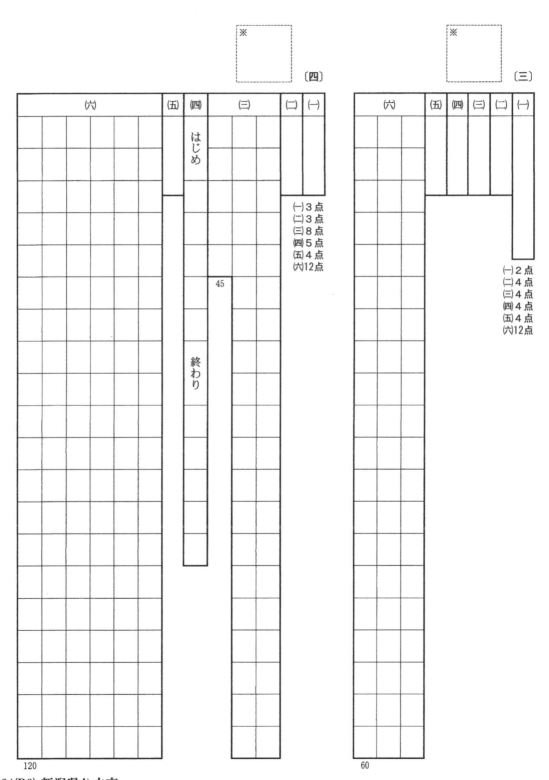

令 和 6 年 度

公立高等学校入学者選抜学力検査

数　　　学

問 題 用 紙

〔1〕 次の(1)～(8)の問いに答えなさい。

(1) $3 - 12 + 7$ を計算しなさい。

(2) $3(2a - b) - 5(-a + 2b)$ を計算しなさい。

(3) $18xy^2 \div (-3y)^2$ を計算しなさい。

(4) 3つの数 $\frac{3}{10}$，$\frac{\sqrt{2}}{5}$，$\frac{1}{\sqrt{10}}$ の大小を，不等号を使って表しなさい。

(5) 2次方程式 $(x + 5)^2 = 13$ を解きなさい。

(6) 電子レンジで食品が温まるまでの時間は，電子レンジの出力に反比例する。ある食品の適切な加熱時間が 500 W の出力で 3 分のとき，600 W の出力での適切な加熱時間は何分何秒か，答えなさい。

(7) 右の図のように，線分 AB を直径とする半円があり，AB ＝ 10 cm である。$\overset{\frown}{AB}$ 上に，$\overset{\frown}{BC} = 2\pi$ cm となる点 C をとるとき，$\angle x$ の大きさを答えなさい。ただし，π は円周率である。

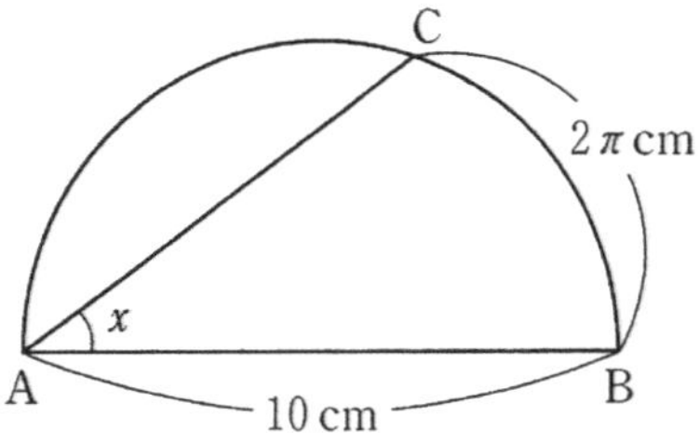

(8) 箱の中に同じ大きさの白玉がたくさん入っている。標本調査を行い，この箱の中にある白玉の個数を推定することにした。この箱の中に，白玉と同じ大きさの赤玉 300 個を入れ，よくかき混ぜた後，箱の中から 100 個の玉を取り出したところ，その中に赤玉が 10 個あった。この箱の中には，およそ何個の白玉が入っていると推定されるか，答えなさい。

〔2〕 次の(1)~(3)の問いに答えなさい。

(1) 7人の生徒A，B，C，D，E，F，Gの中から，2人の代表をくじで選ぶとき，生徒Aが代表に選ばれる確率を求めなさい。

(2) 関数 $y = ax^2$ について，x の値が1から4まで増加するときの変化の割合が $2a^2$ である。このとき，a の値を求めなさい。ただし，$a \neq 0$ とする。

(3) 下の図のような，四角形ABCDがある。この四角形と面積が等しい三角形を，定規とコンパスを用いて，1つ作図しなさい。ただし，作図は解答用紙に行い，作図に使った線は消さないで残しておくこと。

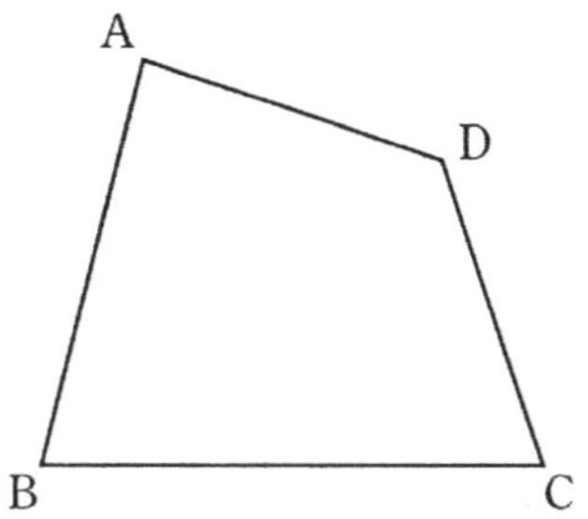

令 和 6 年 度

公立高等学校入学者選抜学力検査問題

英　　　　語

13：00～13：50(50分間)

注　　意

1 最初に，放送による聞取り検査を行います。放送による指示があるまで，開いてはいけません。
2 解答用紙は，この内側にあります。取り出して使いなさい。
3 問題は，問題用紙の1ページから6ページにあります。
4 解答は，すべて解答用紙に書きなさい。
5 解答は，横書きで記入しなさい。
6 解答用紙の※の欄には，何も記入してはいけません。
7 「やめ」の合図があったら，すぐにやめて，筆記用具をおきなさい。

＃教英出版 編集部　注
編集の都合上、解答用紙はこの裏にあります。

英 語 解 答 用 紙

（注１） 解答は，横書きで記入すること。
（注２） ※の欄には，何も記入しないこと。

〔１〕

※

⑴３点×４
⑵３点×４
⑶３点×２

⑴	1		2		3		4	
⑵	1		2		3		4	
⑶	1							
	2							

〔２〕

※

⑴３点
⑵３点
⑶６点

⑴	
⑵	
⑶	

〔３〕

※

⑴３点×２
⑵２点×２
⑶４点
⑷３点
⑸３点
⑹３点×２

⑴	**A**			
	D			
⑵	**B**		**F**	
⑶				
⑷				
⑸				
⑹				

〔3〕 下の図1，2のように，1辺の長さが6 cmの正三角形ABCと，1辺の長さが5 cmの正三角形DEFがある。このとき，次の(1)，(2)の問いに答えなさい。

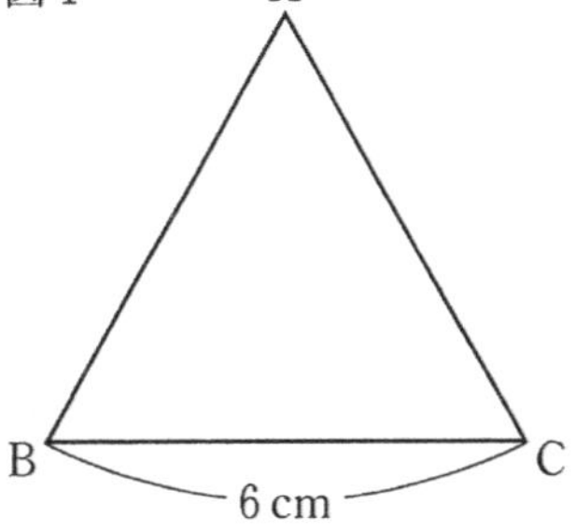

図1

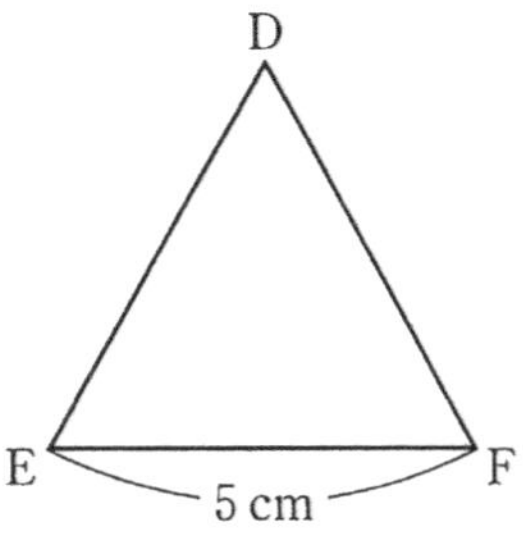

図2

(1) 正三角形ABCと正三角形DEFの面積の比を答えなさい。

(2) 右の図3のように，正三角形DEFを，頂点D，E，Fがすべて正三角形ABCの周の外側にくるように，正三角形ABCに重ねる。辺DF，DEと辺ABとの交点をそれぞれG，Hとし，辺ED，EFと辺BCとの交点をそれぞれI，Jとする。また，辺FE，FDと辺CAとの交点をそれぞれK，Lとする。このとき，次の①，②の問いに答えなさい。

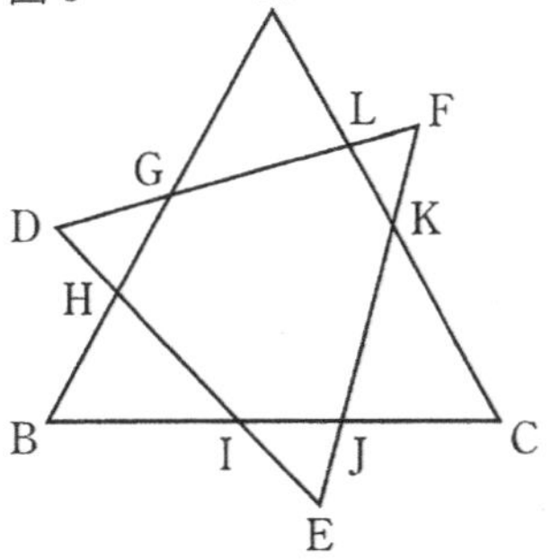

図3

① △AGL ∽ △DGH であることを証明しなさい。

② 辺BCと辺DFが平行であるとき，六角形GHIJKLの周の長さを求めなさい。

〔4〕 右の図1のような，左右2枚の引き戸がついた棚がある。この棚の内側の面のうち，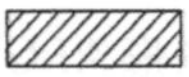の面を「奥の面」と呼ぶことにする。2枚の引き戸は，形と大きさが同じであり，それぞれが下の図2のように，透明なガラス板と枠でできている。2枚の引き戸をすべて閉めて，正面から見ると，図3のように，枠が重なり，ガラス板を通して「奥の面」が見える。また，このとき，2枚の引き戸はそれぞれ，全体が縦100 cm，横80 cmの長方形に，ガラス板が縦80 cm，横60 cmの長方形に，枠の幅が10 cmに見える。

図1

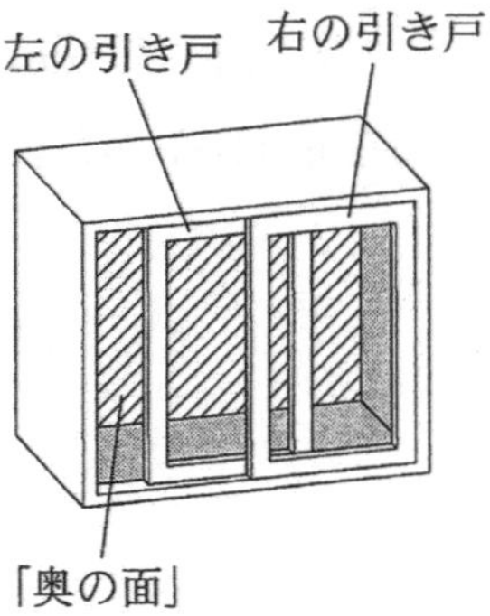

図3の状態から，左の引き戸だけを右向きに動かす。図4～6は，左の引き戸を右向きに動かしたときのようすを順に表したものであり，2枚の引き戸を正面から見たときに見える「奥の面」を，A～Dのように分類する。

左の引き戸を，図3の位置から右向きに動かした長さをx cmとするとき，あとの(1)～(5)の問いに答えなさい。ただし，$0 \leqq x \leqq 70$とする。

図2

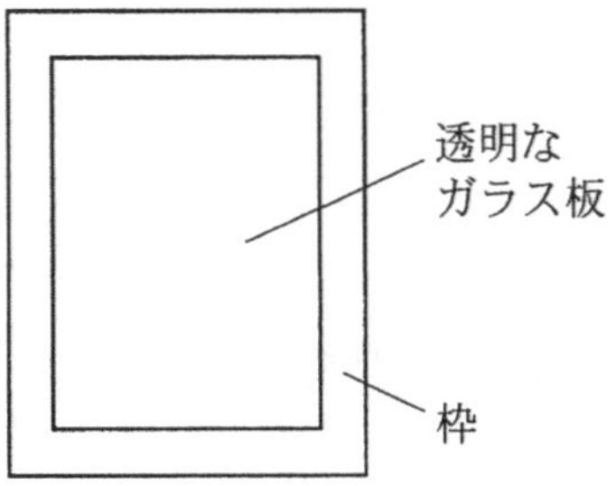

図3

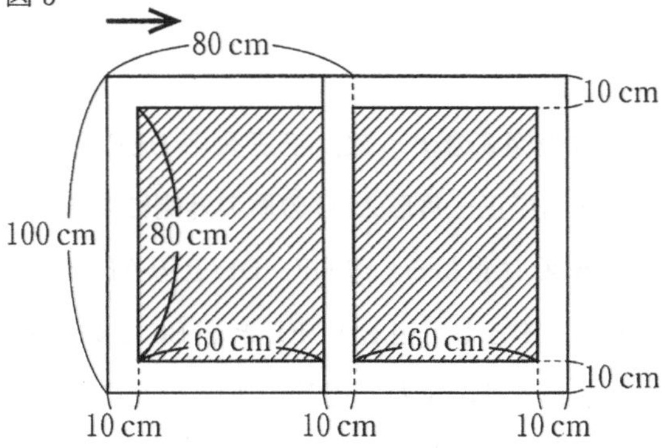

図4

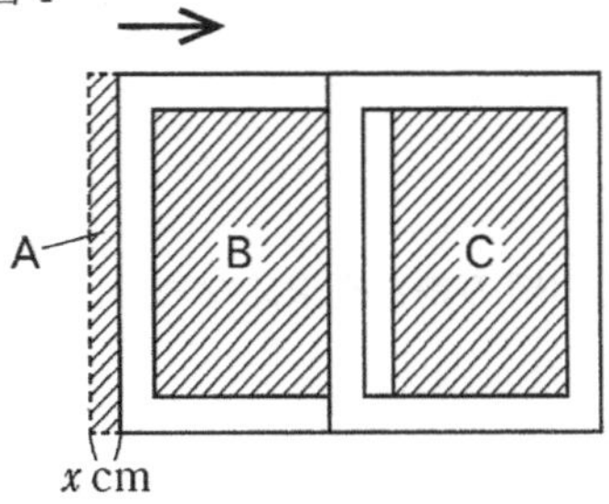

図5

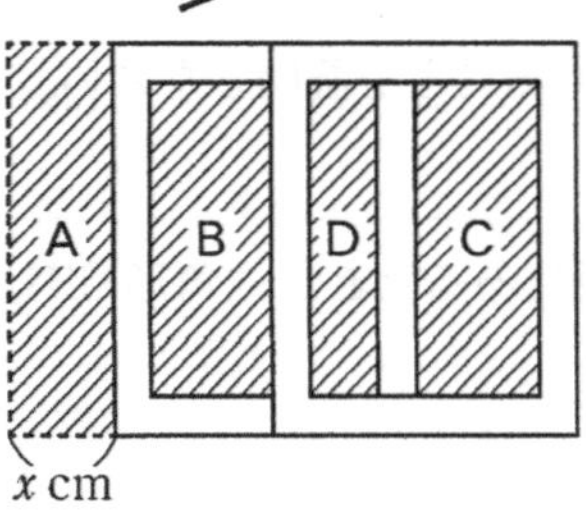

図6

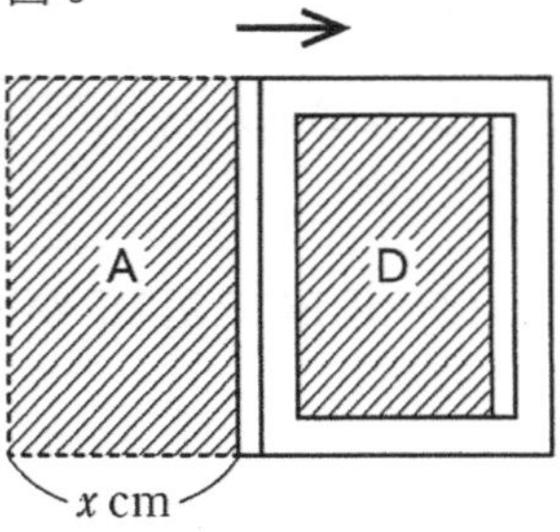

A：左右いずれの引き戸のガラス板も通さずに見える「奥の面」
B：左の引き戸のガラス板だけを通して見える「奥の面」
C：右の引き戸のガラス板だけを通して見える「奥の面」
D：左右2枚の引き戸のガラス板が重なった部分を通して見える「奥の面」

(1) $x = 15$ のとき，Aの面積を答えなさい。

(2) 次の文は，左の引き戸を，図3の位置から右向きに動かした長さと，2枚の引き戸を正面から見たときに見える「奥の面」の面積の関係について述べたものの一部である。このとき，文中の［ア］に当てはまるものを，A～Dからすべて選び，その符号を書きなさい。

> 左の引き戸を，図3の位置から右向きに動かした長さと，［ア］の面積の関係をグラフに表すと，下の図7のようになる。
>
> 図7
>
> 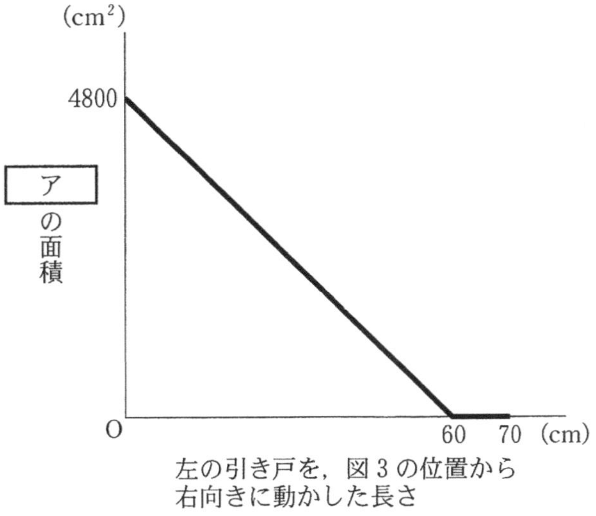
>

(3) $10 \leqq x \leqq 70$ のとき，Dの面積を x を用いて表しなさい。

(4) 3つの部分B，C，Dの面積の和を y cm^2 とするとき，x と y の関係を表すグラフをかきなさい。

(5) Aの面積と，3つの部分B，C，Dの面積の和が等しいとき，x の値を求めなさい。

〔5〕 下の図のように，AB = 3 cm，AD = 5 cm，BF = 4 cm の直方体 ABCD − EFGH がある。辺 BC 上を点 B から点 C まで移動する点を P とし，点 P を通り線分 AH に平行な直線と辺 CG との交点を Q とする。このとき，次の(1)～(3)の問いに答えなさい。

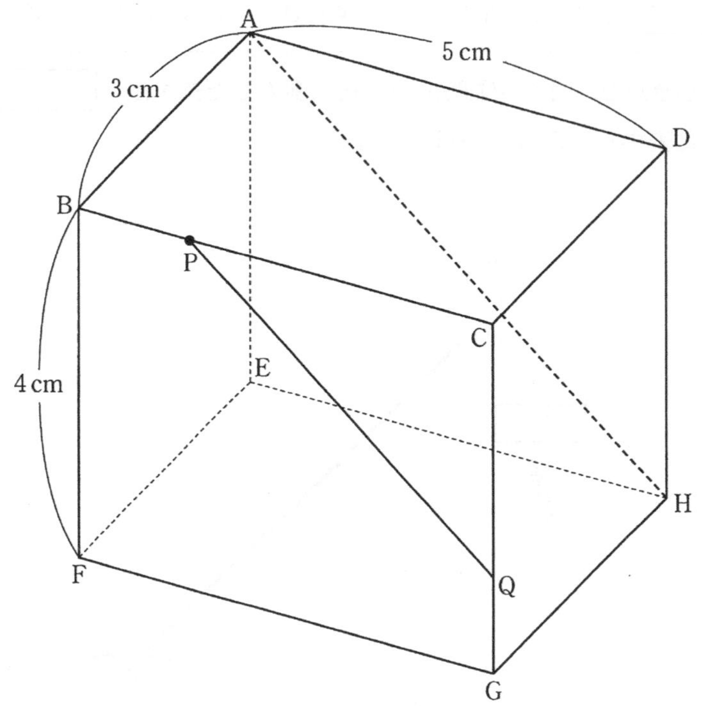

(1) 線分 BE の長さを答えなさい。

(2) 四角形 BCHE の面積を答えなさい。

(3) AP + PH の長さが最も短くなるとき，次の①，②の問いに答えなさい。

① 線分 BP の長さを求めなさい。

② 6 点 P，Q，C，A，H，D を結んでできる立体の体積を求めなさい。

※100点満点

※

受検番号	

〔4〕

※

(1) 2点
(2) 完答4点
(3) 4点
(4) 4点
(5) 4点

(1)	cm^2	(2)	
(3)	cm^2		

(4)

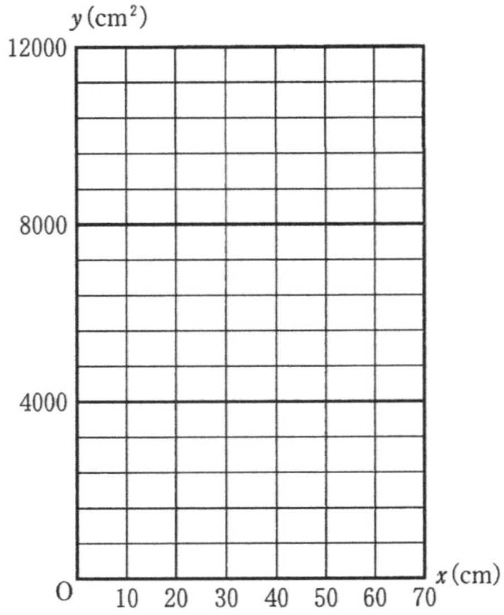

(5)

〔求め方〕

答 $x=$

〔5〕

※

(1) 2点
(2) 3点
(3) 6点×2

(1)	cm	(2)	cm^2

(3)

①

〔求め方〕

答 cm

②

〔求め方〕

答 cm^3

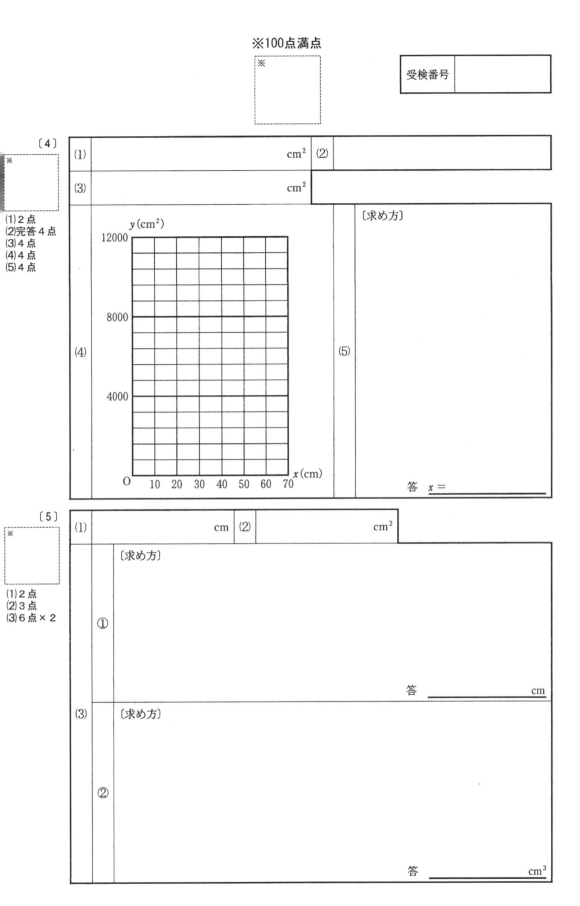

令 和 6 年 度

公立高等学校入学者選抜学力検査

英　　　語

問 題 用 紙

◇M3(519—25)

※教英出版注
音声は，解答集の書籍ＩＤ番号を教英出版ウェブサイトで入力して聴くことができます。

〔1〕 放送を聞いて，次の(1)〜(3)の問いに答えなさい。

(1) これから英文を読み，それについての質問をします。それぞれの質問に対する答えとして最も適当なものを，次のア〜エから一つずつ選び，その符号を書きなさい。

1 ア

イ

ウ

エ
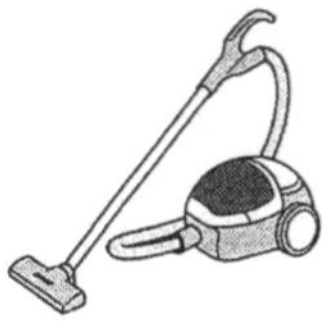

2 ア A bird.　イ A cat.　ウ A dog.　エ An elephant.

3
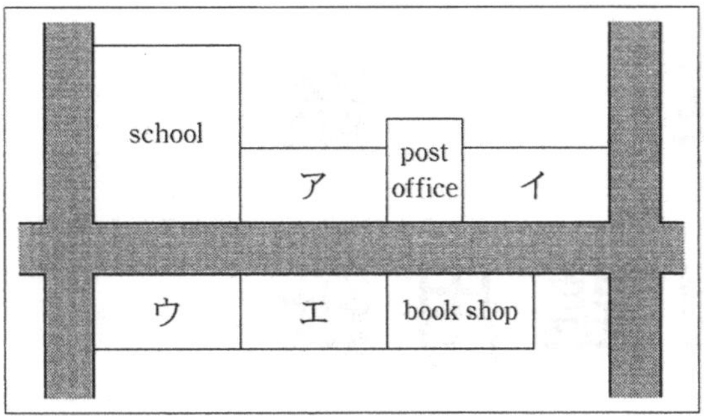

4 ア She is going to study in the library.
イ She is going to go to the sea.
ウ She is going to swim.
エ She is going to play volleyball.

(2) これから英語で対話を行い，それについての質問をします。それぞれの質問に対する答えとして最も適当なものを，次のア〜エから一つずつ選び，その符号を書きなさい。

1 ア Yes, he does.　イ No, he doesn't.
ウ Yes, he did.　エ No, he didn't.

2 ア By car.　イ By bike.
ウ By bus.　エ By train.

3 ア On Thursday.　イ On Friday.
ウ On Saturday.　エ On Sunday.

4 ア Because she went to Canada to see Ben.
イ Because she bought nice hats for the students there.
ウ Because she joined a special winter English class with Ben.
エ Because she communicated with the students there.

(3) これから，あなたの学校の離任式で，アメリカに帰国することになったALTのスミス先生(Mr. Smith)が，英語のスピーチをします。そのスピーチについて，二つの質問をします。それぞれの質問に対する答えを，３語以上の英文で書きなさい。

〔2〕 あなたのクラスでは，修学旅行先の京都で，日本を訪れた外国人旅行者にインタビューを行いました。あなたと留学生のアリス(Alice)は，そのインタビューの結果をまとめたグラフを見ながら，話をしています。次の【グラフ】と，あなたとアリスの【会話】を読んで，下の(1)~(3)の問いに答えなさい。ただし，【会話】の＊＊＊の部分には，あなたの名前が書かれているものとします。

【グラフ】

〔Graph 1〕

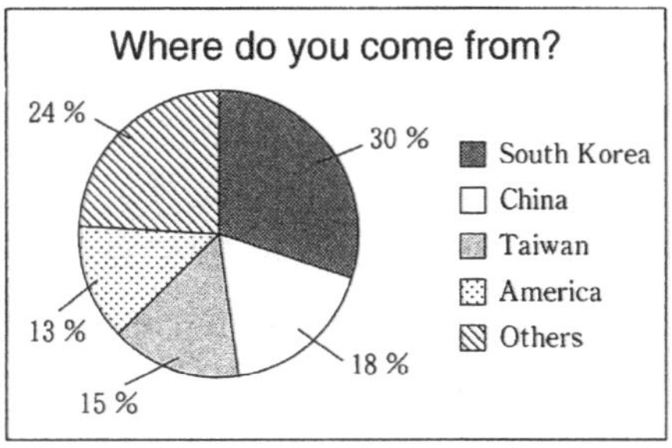

〔Graph 2〕

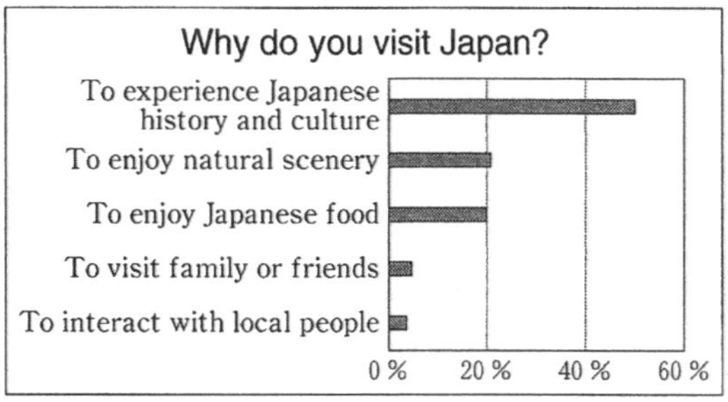

(注) graph グラフ　South Korea 韓国　China 中国　Taiwan 台湾
experience～ ～を経験する　natural scenery 自然景観　interact with～ ～と交流する

【会話】

Alice:	According to Graph 1, we can say that [　　　] visit Japan the most.
＊＊＊:	Yes. Look at Graph 2. We can see that (**a**) to experience Japanese history and culture.
Alice:	That's right. I want to experience some Japanese culture, too. <u>Can you tell me something to try?</u>
＊＊＊:	Yes. (**b**)
Alice:	Thank you. I'll try it.

(1) 【会話】の[　　　]の中に入る最も適当なものを，次のア～エから一つ選び，その符号を書きなさい。

ア people from America　　イ people from China

ウ people from South Korea　　エ people from Taiwan

(2) 【会話】の流れが自然になるように，**a** の(　　)に当てはまる内容を，1行以内の英語で書きなさい。

(3) 【会話】の下線部分について，あなたならアリスにどのようなことを教えてあげますか。あなたが教えたいことを一つあげ，【会話】の **b** の(　　)の中に，3行以内の英文で書きなさい。

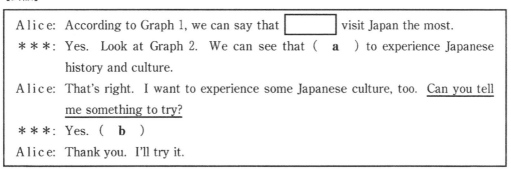

〔3〕 次の英文を読んで，あとの(1)~(6)の問いに答えなさい。

Kaori is a high school student. Emma is a junior high school student from America and she has been staying at Kaori's house. They are talking at Kaori's house.

Kaori: Emma, what are you doing?

Emma: I'm looking for my bag. Do you A[it, where, is, know] ?

Kaori: I saw it under that desk last night.

Emma: Under the desk? Oh, I've found it. Thank you. I have my homework in it.

Kaori: What kind of homework do you have?

Emma: I have to read a handout that my teacher B[give] us in the social studies class yesterday and write my opinion about it.

Kaori: What is it about?

Emma: It is about UD font, a kind of Universal Design. It is a little different from traditional fonts. According to this handout, in a city in Japan, this font is used in all of the elementary schools and junior high schools.

Kaori: Sounds interesting! Tell me more.

Emma: According to a survey in this city, UD fonts were useful not only for students who couldn't read other fonts well, but also for many other students. Because of this, the city decided to use handouts or digital learning materials with this font for all the children there. The city hopes that all students will understand the contents of sentences which they read better. And it also hopes that they will enjoy learning more.

Kaori: C<u>How nice! The city has great wishes.</u>

Emma: I think so, too. For us, being interested in learning is very important. By the way, do you know another example of universal designs in Japan?

Kaori: Yes, I do. I have D[want, I , something] to show you. Wait a minute. I'll bring it.

Emma: What?

Kaori: Here is a carton of milk. Can you see a notch on the other side of the opening? This is very useful for people who can't see things well. It is used to help them find which is a carton of milk. It also helps them find the opening.

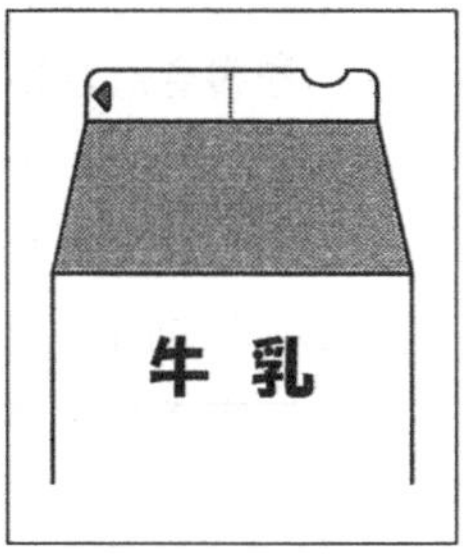

Emma: Great! I have never noticed this design before. We don't sometimes realize there are many good designs like these around us before [E] .

A: Then, how about the next day?
B: OK. I think I can visit you at seven in the evening.
Question: When will they have dinner together?

4 A: Ben, this is for you. I went to Canada during the winter vacation.
B: Oh, what a beautiful hat! Thank you, Hinako. What did you do there?
A: I joined a special winter English class there.
B: How was it?
A: At first, I was too shy and I couldn't talk to the students. But they asked me many questions, so I communicated with them. It made me very happy.
Question: Why did Hinako feel happy?

(3) Hello, everyone. This is my last message to you. I came to Japan in August three years ago. I have had a great experience in Japan. Especially, I'm very happy that I have spent time with all of you in this school. My best memory is the chorus festival. Your chorus was amazing! When I go back to America, I will study music because I want to be a music teacher. Thank you for everything. I hope I'll see you again. Bye.

Question: 1 Did Mr. Smith come to Japan in summer two years ago?
2 Why will Mr. Smith study music when he goes back to America?

令 和 6 年 度

公立高等学校入学者選抜学力検査問題

社 会

14：10～15：00(50分間)

注 意

1 「始め」の合図があるまで，開いてはいけません。

2 解答用紙は，この内側にあります。取り出して使いなさい。

3 問題は，問題用紙の1ページから7ページにあります。

4 解答は，すべて解答用紙に書きなさい。

5 解答は，横書きで記入しなさい。

6 解答用紙の※の欄には，何も記入してはいけません。

7 「始め」の合図があったら，まず，解答用紙に受検番号を書きなさい。

8 「やめ」の合図があったら，すぐにやめて，筆記用具をおきなさい。

＃教英出版 編集部 注
編集の都合上、解答用紙はこの裏にあります。

社 会 解 答 用 紙

（注１）　解答は，横書きで記入すること。
（注２）　※の欄には，何も記入しないこと。

〔１〕

※

⑴２点
⑵２点
⑶３点
⑷２点
⑸５点

⑴	
⑵	
⑶	
⑷	
⑸	

〔２〕

※

⑴２点
⑵２点
⑶５点
⑷３点
⑸２点×２

⑴		
⑵		
⑶		
⑸	①	
	②	

⑷

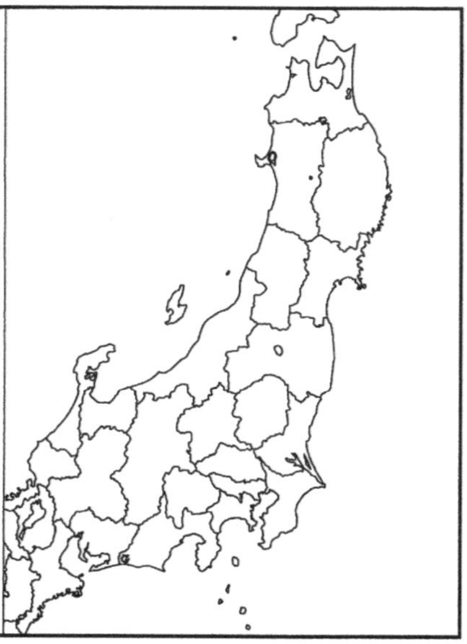

〔３〕

※

⑴２点
⑵５点
⑶３点
⑷２点
⑸２点
⑹２点

⑴	
⑵	
⑶	（　　　　）→（　　　　）→（　　　　）→（　　　　）
⑷	
⑸	
⑹	

令和６年度

放送による聞取り検査の問題文

〔1〕

(1)

1 When you clean rooms, you use this.
Question: What is this?

2 David is interested in an animal. It can fly.
Question: What animal is David interested in?

3 In my town, there is a hotel next to a post office. A museum is in front of a school. A park is between the museum and a book shop. We have a nice restaurant next to the school.
Question: Which is the hotel?

4 Hello, Miho. This is Jane. I want to talk about our plan for tomorrow. We are going to meet at the library at nine a.m. and study there until noon, and then go to the sea, right? The news says it will be sunny tomorrow afternoon, so we can enjoy swimming and playing volleyball on the beach. If you have any questions, call me later. Bye.
Question: What is Jane going to do with Miho tomorrow morning?

(2)

1
A: Oliver, this desk is nice. I want to buy the same one.
B: Really? Actually, I made it.
A: Oh, you are great. I want to make one, too.
Question: Did Oliver make the desk?

2
A: Will you come to our school festival next week, Paul?
B: Of course, yes. I'll go with my sister. She will take me there by car.
A: Oh, you can't come to my school by car. There is no place for cars on that day. You should come by bike, by bus, or by train.
B: OK. I'll go by bike.

Kaori: You are right. How about you? Have you ever needed any help in Japan?

Emma: Yes. It is about signs in towns. There are many signs around us, but I can't understand them well because many of them are **F** [write] in Japanese. Two weeks ago, I took a bus alone for the first time in Japan when I went to the next town to meet one of my friends. Then I thought, "Which bus should I take? Which way should I go?" I worried a lot.

Kaori: I don't think there are enough signs for foreign people in Japan. I know your feelings.

Emma: Thank you. A lot of people from foreign countries visit Japan. So more signs in many languages or pictures will be a great help to them.

Kaori: You are right. I hope our town and country will be better for everyone. There are many people who need help around us. I want to create new universal designs someday.

Emma: You can be a person who can support **G** <u>those people</u>.

Kaori: Thanks. The important thing is to help someone in our daily life. Why don't we try to do something soon?

(注) handout　プリント　　UD　universal designの略　　font　字体
universal design　すべての人々のためのデザイン　　survey　調査
not only～, but also…　～だけでなく，…もまた　　digital learning material　デジタル教材
content　内容　　sentence　文　　carton　パック　　notch　半月型の切り込み
opening　開け口　　notice～　～に気づく　　for the first time　初めて

(1) 文中のA，Dの[　　]の中の語を，それぞれ正しい順序に並べ替えて書きなさい。

(2) 文中のB，Fの[　　]の中の語を，それぞれ最も適当な形に直して書きなさい。

(3) 下線部Cについて，カオリ(Kaori)が感心したこの市の願いは，どのようなことか。具体的に日本語で書きなさい。

(4) 文中のEの[　　]の中に入る最も適当なものを，次のア～エから一つ選び，その符号を書きなさい。

ア someone solves no problems　　イ we use UD fonts

ウ someone makes better designs　　エ we have some troubles

(5) 下線部Gについて，その内容を，具体的に日本語で書きなさい。

(6) 本文の内容に合っているものを，次のア～オから二つ選び，その符号を書きなさい。

ア UD fonts are used only for people who come from foreign countries.

イ Kaori has already known about UD fonts used for students.

ウ Emma thinks the design of the carton of milk shown by Kaori is good.

エ Kaori understands the feelings Emma had when Emma took a bus two weeks ago.

オ Emma has to write her opinion about signs in many languages or pictures.

〔4〕 次の英文を読んで，あとの(1)〜(6)の問いに答えなさい。

Rikuto and Mei are Japanese high school students. Kevin is from Australia and he studies at their school. They are giving reports to their classmates in English in Mr. Yamada's English class.

Mr. Yamada

Today, you are going to talk about your research. The development of technology has made our life easier. Now, let's start talking about the things you have learned.

Rikuto

Can you imagine life without refrigerators? In the 1950s, most people in Japan did not have refrigerators. Now, because of them, we can buy many kinds of food such as fish and meat, and keep them in our house. We can also keep dishes we have cooked in the refrigerators.

However, sometimes we can't eat some of the food in the refrigerators and waste them. We also have another problem. In supermarkets and convenience stores, some of the food which people have not bought is wasted. I think $\underline{\text{these problems}}_{\textbf{A}}$ should be solved soon because there are over 800, 000, 000 people who can't get enough food all around the world. In Japan, we wasted about 5, 220, 000 tons of food in 2020. It means that everyone in Japan put about one bowl of food into a garbage box every day.

Mei

I'm going to talk about the development of railroads. [**a**] Before the *Shinkansen* was introduced, it took six and a half hours when we traveled from Tokyo to Osaka on the fastest train. [**b**] Now, it takes only two and a half hours. [**c**] The *Shinkansen* has made trips easier and faster than before. [**d**] Have you ever heard *Linear Chuo Shinkansen*? If it is introduced, it will take about one hour from Tokyo to Osaka. It's amazing. But how much energy do we need for it?

Kevin

The development of the Internet can help us communicate with people anywhere. I am in Japan now, but I can communicate with my family living in Australia every day through the Internet. It is great fun. However, I have started to feel that talking face-to-face is more important. When I lived with my family in Australia, I often played video games in my room and didn't have much time to talk with them. Sometimes I sent them e-mails even when I was in the house. When I go back to Australia, I would like to (**B**) with my family face-to-face.

Mr. Yamada

Thank you very much for talking about C the development of technology. You did a good job. You found both good points and some problems of the development of technology. I hope you will think critically about many things in the future. This is one of the most important things when you solve problems in the world.

Also, information technology has been getting more important in our world. You used your tablet devices when you made your reports, didn't you? The use of those things has become more popular than before. In such a situation, generative AI has become popular, right? D AI will be used more in our daily life. Let's talk about it next time.

(注) development　発達　　technology　科学技術　　refrigerator　冷蔵庫
in the 1950s　1950 年代には　　waste〜　〜を無駄にする　　ton　トン(重さの単位)
one bowl of〜　茶わん一杯の〜　　railroad　鉄道　　introduce〜　〜を導入する
on〜　〜に乗って　　*Linear Chuo Shinkansen*　リニア中央新幹線　　face-to-face　面と向かって
critically　批判力をもって　　tablet device　タブレット端末　　generative AI　生成 AI

(1) 下線部分Aについて，その内容を，具体的に日本語で書きなさい。

(2) 次の英文は，文中のa〜dの［　　　］のどこに入れるのが最も適当か。当てはまる符号を書きなさい。

Then, in 1964, the *Shinkansen* was introduced and it took about four hours.

(3) 文中のBの(　　　)に当てはまる内容を，4 語以上の英語で書きなさい。

(4) 下線部分Cについて，生徒が発表した内容に合っているものを，次のア〜オから二つ選び，その符号を書きなさい。

ア　technology about keeping food for a long time
イ　technology about telling the weather for tomorrow
ウ　technology about making the environment cleaner
エ　technology about saving a lot of energy we use
オ　technology about carrying people to another place

(5) 次の①〜③の問いに対する答えを，それぞれ 3 語以上の英文で書きなさい。

① Are there more than 800, 000, 000 people who can't get enough food all around the world?
② Who communicates with Kevin through the Internet every day?
③ What does Mr. Yamada want the students to do in the future?

(6) 下線部分Dについて，あなたが人工知能(AI)を利用するとしたら，どのように利用しますか。その理由も含め，4 行以内の英文で書きなさい。

※100点満点

※

受検番号	

〔4〕

※

(1) 4点
(2) 3点
(3) 4点
(4) 2点×2
(5) 3点×3
(6) 8点

(1)			
(2)			
(3)			
(4)			
(5)	①		
	②		
	③		
(6)			

令 和 6 年 度

公立高等学校入学者選抜学力検査

社　　　会

問題用紙

〔1〕 次の地図1～3を見て，下の(1)～(5)の問いに答えなさい。ただし，地図1～3の縮尺はそれぞれ異なっている。

地図1

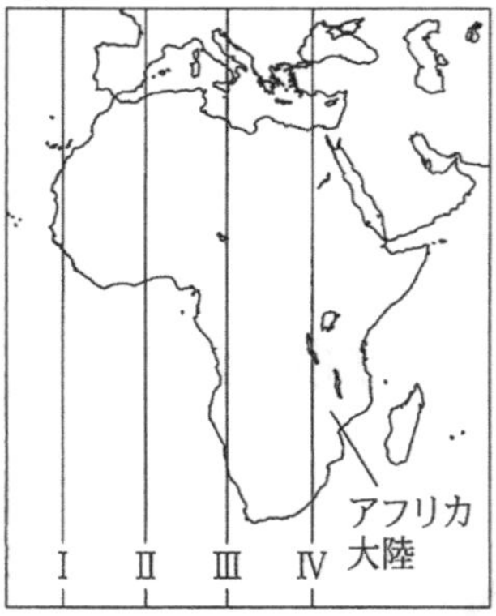

地図2

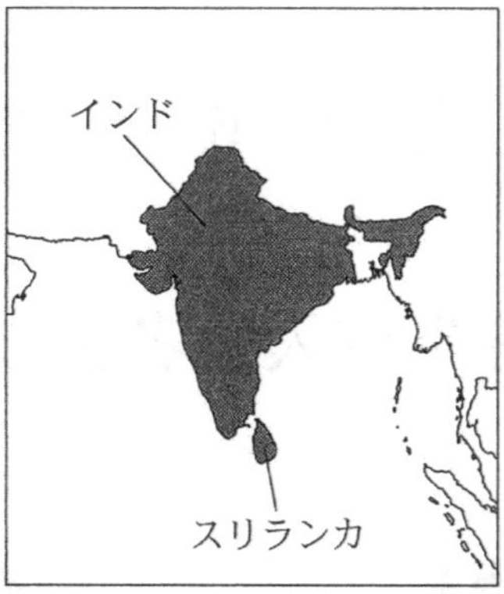

地図3

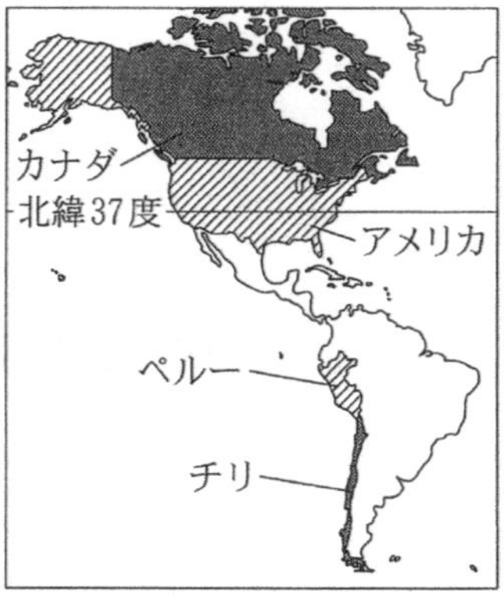

(1) 地図1中のⅠ～Ⅳで示した経線のうち，本初子午線を示すものはどれか。Ⅰ～Ⅳから一つ選び，その符号を書きなさい。

(2) 地図1で示したアフリカ大陸の多くの国々の経済は，特定の農産物や鉱産資源を輸出することで成り立っている。このような経済を何というか。その用語を書きなさい。

(3) 次の表は，地図2，3で示したインド，スリランカ，カナダ，チリについて，それぞれの国の人口密度，穀物生産量，主な輸出品目と金額を示したものであり，表中のa～dは，これらの四つの国のいずれかである。このうち，a，dに当てはまる国名の組合せとして，最も適当なものを，下のア～エから一つ選び，その符号を書きなさい。

	人口密度 (人/km^2)	穀物生産量 (千t)	主な輸出品目と金額(億ドル)					
			第1位		第2位		第3位	
a	333	5,623	衣類	58	茶	14	ゴム製品	7
b	26	3,036	銅鉱	298	銅	238	野菜・果実	76
c	431	356,345	石油製品	548	機械類	446	ダイヤモンド	247
d	4	46,739	原油	819	機械類	460	自動車	437

(「世界国勢図会」2023/24年版より作成)

ア 〔a スリランカ，d インド〕　イ 〔a スリランカ，d カナダ〕
ウ 〔a チリ，　d インド〕　エ 〔a チリ，　d カナダ〕

(4) 地図3の緯線は北緯37度を示しており，次の文は，この地図で示したアメリカにおける，北緯37度より南の地域について述べたものである。文中の［X］，［Y］に当てはまる語句の組合せとして，最も適当なものを，下のア～エから一つ選び，その符号を書きなさい。

> この地域は，温暖な気候から［X］とよばれており，工業地域として，航空宇宙産業や［Y］などが発展している。

ア 〔X サンベルト，Y ICT産業〕　イ 〔X サンベルト，Y 鉄鋼業〕
ウ 〔X サヘル，　Y ICT産業〕　エ 〔X サヘル，　Y 鉄鋼業〕

(5) 右の写真は，地図3で示したペルーにある，インカ帝国の遺跡を示したものである。このように，南アメリカ大陸では，かつて，先住民による独自の文明が栄えていたが，現在は，主に，スペイン語やポルトガル語が使われ，キリスト教が信仰されている。その理由を，「16世紀」，「先住民」の二つの語句を用いて書きなさい。

〔2〕 右の地図を見て，次の(1)～(5)の問いに答えなさい。

(1) 地図中の矢印は，主に6月から8月にかけて，東北地方の太平洋側に吹く，冷たく湿った北東風を示している。この風は，何とよばれているか。その名称を書きなさい。

(2) 次の表は，気象観測地点である盛岡，小名浜，前橋，金沢について，それぞれの1月と8月の月平均気温と月降水量を示したものであり，表中のア～エは，これらの四つの地点のいずれかである。このうち，小名浜に当てはまるものを，ア～エから一つ選び，その符号を書きなさい。

	月平均気温(℃)		月降水量(mm)	
	1月	8月	1月	8月
ア	4.1	24.5	57.3	122.6
イ	4.0	27.3	256.0	179.3
ウ	3.7	26.8	29.7	195.6
エ	－1.6	23.5	49.4	185.4

(「理科年表」令和5年版による)

(3) 地図中の▲は，主な石油化学コンビナートの位置を示したものである。これらの石油化学コンビナートは，どのような場所に形成されているか。その理由も含めて，「輸入」という語句を用いて書きなさい。

(4) 次の表は，秋田県，神奈川県，千葉県，宮城県の，それぞれの県の人口密度の推移，野菜の産出額，林業産出額，製造品出荷額等を示したものであり，表中のA～Dは，これらの四つの県のいずれかである。表中のBに当てはまる県を，解答用紙の地図中に ▨ で示しなさい。

	人口密度の推移(人/km^2)		野菜の産出額(億円)	林業産出額(千万円)	製造品出荷額等(億円)
	1970年	2021年			
A	2,294.7	3,822.8	345	48	178,722
B	662.9	1,216.8	1,383	243	125,846
C	249.6	314.5	275	849	45,590
D	106.9	81.2	301	1,415	12,998

(「データでみる県勢」2023年版による)

(5) 右の地形図は，地図中の松本市の市街地を表す2万5千分の1の地形図である。この地形図を見て，次の①，②の問いに答えなさい。

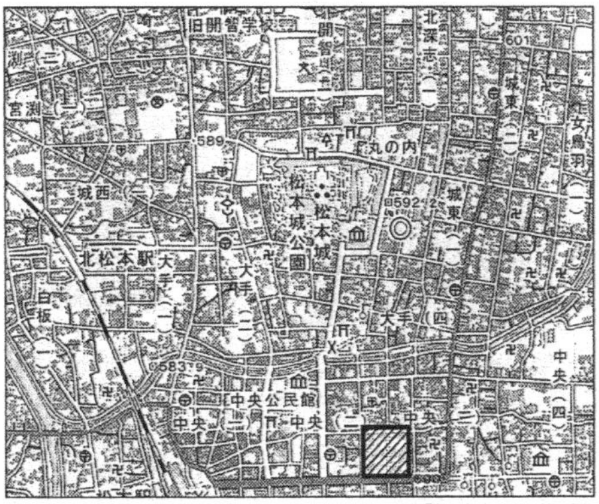

(国土地理院1：25,000地形図「松本」より作成)

① 「松本城」から見た「消防署」のある方位として，最も適当なものを，次のア～エから一つ選び，その符号を書きなさい。

ア 東　　イ 西　　ウ 南　　エ 北

② 地形図中の ▨ で示した正方形の一辺の長さを測ったところ，約0.5cmであった。このとき，実際の面積は約何m^{2}となるか。最も適当なものを，次のア～エから一つ選び，その符号を書きなさい。

ア 約3,125m^2　　イ 約6,250m^2　　ウ 約12,500m^2　　エ 約15,625m^2

〔3〕 次のA～Dは，それぞれ，奈良時代から江戸時代の間の，ある時代につくられた短歌である。これらの短歌について，下の(1)～(6)の問いに答えなさい。

A	人も愛《お》し　人も恨《うら》めし　あぢきなく　世を思ふゆゑに　もの思ふ身は	(後鳥羽上皇《ごとば》)
B	この世をば　わが世とぞ思ふ　望月《もちづき》の　欠けたることも　なしと思へば	(藤原道長)
C	天皇《すめろき》の　御代《みよ》栄えむと　東《あづま》なる　陸奥山《みちのくやま》に　金《くがね》花咲く	(大伴家持《おおとものやかもち》)
D	白河の　清きに魚の　すみかねて　もとの濁《にご》りの　田沼恋しき	(作者不明)

(1) Aの短歌をつくった後鳥羽上皇は，幕府を倒そうと兵を挙げたが敗れ，隠岐《おき》に流された。このできごとと最も関係の深い人物を，次のア～エから一つ選び，その符号を書きなさい。

ア　足利義政《あしかがよしまさ》　　イ　足利義満《よしみつ》　　ウ　北条時宗《ほうじょうときむね》　　エ　北条政子

(2) Bの短歌をつくった藤原道長について，右の資料は，平安時代の皇室と藤原氏の関係を表した系図の一部である。この資料から読みとれることをもとに，藤原道長が政治の実権をにぎることができた理由を，「きさき」という語句を用いて書きなさい。

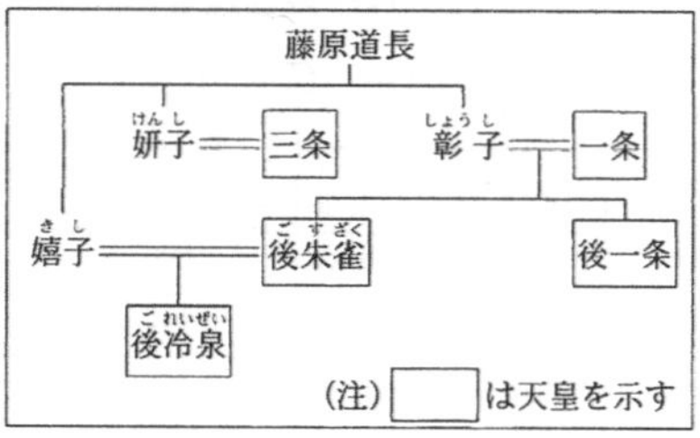

(3) Cの短歌がつくられた時代の天皇は，政治の中心であったが，政治や社会への天皇の関わり方は，時代によって異なる。次のア～エは，それぞれ，ある時代における，政治や社会への天皇の関わり方について述べたものである。ア～エを，年代の古いものから順に並べ，その符号を書きなさい。

ア　壬申《じんしん》の乱に勝って即位した天皇が，天皇の権威を高め，豪族たちをおさえて改革を進めた。

イ　天皇の役割は幕府の法律で定められ，第一の仕事は学問であることが強調された。

ウ　京都の北朝と吉野の南朝が並び立ち，それぞれの朝廷が全国の武士に呼びかけて戦った。

エ　天皇の位をゆずった上皇が，摂政《せっしょう》や関白《かんぱく》の力をおさえて政治を行うようになった。

(4) Dの短歌について，田沼意次《おきつぐ》の後に老中となり，この短歌で「白河」と詠《よ》まれている人物は誰か。この人物の名前を書きなさい。

(5) 次のア～オは，それぞれ，奈良時代から江戸時代の間の，ある時代の代表的な文化財である。このうち，A～Dの短歌がつくられた時代の，どの時代のものでもない文化財を，ア～オから一つ選び，その符号を書きなさい。

ア

イ

ウ

エ

オ
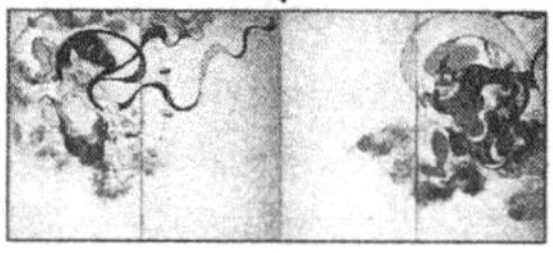

(6) A～Dの短歌がつくられた，それぞれの時代の社会のようすについて述べた文として，正しいものを，次のア～エから一つ選び，その符号を書きなさい。

ア　Aの短歌がつくられた時代には，武士と百姓を区別する兵農分離が進められた。

イ　Bの短歌がつくられた時代には，墾田永年私財法により，土地の開墾が進んだ。

ウ　Cの短歌がつくられた時代には，浄土真宗や日蓮《にちれん》宗などの新しい仏教が生まれた。

エ　Dの短歌がつくられた時代には，歌舞伎や落語など，庶民の娯楽が発展した。

〔4〕 右の略年表を見て，次の(1)～(6)の問いに答えなさい。

年代		できごと
1840		a アヘン戦争が始まる。
1894		b 日英通商航海条約が結ばれる。
1905		c ポーツマス条約が結ばれる。
1911	A	辛亥《しんがい》革命が始まる。
1914	A	第一次世界大戦が始まる。
1919		d ベルサイユ条約が結ばれる。
1951	B	サンフランシスコ平和条約が結ばれる。
1978	B	日中平和友好条約が結ばれる。

(1) 下線部分aについて，この戦争で，清《しん》がイギリスに敗れたことを知った江戸幕府が行った政策として，最も適当なものを，次のア～エから一つ選び，その符号を書きなさい。

ア 間宮林蔵らに命じて蝦夷《えぞ》地や樺《から》太《ふと》の調査を行った。

イ 異国船打払令を出し，外国船を撃退することにした。

ウ 徴兵令を出し，全国統一の軍隊をつくろうとした。

エ 来航する外国船に燃料や食料を与えて帰すことにした。

(2) 下線部分bについて，この条約が結ばれた結果，日本は，治外法権（領事裁判権）の撤廃に成功した。このときの内閣の外相は誰か。次のア～エから一つ選び，その符号を書きなさい。

ア 伊藤博文　　イ 陸奥《むつ》宗光《むねみつ》　　ウ 寺内正毅《まさたけ》　　エ 岩倉具視《ともみ》

(3) 下線部分cについて，このあと，この条約の内容に反対する国民の暴動が起こった。**資料Ⅰ**は，このころの「増税に泣く国民」のようすを描いた絵であり，**資料Ⅱ**は，日清戦争と日露戦争の，それぞれの戦費と日本が得た賠償金を示したグラフである。この二つの資料から読みとれることをもとに，国民の暴動が起こった理由を書きなさい。

資料Ⅰ

資料Ⅱ

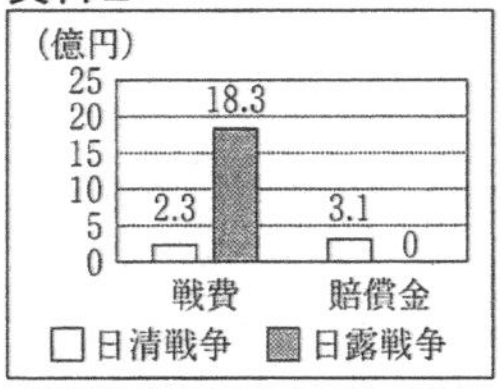

（「明治大正財政史」第一巻より作成）

(4) 次の図は，年表中のAの時期のイギリス，イタリア，オーストリア，ドイツ，日本，フランス，ロシアの関係について表したものである。図中の X ～ Z に当てはまる国名の組合せとして，正しいものを，下のア～カから一つ選び，その符号を書きなさい。

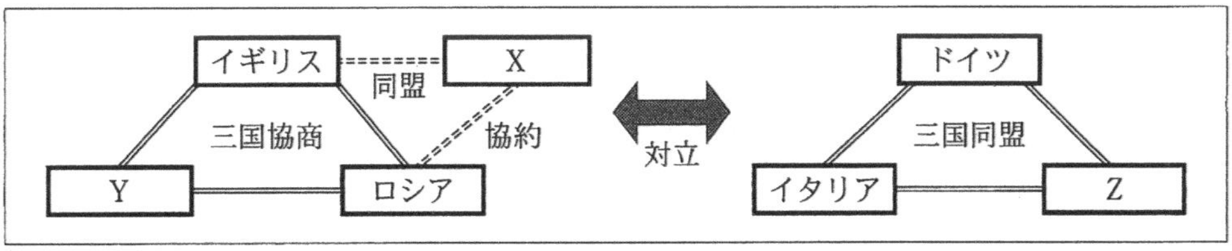

ア 〔X オーストリア，Y 日本，Z フランス〕

イ 〔X オーストリア，Y フランス，Z 日本〕

ウ 〔X 日本，Y オーストリア，Z フランス〕

エ 〔X 日本，Y フランス，Z オーストリア〕

オ 〔X フランス，Y オーストリア，Z 日本〕

カ 〔X フランス，Y 日本，Z オーストリア〕

(5) 下線部分dについて，この条約が結ばれた年に，朝鮮の人々が日本からの独立を求めて起こした運動を何というか。その用語を書きなさい。

(6) 年表中のBの時期のできごととして，正しいものはどれか。次のア～エから一つ選び，その符号を書きなさい。

ア 北大西洋条約機構が成立する。　　イ 冷戦の終結が宣言される。

ウ 沖縄が日本に復帰する。　　エ 湾岸戦争が起こる。

〔5〕 中学校3年生のあるクラスの社会科の授業では，次のA～Dの課題について学習を行うことにした。これらの課題について，あとの(1)～(4)の問いに答えなさい。

A 私たちの人権は，どのように保障されているのだろうか。

B 民主的な社会は，どのようにして成り立っているのだろうか。

C 我が国の経済は，どのようなしくみで動いているのだろうか。

D 国際社会は，どのような問題を抱えているのだろうか。

(1) Aの課題について，次の①，②の問いに答えなさい。

① 次の文は，法，政府，国民の関係について述べたものである。文中の［X］，［Y］に当てはまる語句の組合せとして，最も適当なものを，下のア～エから一つ選び，その符号を書きなさい。

右の図のように，国民の代表である議会で制定された法が，政府の政治権力を制限することを［X］という。これに基づき，最高法規である憲法によって国家権力を制限し，国民の人権を保障するという考え方を［Y］という。

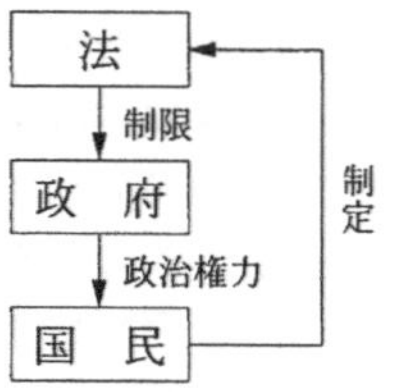

ア〔X 人の支配，Y 民主主義〕　イ〔X 人の支配，Y 立憲主義〕
ウ〔X 法の支配，Y 民主主義〕　エ〔X 法の支配，Y 立憲主義〕

② 次の資料は，1966年に国際連合で採択され，我が国では1979年に批准された規約の一部である。この規約を何というか。その名称を書きなさい。

この規約の各締約国は，その領域内にあり，かつ，その管轄の下にあるすべての個人に対し，人種，皮膚の色，性，言語，宗教，政治的意見その他の意見，国民的若《も》しくは社会的出身，財産，出生又は他の地位等によるいかなる差別もなしにこの規約において認められる権利を尊重し及び確保することを約束する。

(2) Bの課題について，次の①～③の問いに答えなさい。

① 現在の衆議院の選挙制度は，小選挙区制と比例代表制を組み合わせたものである。右の図は，ある選挙区における，小選挙区制による選挙の結果を表したものである。この図から読みとれることをもとに，小選挙区制のしくみと問題点を書きなさい。

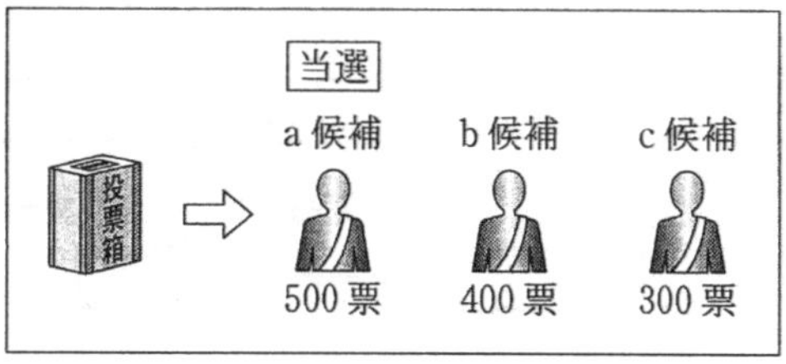

② 裁判が公正で中立に行われるために，裁判所や裁判官が，国会や内閣から圧力や干渉を受けないことを何というか。その用語を書きなさい。

③ 右の図は，国会における法律案の審議の流れを表したものである。図中の［X］～［Z］に当てはまる語句の組合せとして，最も適当なものを，次のア～カから一つ選び，その符号を書きなさい。

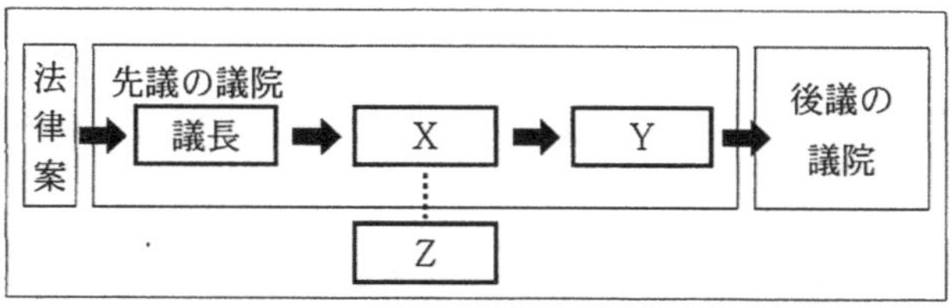

ア〔X 公聴会，Y 本会議，Z 委員会〕　イ〔X 公聴会，Y 委員会，Z 本会議〕
ウ〔X 本会議，Y 公聴会，Z 委員会〕　エ〔X 本会議，Y 委員会，Z 公聴会〕
オ〔X 委員会，Y 公聴会，Z 本会議〕　カ〔X 委員会，Y 本会議，Z 公聴会〕

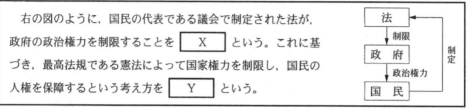

(3) Cの課題について，次の①～③の問いに答えなさい。

① 右のグラフは，我が国の一般会計における税収と歳出，国債依存度の推移を示したものである。このグラフから読みとれることとして，最も適当なものを，次のア～エから一つ選び，その符号を書きなさい。なお，国債依存度とは，歳入に占める国債の割合である。

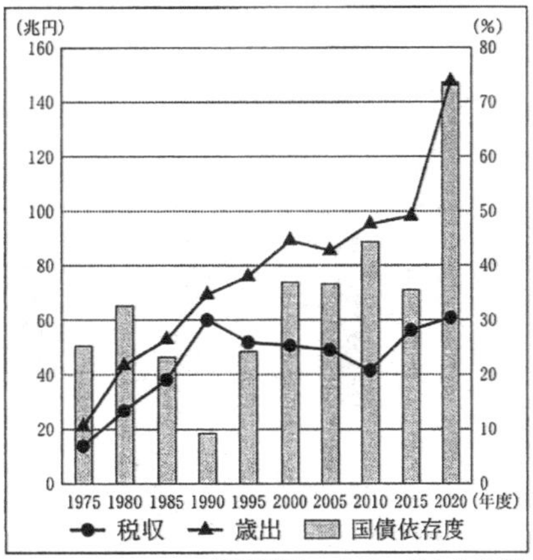

(財務省ホームページより作成)

ア 1975 年度から 2020 年度にかけて，税収が歳出を上回る状況が続いている。

イ 国債依存度は，1990 年度以降，一貫して高まっている。

ウ 2020 年度の歳出は，1995 年度の歳出の約 2 倍となった。

エ 税収が増えると，国債依存度は低下する。

② 次の文は，経済活動における政府の役割について述べたものである。文中の X に当てはまる語句を書きなさい。

道路や公園，水道などの社会資本の整備や，警察や消防，教育などの X の提供は，民間企業だけで担うことが困難なため，税金をもとに政府が行っている。

③ 働くことについて述べた文として，最も適当なものを，次のア～エから一つ選び，その符号を書きなさい。

ア 日本国憲法は，勤労を義務ではなく，権利として定めている。

イ 日本国憲法は，ストライキなどを行う団体行動権を認めている。

ウ 労働基準法により，労働時間は週 35 時間，1 日 7 時間以内と定められている。

エ 労働基準法により，使用者は，労働者に毎週 2 日の休日を与えなければならない。

(4) Dの課題について，次の①，②の問いに答えなさい。

① 国家間の争いを国際法に基づいて解決するしくみとして設けられ，オランダのハーグに本部を置く，国際連合の主要機関の名称として，最も適当なものを，次のア～オから一つ選び，その符号を書きなさい。

ア 総会　　イ 安全保障理事会　　ウ 経済社会理事会

エ 信託統治理事会　　オ 国際司法裁判所

② 世界の地域間の経済格差について述べた文として，正しいものを，次のア～オからすべて選び，その符号を書きなさい。

ア ヨーロッパ連合(EU)では，加盟国の間の経済格差の拡大に伴う，他国支援への不満などを背景として，2016 年にフランスが国民投票で離脱を決定した。

イ 2000 年代，新興工業経済地域(NIES)とよばれる，ブラジル，ロシア，インド，中国，南アフリカ共和国の 5 か国が，急速に経済成長を果たした。

ウ 発展途上国の人々が生産した農産物や製品を，その労働に見合う公正な価格で貿易するフェアトレード運動など，発展途上国の人々の経済的な自立を目指す取組が広がっている。

エ 現在では，先進国の中でも，成長産業や資源を持っている国々と，そうでない国々との経済格差が広がっており，南南問題といわれている。

オ 国際連合は，2030 年までに達成すべき 17 の目標からなる「持続可能な開発目標(SDGs)」を 2015 年に採択し，先進国だけでなく，発展途上国も取組を進めている。

〔6〕 Sさんのクラスの社会科の授業では，日本の農業について調べ，発表することにした。次の**資料Ⅰ**～**資料Ⅵ**は，Sさんが集めたものの一部である。また，下はSさんの発表原稿の一部である。このことについて，あとの(1)～(3)の問いに答えなさい。

資料Ⅰ 耕地面積の推移

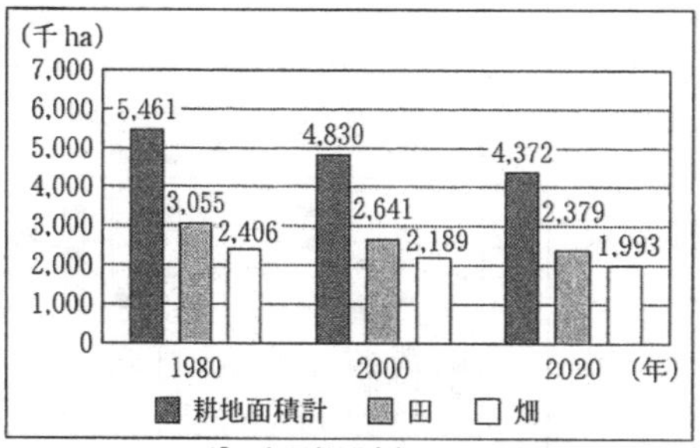

(「日本国勢図会」2023/24年版より作成)

資料Ⅱ 国民1人当たりの米の消費量の推移

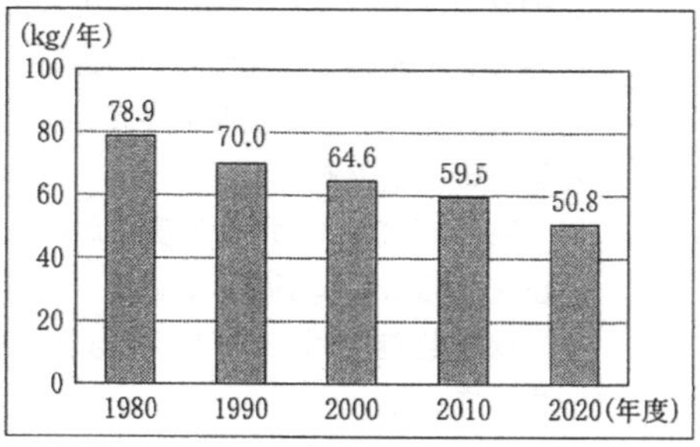

資料Ⅲ 海外における日本食や日本産米の評価

海外に目を向けると，世界的に日本食がブームであり，アジア諸国の所得水準の向上，新興国を中心とした富裕層の増加などにより，日本食は一層広がっています。

日本産米は，安全であること，高品質であること，おいしいことなどから，海外で高い評価を得ています。

資料Ⅳ 米の自給率の推移

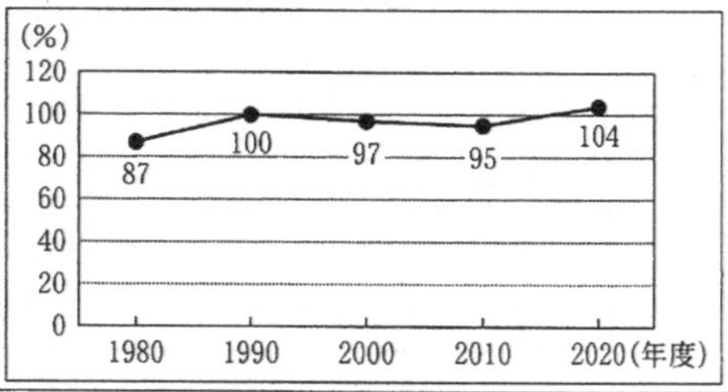

(農林水産省ホームページより作成)

資料Ⅴ 1世帯当たりの米，パン，めん類の支出金額の推移

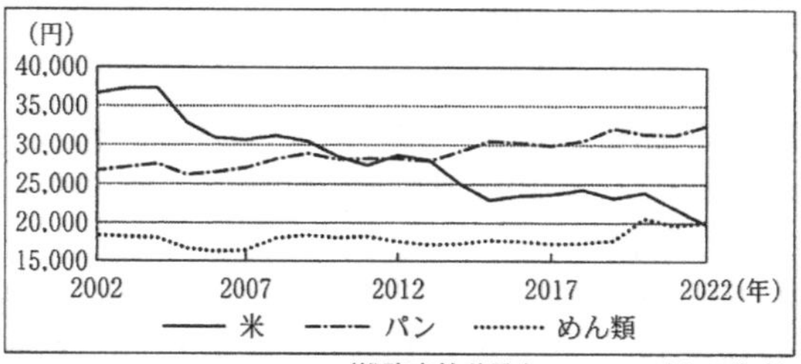

(総務省統計局ホームページより作成)

資料Ⅵ 米粉について

米粉とは，お米を細かく砕いて粉状にしたものです。お米はこれまでは「ごはん」としての食べ方が主流でしたが，特徴的なもっちりとした食感が人気となって，パンやケーキ，めん類などに加工されています。

(日本米粉協会ホームページより作成)

Sさんの発表原稿の一部

私が住んでいる地域では，耕作放棄地が見られます。**資料Ⅰ**によると，日本の2020年における田の耕地面積は，1980年に比べて［ X ］しています。その原因を調べてみると，農業従事者の高齢化や後継者不足に加えて，**資料Ⅱ**にあるように，国民1人当たりの米の消費量が減少していることがわかりました。一方で，**資料Ⅲ**によると，海外で日本産米が高く評価されていることから，米の消費拡大のための一つの方法として，海外への米の［ Y ］ことが必要だと考えました。また，米を，米粉として利用する取組が広がっていることを知りました。**資料Ⅳ**～**資料Ⅵ**から，米粉は，［ Z ］ことがわかりました。このことから，米粉の利用は，さらに拡大することが期待できると思います。このようにして，国内外において米の消費量を増加させることができると考えました。

(1) 発表原稿の［ X ］に当てはまる語句として，最も適当なものを，次のア～エから一つ選び，その符号を書きなさい。

ア 約10％減少　イ 約20％減少　ウ 約30％減少　エ 約40％減少

(2) 発表原稿の［ Y ］に当てはまる内容を，10字以内で書きなさい。

(3) 発表原稿の［ Z ］に当てはまる内容を，「自給率」，「支出金額」の二つの語句を用いて，45字以内で書きなさい。

※100点満点

※

受検番号	

〔4〕

※

⑴２点
⑵２点
⑶５点
⑷３点
⑸２点
⑹２点

⑴	
⑵	
⑶	
⑷	
⑸	
⑹	

〔5〕

※

⑴２点×２
⑵①５点
②２点
③３点
⑶①３点
②２点
③２点
⑷①２点
②３点

⑴	①		②	
⑵	①			
	②			
	③			
⑶	①			
	②			
	③			
⑷	①			
	②			

〔6〕

※

⑴２点
⑵３点
⑶７点

⑴	
⑵	（10字）
⑶	（45字）

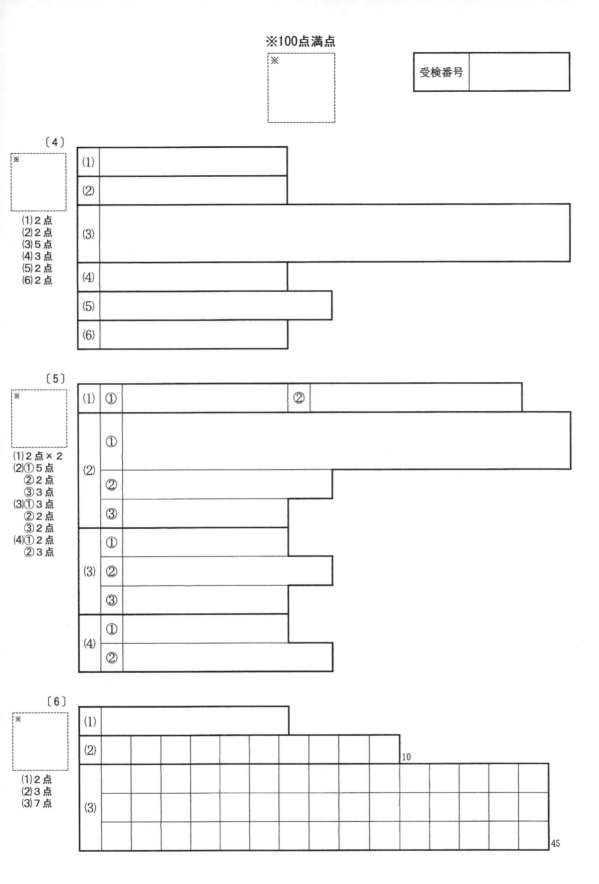

令 和 6 年 度

公立高等学校入学者選抜学力検査問題

理　　　科

15：20〜16：10(50 分間)

注　　意

1 「始め」の合図があるまで，開いてはいけません。
2 解答用紙は，この内側にあります。取り出して使いなさい。
3 問題は，問題用紙の 1 ページから 7 ページにあります。
4 解答は，すべて解答用紙に書きなさい。
5 解答は，横書きで記入しなさい。
6 解答用紙の※の欄には，何も記入してはいけません。
7 「始め」の合図があったら，まず，解答用紙に受検番号を書きなさい。
8 「やめ」の合図があったら，すぐにやめて，筆記用具をおきなさい。

＃教英出版 編集部　注
編集の都合上、解答用紙はこの裏にあります。

理 科 解 答 用 紙

（注１） 解答は，横書きで記入すること。
（注２） ※の欄には，何も記入しないこと。

〔１〕

※

３点×６

(1)		(2)		(3)	
(4)		(5)		(6)	

〔２〕

※

(1)２点
(2)①２点
　②３点
　③３点

(1)		
(2)	①	
	②	
	③	（　　　）→（　　　）→（　　　）→（　　　）

〔３〕

※

(1)３点×２
(2)２点×２
(3)３点×２

(1)	X		Y	
(2)	b			
	f			
(3)	コウモリ		マイマイ	

〔４〕

※

(1)２点
(2)完答３点
(3)①１点×３
　②２点

(1)							
(2)	気体の体積	cm^3	気体の名称				
(3)	①	X		Y		Z	
	②						

〔５〕

※

(1)３点
(2)２点
(3)３点
(4)３点

(1)	
(2)	
(3)	cm
(4)	

令 和 6 年 度

公立高等学校入学者選抜学力検査

理　　　　科

問 題 用 紙

〔1〕 次の(1)～(6)の問いに答えなさい。

(1) 生物を観察するときのスケッチのしかたについて述べた文として，最も適当なものを，次のア～エから一つ選び，その符号を書きなさい。

ア　ルーペを使って観察したときは，ルーペの視野を示す円をかく。

イ　線を重ねがきして，濃淡をつける。

ウ　よくけずった鉛筆を使い，細い線や小さい点ではっきりとかく。

エ　観察の対象だけでなく，背景もかく。

(2) 図1のように，うすいゴム膜を張った透明なパイプに，プラスチックの管を差し込んだ器具がある。図2は，この器具を水の中に入れて，パイプをいろいろな向きに回転させたときの，ゴム膜のへこみ方を模式的に表したものである。このとき，水中にある器具が，水から受ける力について述べた文として，最も適当なものを，次のア～エから一つ選び，その符号を書きなさい。

図1

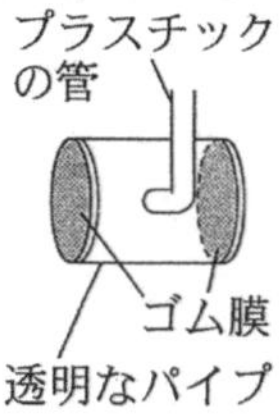

図2

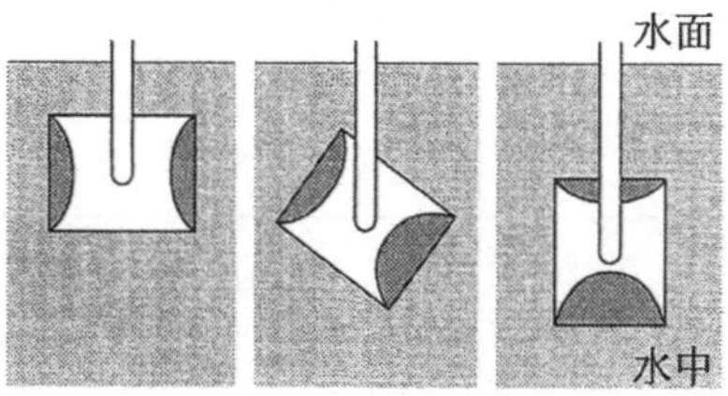

ア　水中にある器具のあらゆる面に対して水圧がはたらき，水中にある器具には，全体として上向きの力がはたらく。

イ　水中にある器具のあらゆる面に対して水圧がはたらき，それらの力はつり合っている。

ウ　水中にある器具のゴム膜のみに対して水圧がはたらき，水中にある器具には，全体として上向きの力がはたらく。

エ　水中にある器具のゴム膜のみに対して水圧がはたらき，それらの力はつり合っている。

(3) 右の図の顕微鏡を用いて，オオカナダモの葉の細胞を観察した。この観察について述べた次の文中の［X］，［Y］に当てはまる語句の組合せとして，最も適当なものを，下のア～エから一つ選び，その符号を書きなさい。

> 細胞の中にある［X］を観察しやすくするために，［Y］を2，3滴たらして，プレパラートをつくった。このプレパラートを観察したところ，どの細胞にも，よく染まる丸い粒が一つずつあり，［X］があることを確認できた。

ア〔X　葉緑体，Y　ベネジクト液〕　　イ〔X　葉緑体，Y　酢酸オルセイン液〕

ウ〔X　核，　Y　ベネジクト液〕　　エ〔X　核，　Y　酢酸オルセイン液〕

(4) 理科の授業で，状態変化や化学変化を観察するため，次のア～エの実験を行った。このうち，状態変化を観察した実験について述べた文として，最も適当なものを，ア～エから一つ選び，その符号を書きなさい。

ア　硫酸に水酸化バリウム水溶液を加えると，沈殿ができた。

イ　炭酸水素ナトリウムを加熱すると，気体と液体が発生した。

ウ　食塩を加熱すると，液体になった。

エ　うすい塩酸にマグネシウムを加えると，マグネシウムが溶けて，気体が発生した。

◇M5(519—47)

(5) 生物の生殖において，親の細胞が生殖細胞をつくるとき，親がもつ1対の遺伝子は，減数分裂により，別々の生殖細胞に入る。遺伝の規則性における，この法則を何というか。その用語を書きなさい。

(6) 室温 20 ℃，湿度 20 ％ の部屋で，水を水蒸気に変えて放出する加湿器を運転したところ，室温は 20 ℃ のままで，湿度が 50 ％ になった。このとき，加湿器からこの部屋の空気中に放出された水蒸気量は，およそ何 g か。最も適当なものを，次のア～エから一つ選び，その符号を書きなさい。ただし，20 ℃ の空気の飽和水蒸気量を 17.3 g/m³，この部屋の空気の体積を 50 m³ とする。

ア　173 g　　イ　260 g　　ウ　433 g　　エ　865 g

〔2〕 地層について，次の(1)，(2)の問いに答えなさい。

(1) 地層に見られる堆積岩の構成について述べた文として，最も適当なものを，次のア～エから一つ選び，その符号を書きなさい。

ア　れき岩は，海中をただよっている小さな生物の殻が堆積してできた岩石である。

イ　凝灰岩は，土砂が堆積してできた岩石である。

ウ　石灰岩は，海中の貝殻やサンゴなどが堆積してできた岩石である。

エ　チャートは，火山灰が堆積してできた岩石である。

(2) 右の図は，ある場所で見られる地層のようすを示した模式図である。この図をもとにして，次の①～③の問いに答えなさい。

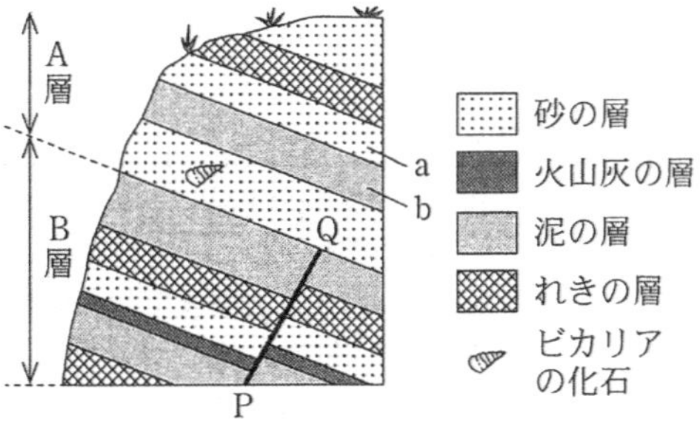

① 次の文は，砂の層に含まれるビカリアの化石について述べたものである。次の文中の X に当てはまる語句として，最も適当なものを，下のア～エから一つ選び，その符号を書きなさい。

> ビカリアのように， X していた生物の化石は，その地層が堆積した年代を推定するのに役立つ。このような化石を示準化石という。

ア　ある期間にだけ，せまい範囲に分布

イ　ある期間にだけ，広い範囲に分布

ウ　長い期間にわたって，せまい範囲に分布

エ　長い期間にわたって，広い範囲に分布

② 図中の a の砂の層が堆積したときの河口からの距離は，b の泥の層が堆積したときの河口からの距離よりも短かったと考えられる。その理由を書きなさい。

③ 次のア～エのできごとを古いものから順に並べ，その符号を書きなさい。

ア　A 層の堆積　　イ　B 層の堆積　　ウ　傾きの形成　　エ　P—Q の断層の形成

〔3〕「動物の分類」の学習のまとめとして，10 種類の動物，イカ，イモリ，カエル，カメ，キツネ，コウモリ，サケ，ツル，マイマイ，ミミズを，次の[Ⅰ]～[Ⅳ]の手順で，a～g のグループに分類した。このことに関して，下の(1)～(3)の問いに答えなさい。

[Ⅰ] 10 種類の動物の中から，背骨をもたない動物を選び，そのうち，外とう膜がある動物を a，外とう膜がない動物を b とした。

[Ⅱ] [Ⅰ]の手順で選ばなかった動物の中から，一生を通して肺で呼吸する動物を選び，それらを，次の①，②の手順で分類した。

① 胎生の動物を c とした。

② ①で選ばなかった動物の中から，[X]動物を d，[Y]動物を e とした。

[Ⅲ] [Ⅱ]までの手順で選ばなかった動物のうち，幼生と成体とで呼吸のしかたが異なる動物を f とした。

[Ⅳ] 最後に残った動物を g とした。

(1) [Ⅱ]の結果，ツルは d，カメは e に分類された。このとき，[X]，[Y]に最もよく当てはまるものを，次のア～オからそれぞれ一つずつ選び，その符号を書きなさい。

ア からだの表面が羽毛でおおわれている

イ からだの表面がうろこでおおわれている

ウ からだとあしに節がない

エ 外骨格をもつ

オ 卵生の

(2) イカ，イモリ，カエル，キツネ，サケ，ミミズについて，b，f に分類される動物を，それぞれすべて選び，書きなさい。

(3) コウモリ，マイマイは，それぞれ a～g のどれに分類されるか。正しいものを，a～g から選び，その符号を書きなさい。

〔4〕 水の電気分解について調べるために，水に水酸化ナトリウムを加えてつくった，うすい水酸化ナトリウム水溶液を用いて，次の実験 1，2 を行った。この実験に関して，あとの(1)～(3)の問いに答えなさい。

実験 1　次の[Ⅰ]～[Ⅲ]の手順で，実験を行った。

[Ⅰ] 図 1 のような，2 本の電極がついた装置を用いて，管 a，b の上端まで，うすい水酸化ナトリウム水溶液を満たした後，水の電気分解を一定時間行ったところ，管 a の中には気体が 5 cm^3，管 b の中には気体が 10 cm^3 集まった。

[Ⅱ] 陽極と陰極とを反対にして，管 a の中の気体が 16 cm^3 になるまで電気分解を続けた。

[Ⅲ] 図 1 の電源装置をはずし，図 2 のように，管 a に集まった気体に点火装置で点火したところ，ポンと音をたてて燃え，気体が残った。

図 1

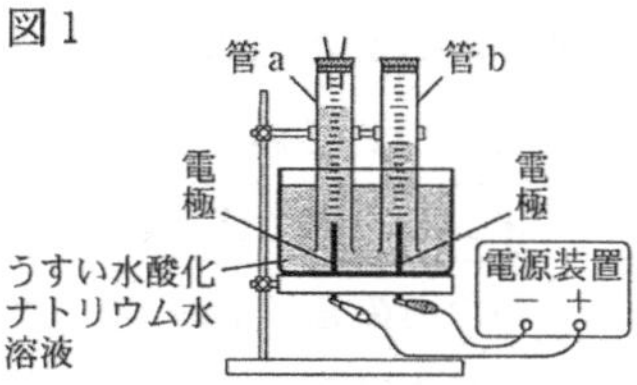

図 2

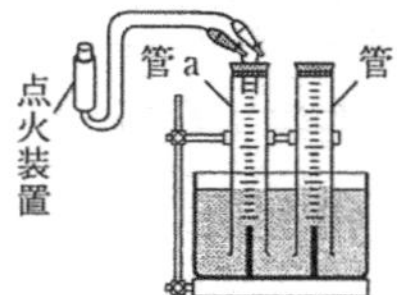

実験 2　次の[Ⅰ]，[Ⅱ]の手順で，実験を行った。

[Ⅰ] 図 3 のような，4 本の電極 A，B，C，D がついた装置を用いて，装置の内部の上端まで，うすい水酸化ナトリウム水溶液を満たした後，水の電気分解を一定時間行ったところ，気体が集まった。

[Ⅱ] 図 3 の電源装置をはずし，図 4 のように，電極 A，B に電子オルゴールをつなげると，電子オルゴールがしばらく鳴った。

図 3

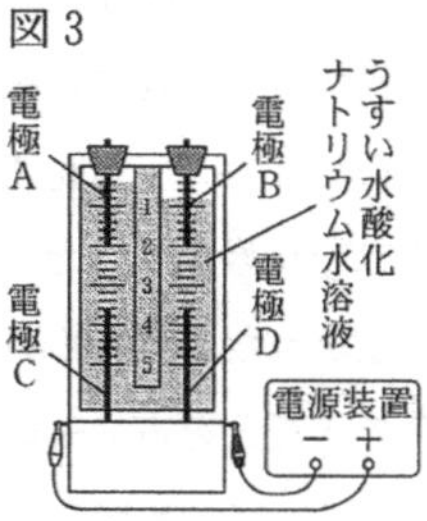

図 4

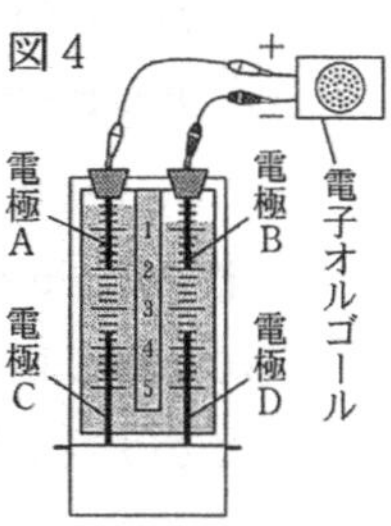

(1) 水の電気分解を行うとき，水に水酸化ナトリウムを加えるのはなぜか。その理由を書きなさい。

(2) 実験1 [Ⅲ] の下線部分について，管aに残った気体の体積は何 cm^3 か。求めなさい。また，残った気体は何か。その気体の名称を書きなさい。

(3) 実験2 [Ⅱ] の下線部分について，次の①，②の問いに答えなさい。

① 電子オルゴールが鳴ったことについて述べた，次の文中の [X] ～ [Z] に最もよく当てはまる用語を，それぞれ書きなさい。

> 電子オルゴールが鳴ったのは，電流が流れたためであり，この装置は，水の電気分解とは逆の化学変化によって，[X] エネルギーを [Y] エネルギーに変える電池となっている。このように，水の電気分解とは逆の化学変化によって電流を取り出す装置を [Z] という。

② 水の電気分解とは逆の化学変化を表す化学反応式を書きなさい。

〔5〕 ばねを引く力の大きさとばねののびとの関係を調べるために，フックのついたおもりを用いて，次の実験1～3を行った。この実験に関して，下の(1)～(4)の問いに答えなさい。ただし，質量100gの物体にはたらく重力を1Nとし，フックの質量は無視できるものとする。

> 実験1 図1のように，スタンドにばねをつるした装置をつくり，そのばねの下の端におもりをつけ，ばねののびを測定した。図2は，質量の異なるおもりにつけかえながら，ばねを引く力の大きさとばねののびとの関係を調べた結果を，グラフに表したものである。
>
> 実験2 実験1と同じ装置で，ばねの下の端に質量12gのおもりをつけ，ばねののびを測定した。
>
> 実験3 図3のように，質量50gのおもりを電子てんびんに置き，実験1で用いたばねを取り付けて上向きに引き，ばねののびが3.3cmになったところで静止させ，電子てんびんが示す値を読んだ。

図1

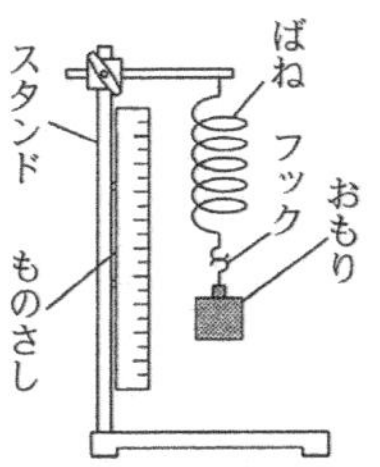

図2

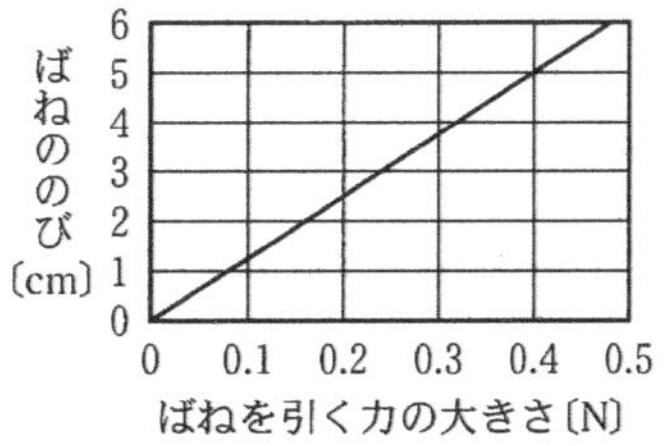

図3

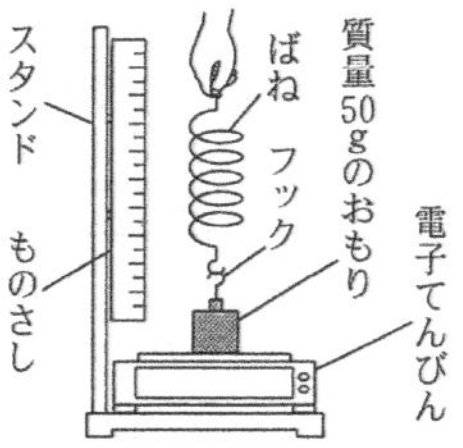

(1) 実験1について，図4は，ばねの下の端におもりをつけていないときと，おもりをつけたときのようすを表したものである。図2に示したばねののびの値は，図4のア～オのうちのどの長さを測定したものか。最も適当なものを一つ選び，その符号を書きなさい。

図4

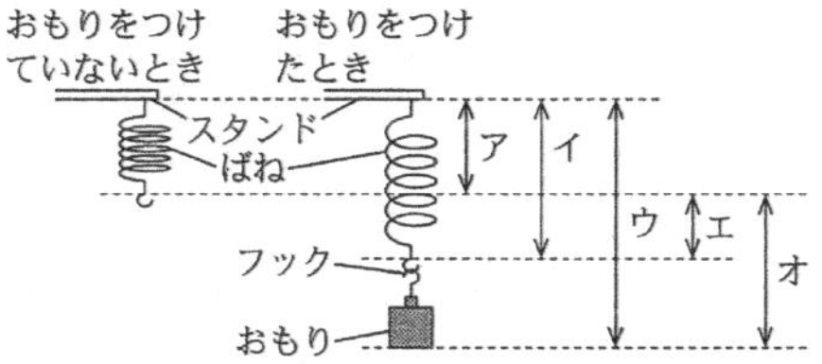

(2) 実験1について，次の文は，ばねを引く力の大きさとばねののびとの関係について述べたものである。文中の [X] に最もよく当てはまる語句を書きなさい。

> ばねののびは，ばねを引く力の大きさに [X] する。この関係は，フックの法則とよばれている。

(3) 実験2について，ばねののびは何cmか。求めなさい。

(4) 実験3について，電子てんびんが示す値は何gか。最も適当なものを，次のア～エから一つ選び，その符号を書きなさい。

ア 23.6g　　イ 26.4g　　ウ 47.4g　　エ 49.7g

〔６〕 理科の授業で，春香さんと陽太さんの班は，酸化銅と炭素を混ぜ合わせたものを加熱したときの化学変化について調べるために，次のⅠの実験を行った。Ⅱは実験後の会話の一部である。Ⅰ，Ⅱに関して，あとの(1)～(4)の問いに答えなさい。ただし，ガスバーナーの火を消して，加熱をやめてからは，化学変化は起きないものとする。

Ⅰ 実験

次の①～④の手順で実験を行った。

① 右の図のように，酸化銅の粉末 6.00 g と炭素の粉末 0.15 g をよく混ぜ合わせたものを，乾いた試験管Aに入れて，ガスバーナーで加熱したところ，気体が発生した。このとき，発生した気体を，試験管Bに入れた石灰水に通したところ，石灰水が白く濁った。

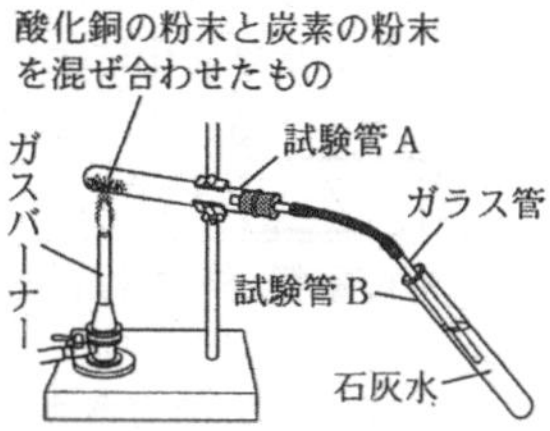

② 十分に加熱して，気体が発生しなくなってから，ガラス管を石灰水から取り出し，ガスバーナーの火を消して，加熱をやめた。

③ 試験管Aが十分に冷えてから，試験管Aに残った固体を取り出し，質量を測定した。また，その固体の色を観察した。

④ ①～③と同じ手順で，試験管Aに入れる炭素の粉末の質量を 0.30 g，0.45 g，0.60 g，0.75 g，0.90 g に変えて，それぞれ実験を行った。

次の表は，①～④の実験の結果をまとめたものである。

炭素の粉末の質量〔g〕	0.15	0.30	0.45	0.60	0.75	0.90
加熱後の試験管Aに残った固体の質量〔g〕	5.60	5.20	4.80	4.95	5.10	5.25
加熱後の試験管Aに残った固体の色	赤色と黒色		赤色	赤色と黒色		

Ⅱ 実験後の会話の一部

春香： 試験管Bに入れた石灰水が白く濁ったので，化学変化で発生した気体は X ですね。実験の結果を用いて計算すると，この気体の質量を求めることができます。

先生： そうですね。それでは，a炭素の粉末の質量と化学変化で発生した気体の質量の関係をグラフに表してみましょう。

陽太： グラフに表すと，変化のようすがわかりやすくなりますね。加熱後の試験管Aの中に残った赤色の物質は，教科書で調べたところ，銅であることがわかりました。ところで，炭素の粉末の質量を 0.45 g にして実験を行ったとき以外は，加熱後の試験管Aの中に黒色の物質も残っていましたが，これは何でしょうか。

春香： グラフから考えると，炭素の粉末の質量を 0.15 g，0.30 g にして実験を行ったときの，加熱後の試験管Aに残った黒色の物質は Y で，炭素の粉末の質量を 0.60 g，0.75 g，0.90 g にして実験を行ったときの，加熱後の試験管Aに残った黒色の物質は Z ではないでしょうか。

先生： そのとおりです。この化学変化では，酸化銅と炭素はいつも一定の質量の割合で結びつき，どちらかの質量に過不足があるときは，多い方の物質が結びつかないで残ります。このことを，b混ぜ合わせる酸化銅の粉末の質量と炭素の粉末の質量を変えて，同じ手順で実験を行うことで，確かめてみましょう。

(1) X に当てはまる物質の名称を書きなさい。

(2) 下線部分 a について，実験の結果をもとにして，炭素の粉末の質量と化学変化で発生した気体の質量の関係を表すグラフをかきなさい。

(3) Y ， Z に当てはまる物質の名称を，それぞれ書きなさい。

(4) 下線部分 b について，試験管 A に入れる酸化銅の粉末の質量を 10.00 g，炭素の粉末の質量を 0.60 g にして実験を行ったところ，加熱後の試験管 A には，赤色の物質と黒色の物質が残った。このとき，加熱後の試験管 A に残った黒色の物質は何か。その物質の名称を書きなさい。また，その黒色の物質の質量は何 g か。求めなさい。

〔7〕 電流とそのはたらきを調べるために，抵抗器 a，電気抵抗 5 Ω の抵抗器 b を用いて回路をつくり，次の実験 1 ，2 を行った。この実験に関して，下の(1)～(3)の問いに答えなさい。

実験 1　図 1 のように，電源装置，抵抗器 a，抵抗器 b，スイッチ 1 ，スイッチ 2 ，電流計，電圧計，端子を用いて回路をつくり，スイッチ 1 のみを入れて，抵抗器 a の両端に加わる電圧と回路を流れる電流を測定した。図 2 は，その結果をグラフに表したものである。

実験 2　図 3 のように，電源装置，抵抗器 a，抵抗器 b，スイッチ 1 ，スイッチ 2 ，電流計，電圧計，端子を用いて回路をつくり，スイッチ 1 のみを入れて，電流を流し，電流計が示す値を読んだ。次に，スイッチ 1 を入れたままスイッチ 2 を入れたところ，電流計が 400 mA を示した。

図 1

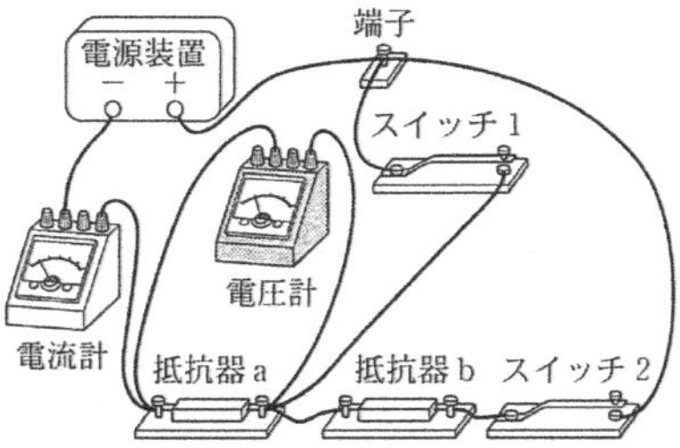

図 2

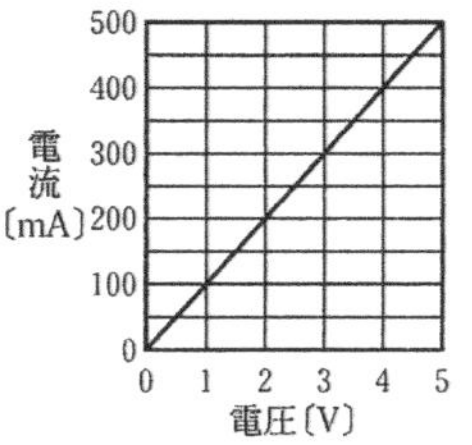

図 3

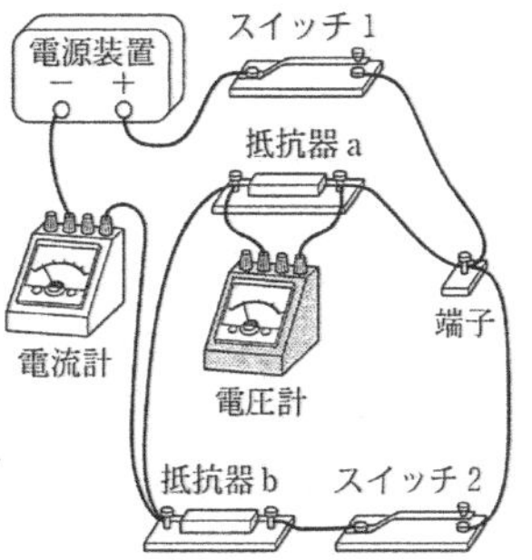

(1) 実験 1 について，抵抗器 a の電気抵抗は何 Ω か。求めなさい。

(2) 実験 2 について，次の①，②の問いに答えなさい。

① 下線部分について，このとき，電圧計は何 V を示すか。小数第 2 位を四捨五入して求めなさい。

② 次の文は，スイッチ 1 のみを入れた状態と，スイッチ 1 ，2 を入れた状態の，電気抵抗の大きさと電流計の示す値の変化について述べたものである。文中の X ， Y に当てはまる語句の組合せとして，最も適当なものを，下のア～エから一つ選び，その符号を書きなさい。

スイッチ 1 ，2 を入れたときの回路全体の電気抵抗は，スイッチ 1 のみを入れたときの抵抗器 a の電気抵抗よりも X なる。また，スイッチ 1 ，2 を入れたときの電流計の示す値は，スイッチ 1 のみを入れたときの電流計の示す値よりも Y なる。

ア〔X　小さく，Y　小さく〕　　イ〔X　小さく，Y　大きく〕

ウ〔X　大きく，Y　小さく〕　　エ〔X　大きく，Y　大きく〕

(3) 図 1 の回路において，スイッチ 2 のみを入れて，電圧計が 1.5 V を示すように電源装置を調節した。次に，図 3 の回路において，スイッチ 1 ，2 を入れて，電圧計が 1.5 V を示すように電源装置を調節した。このとき，図 3 の抵抗器 b が消費する電力は，図 1 の抵抗器 b が消費する電力の何倍か。求めなさい。

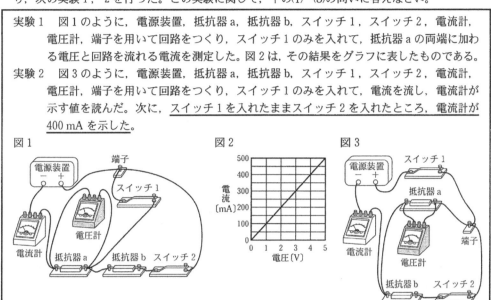

〔8〕 ある年の7月20日午後9時頃に，日本のある場所で，北の空と南の空を観察したところ，北の空には，図1のようにカシオペヤ座が，南の空には，図2のようにさそり座が，それぞれ見えた。また，図3は，太陽，地球および，さそり座の位置関係を模式的に表したものである。このことに関して，次の(1)～(4)の問いに答えなさい。

図1

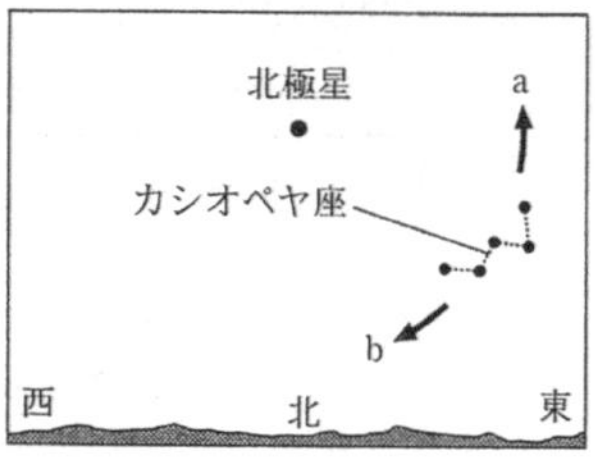

図2

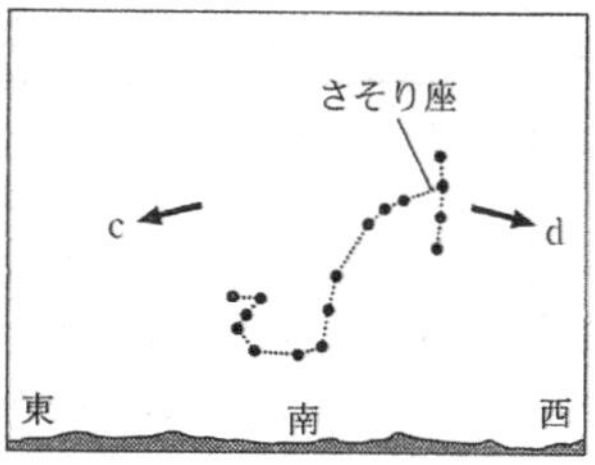

図3

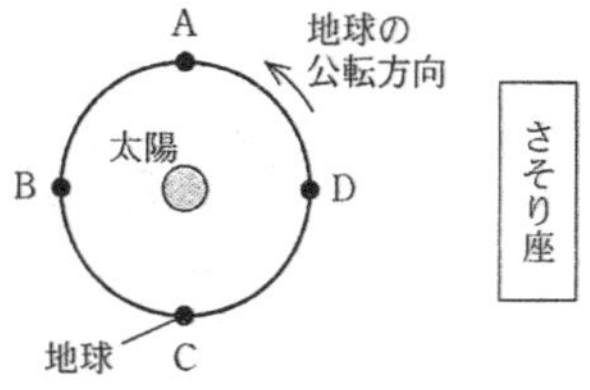

(1) 図1，2について，この日の午後9時から30分程度，同じ場所で観察を続けると，カシオペヤ座とさそり座は，時間の経過とともに，それぞれその位置を変えた。このことに関して，次の①，②の問いに答えなさい。

① カシオペヤ座は，図1に示した矢印a，bのどちらの方向に位置を変えたか。また，さそり座は，図2に示した矢印c，dのどちらの方向に位置を変えたか。それぞれの星座が位置を変えた方向の組合せとして，最も適当なものを，次のア～エから一つ選び，その符号を書きなさい。

	カシオペヤ座	さそり座
ア	a	c
イ	a	d
ウ	b	c
エ	b	d

② 次の文は，カシオペヤ座とさそり座が，時間の経過とともに，それぞれその位置を変える理由を説明したものである。次の文中の［X］，［Y］に当てはまる語句の組合せとして，最も適当なものを，下のア～エから一つ選び，その符号を書きなさい。

> 地球が［X］へ［Y］しているため。

ア〔X 東から西，Y 公転〕　　イ〔X 東から西，Y 自転〕
ウ〔X 西から東，Y 公転〕　　エ〔X 西から東，Y 自転〕

(2) この年の8月4日に，同じ場所で，南の空を観察するとき，さそり座が図2と同じ位置に見られるおよその時刻として，最も適当なものを，次のア～オから一つ選び，その符号を書きなさい。

ア 午後8時頃　　イ 午後8時30分頃　　ウ 午後9時頃
エ 午後9時30分頃　　オ 午後10時頃

(3) 図3について，日没後まもない時刻に，南の方向にさそり座が観察できるのは，地球がどの位置にあるときか。最も適当なものを，図中のA～Dから一つ選び，その符号を書きなさい。

(4) 12月には，さそり座を観察することはできない。その理由を，「太陽」，「さそり座」という用語を用いて書きなさい。

※100点満点

※

受検番号	

〔6〕

※

(1)2点
(2)3点
(3)完答3点
(4)2点×2

(1)			
(2)	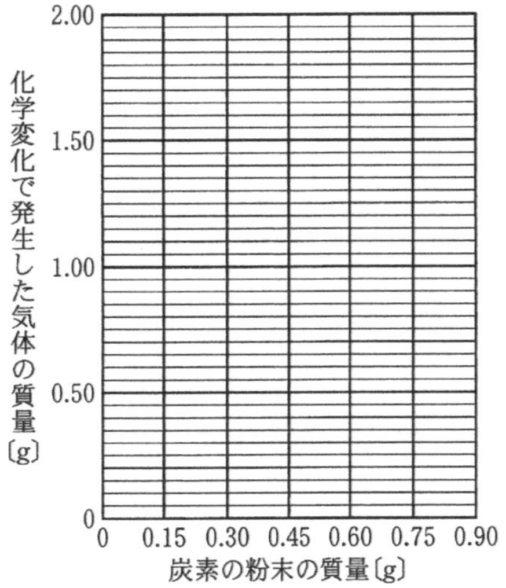		
(3)	Y		Z	
(4)	物質の名称		物質の質量	g

〔7〕

※

(1)2点
(2)3点×2
(3)3点

(1)		Ω
(2)	①	V
	②	
(3)		倍

〔8〕

※

(1)2点×2
(2)3点
(3)2点
(4)3点

(1)	①		②	
(2)				
(3)				
(4)				

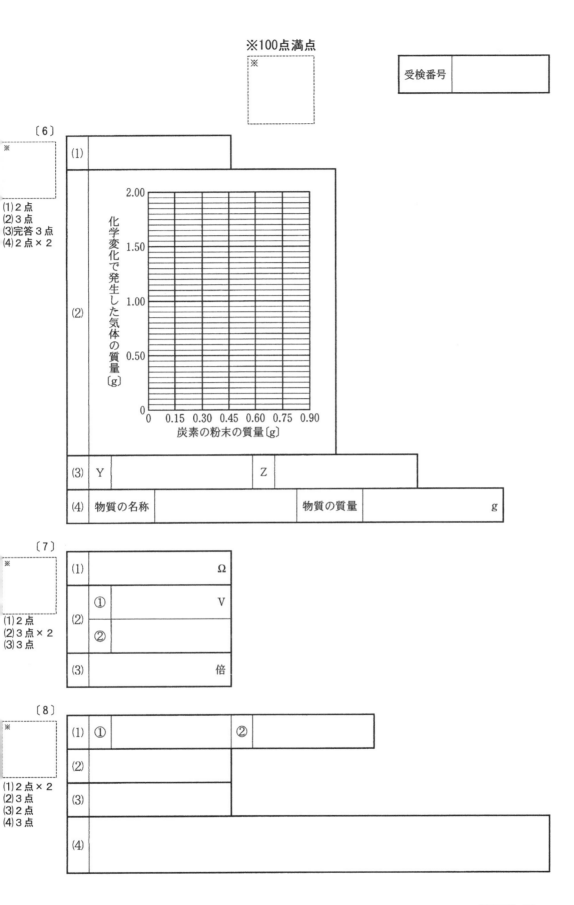

令和五年度
公立高等学校入学者選抜学力検査問題

国　語

十時～十時五十分（五十分間）

新潟県公立高等学校

注　意

1 「始め」の合図があるまで、開いてはいけません。
2 解答用紙は、この内側にあります。取り出して使いなさい。
3 問題は、問題用紙の1ページから7ページにあります。
4 解答は、すべて解答用紙に書きなさい。
5 解答は、縦書きで記入しなさい。
6 解答用紙の※の欄には、何も記入してはいけません。
7 「始め」の合図があったら、まず、解答用紙に受検番号を書きなさい。
8 「やめ」の合図があったら、すぐにやめて、筆記用具をおきなさい。

♯教英出版 編集部 注
編集の都合上、解答用紙はこの裏にあります。

国語解答用紙

（注1） 解答は、縦書きで記入すること。
（注2） ※の欄には、何も記入しないこと。

受検番号	

※

※100点満点

〔一〕

※

(一)					(二)				
1	2	3	4	5	1	2	3	4	5
惜　しむ	鮮　やか	到達	貢献	喫緊	ス　う	イキオ　い	セツゲン	セイミツ	ルイジ

(一)２点×５
(二)２点×５

〔二〕

※

(一)	(二)	(三)	(四)	(五)

３点×５

令和五年度
公立高等学校入学者選抜学力検査

国語

問題用紙

〔一〕 次の㈠、㈡の問いに答えなさい。

㈠ 次の1～5について、――線をつけた漢字の部分の読みがなを書きなさい。

1 わずかな時間を惜しんで練習する。

2 若葉の緑が目に鮮やかだ。

3 目標の数値に到達する。

4 新製品の開発に貢献する。

5 喫緊の課題に対応する。

㈡ 次の1～5について、――線をつけたカタカナの部分に当てはまる漢字を書きなさい。

1 大きく息をスう。

2 風のイキオいが次第に弱まる。

3 電力のセツゲンに努める。

4 セイミツな機械を製造する。

5 複数の文化のルイジ点に着目する。

〔二〕 次の㈠～㈤の問いに答えなさい。

㈠ 次の文中の「控える」と同じ意味で使われている「控える」がある文を、あとのア～エから一つ選び、その符号を書きなさい。

説明の要点をノートに控える。

ア 大切な打ち合わせを明日に控える。

イ 宿泊する施設の電話番号を控える。

ウ 出演の時間まで、ステージの裏で控える。

エ 気温が高いので、屋外での運動を控える。

㈡ 次の文中の「乗車」と構成が同じ熟語を、あとのア～エから一つ選び、その符号を書きなさい。

停留所でバスに乗車する。

ア 往復

イ 過程

ウ 作文

エ 選択

㈢ 次の文中の「ついに」と同じ品詞であるものを、あとのア～エの――線部分から一つ選び、その符号を書きなさい。

> 長い年月を経て、ついに作品が完成した。

ア 月の輪郭がはっきり見える。
イ 街灯の光が道を明るく照らす。
ウ 机の上をきれいに片付ける。
エ 大きな池で魚がゆったり泳ぐ。

㈣ 次の文中の「話し」と活用形が同じ動詞を、あとのア～エの――線部分から一つ選び、その符号を書きなさい。

> 友人と夏休みの思い出について話した。

ア 地図を見れば、駅までの経路がわかる。
イ 春が来ると、雪が溶けて草木が芽吹く。
ウ 今度の週末は、図書館に行こうと思う。
エ 窓を開けて、部屋の空気を入れ換える。

㈤ 次の会話文の二つの［A］に共通して当てはまる言葉として、最も適当なものを、あとのア～エから一つ選び、その符号を書きなさい。

> ノゾミ　国語の授業で「［A］」という言葉の意味を調べるために辞書を引いてみたら、「最も興味深いところ」という意味があることがわかりました。
>
> ツバサ　私は、「［A］」という言葉は知っていましたが、「物事の終わりの段階」という意味だと思って使っていました。この言葉の本来の意味を知って、とても驚きました。
>
> ノゾミ　この言葉の他にも、本来の意味とは異なる使い方をしている言葉があるかもしれません。今度、一緒に調べてみましょう。

ア 幕開け
イ 転機
ウ 佳境
エ 大詰め

〔三〕　次のAの文章は、清少納言の『枕草子』の一部で、作者が目にした、「淑景舎《しげいしゃ》の女御《にょうご》」とその兄の「僧都《そうず》の君《きみ》」、二人の姉である「宮《みや》の御前《おまえ》」による、笛をめぐるやりとりについて記したものである。また、Bの文章は、Aの文章について調べた四人の生徒と先生の会話である。この二つの文章を読んで、(一)～(六)の問いに答えなさい。

A

淑景舎などわたりたまひて《コチラニオイデニナッテ》、御物語《オ話ヲナサル》のついでに、「まろ《私》が《ノ》もとにいとをかしげなる笙《さう》の笛こそあれ。故殿《ことの》の得させたまへりし《クダサッタモノデス》」とのたまふ《オッシャルト》を、僧都の君「それは(1)隆円《りゅうゑん》に給《たま》へ。おの《私》が《ノ》もとにめでたき琴《きん》はべり《ゴザイマス》。それにかへさせたまへ」と申したまふを《ナサルノヲ》聞きも入れたまはで《ナサラナイデ》、(2)ことごと《他ノコト》をのたまふに、いらへ《オ返事》させたてまつらむ《ヲイタダコウ》と(3)あまたたび《何度モ》聞《きこ》えたまふに《申シ上ゲナサルガ》、なほ物ものたまはねば、宮の御前の、「いなかへじとおぼしたるものを《思ッテイラッシャルノニ》」とのたまはせたる御けしき《ゴ様子》の、(4)いみじうをかしきことぞ限りなき。(5)この御笛の名、僧都の君もえ知りたまはざりければ、ただうらめしうおぼいためる《思ッテイラッシャッタヨウダ》。これは職《しき》の御曹司《みざうし》におはしまいし《イラッシャッタ》ほどの事なめり《デアルヨウダ》。上《うへ》の御前《オ手元》にいなかへじといふ御笛の候《さぶら》ふ名なり《笛ガゴザイマシテ、ソノ名前デアル》。

（注）
淑景舎＝淑景舎の女御。女御は天皇に仕える女官の名称。
故殿＝藤原道隆。淑景舎の女御、僧都の君、宮の御前の父。
隆円＝僧都の君。僧都は僧官の名称。
宮の御前＝中宮定子。中宮は皇后《こうごう》の別称。
職の御曹司＝中宮関係の事務をとる役所内の建物。
上＝天皇。ここでは宮の御前の夫である一条天皇を指す。

B

先生　宮中にある楽器には、「無名《むみょう》」という名前の琵琶《びわ》や「塩釜《しおがま》」という名前の和琴《わごん》など、楽器としては珍しい名前がつけられているものが多く、一条天皇は、「いなかへじ」という名前の笙の笛を所有していました。

ハルコ　「いなかへじ」という笛について調べたら、この名前は、「いいえ、替えるつもりはない」という意味の「いな替へじ」という言葉が由来になっていることがわかりました。

ナツキ　それは面白いですね。どんなものとも交換したくないほど、素晴らしい笛だったということでしょう。

アキラ　なるほど。この場面で、この笛の名前を持ち出した宮の御前は、とても機転が利く人ですね。

フユミ　作者も、この笛の名前を知っていたから、宮の御前が言った「いなかへじ」という言葉に、二つの意味が掛けられていることをすぐに理解できたのですね。

(一)　〰〰線部分の「なほ」を現代かなづかいに直し、すべてひらがなで書きなさい。

(二)　――線部分(1)の「隆円に給へ」の意味として最も適当なものを、次のア～エから一つ選び、その符号を書きなさい。

ア　隆円にお申しつけください。

イ　隆円にお与えください。

ウ　隆円にお聞かせください。

エ　隆円にお返しください。

(三)　――線部分(2)の「ことごとをのたまふ」は、誰の動作か。最も適当なものを、次のア～エから一つ選び、その符号を書きなさい。

ア　淑景舎の女御　　イ　僧都の君

ウ　宮の御前　　エ　作者

(四)　――線部分(3)の「あまたたび聞えたまふ」には、誰の、どのような気持ちが表れているか。最も適当なものを、次のア～エから一つ選び、その符号を書きなさい。

ア　宮の御前の、淑景舎の女御からの返事を待ちわびる気持ち。

イ　僧都の君の、宮の御前からの返事をありがたく思う気持ち。

ウ　宮の御前の、僧都の君からの返事を潔くあきらめる気持ち。

エ　僧都の君の、淑景舎の女御からの返事を強く求める気持ち。

(五)　――線部分(4)の「いみじうをかしきことぞ限りなき」について、作者は、どのようなことに対して素晴らしいと感じているのか。六十字以内で書きなさい。

(六)　――線部分(5)の「この御笛の名、僧都の君もえ知りたまはざりけれ」とはどういうことか。最も適当なものを、次のア～エから一つ選び、その符号を書きなさい。

ア　故殿がくださった笛の名前を、僧都の君だけが知っていたということ。

イ　故殿がくださった笛の名前を、僧都の君は知らされていなかったということ。

ウ　上が所有している笛の名前を、僧都の君は知らなかったということ。

エ　上が所有している笛の名前を、僧都の君が誰にも知らせなかったということ。

〔四〕 次のⅠ、Ⅱの文章を読んで、㈠～㈥の問いに答えなさい。

Ⅰ 私たちの多くは自分のまなざしが固定化しているとは思っていない。自分は人と比べて柔軟な視点を持っており、頑固なまなざしを持っているのは相手だと思っている。自分は他者の意見を受け入れ、その違いにも寛容で、自由に発想を変えられると信じている。だから普段、私たちは自分の見方を変えたいと思っていない。[A]柔軟でない相手や融通の利かない物事を変えたいと思っている。

私たちが見方を変えるのは、自分にとって都合の悪いことが起こったときだ。社会や他者や物事との関係の中で自分にとって不都合な状況が生じたときに、私たちはそれを何とか切り抜けるために見方を変えようとする。アイデアに行き詰まったとき、人間関係がうまくいかないとき、日々の生活で困ったことが生じたとき。そしてその物事がどうにも変えられないとき、経験や知識の範囲で私たちは見方を変えようとする。だがその場合に私たちが変えるのは自分自身への認識ではなく、[a]な物事の解釈であることが多い。

物事の解釈を変えることも見方を変えることではあるのだが、それは自分の欲求に合わせて都合よく見方を変える場合が多い。そこでの見方を方向づける欲求そのものは自分の深い部分で固定化しており、それには気づかない。私たちは物事の解釈を変更することで、日常の問題であれば何とか乗り切れるかもしれない。だが、深刻な事態が起こったときには、それだけではうまくいかなくなる。生死にまつわるようなこと、自分のアイデンティティの危機、混乱した状況や先行きの全く見えない社会不安。(1)そんな場合に私たちは根本的な見方を変える必要性に迫られる。

そもそも、見方を変えるのはそう簡単なことではない。これまで長い時間をかけて培ってきた自分の根幹に関わることほど、見方を急に変えるのは難しい。それにはとてもエネルギーと努力が必要になるのだ。特に社会に大きな変化が訪れるときや、答えのない深刻な問いが自分に突きつけられ、根本から見方を変えねばならない状況になるほど、私たちはこれまで以上にますます自分のまなざしを固定しがちだ。自分の見方が間違っていると改めるよりも、自分の見方は間違っていないことを確認する方向に物事の解釈を変更する方が私たちには容易《たやす》い。

しかし、何とかしてようやく自分の認識を変えることができたとしても、また次から次へと深刻な事態が続くような状況に陥るとどうだろうか。今度は、私たちは自ら進んで(2)まなざしを固定化することを選ぶのである。答えが定まらない不安定な状態は、私たちに大きな苦痛を強いる。その不安の激流に流されてしまわないように、何か答えを決めてそこから動きたくない気持ちが強まるのだ。だから状況が厳しくなるほど、自分の都合の悪いものは視界から追いやって、自分が見たい部分や一度信じたことにだけ目を向けがちになる。そんな状態を繰り返しているうちに、私たちのまなざしはもう変えられないほど固定化してしまう。

(3)こうして一度信じ込んでしまうと、その物事の別の側面を見せられても、私たちにはそれが事実には見えない。いくら妥当性がある理屈が並べられても、自分の信念に合わないものを間違っているとする方が、私たちには容易い。自分の見方を正当化してくれる情報や理屈、権威を追い求めるようになると、それがまた自分の見方をますます強めていく。そして次第に自分と反対の見解や立場を突きつける相手を敵視したり、見下したりする態度を示すようになる。

小さい頃から教育されてきた知識、長年にわたって社会で信じられてきた概念、多くの人が口にする情報。それらは繰り返し唱えられるものほど私たちの中に強く刻まれ、それはいつしか自分自身の信念や考え、感覚として自分の無意識に深く入り込んでいく。自らが固く信じて疑わない見方、つまり私たちのまなざしが固定化した状態は「固定観念」あるいは「偏見」と言い換えられる。それが社会にまで広がったものを、私たちは「常識」と呼ぶ。だが、アインシュタインも常識とは18歳までに身につけた偏見のコレクションと指摘したと言われるように、常識とはまなざしが固定化したものにほかならない。

（ハナムラ　チカヒロ「まなざしの革命」による）

（注）アイデンティティ＝自己が他と区別されて、ほかならぬ自分であると感じられるときの、その感覚や意識をいう語。
アインシュタイン＝ドイツ生まれの理論物理学者。

㈠ 文章中の［A］に最もよく当てはまる言葉を、次のア～エから一つ選び、その符号を書きなさい。

ア　なぜなら　イ　もし　ウ　ところで　エ　むしろ

㈡ 文章中の［a］に最もよく当てはまる言葉を、次のア～エから一つ選び、その符号を書きなさい。

ア　受動的　イ　画一的　ウ　表面的　エ　積極的

㈢ ――線部分⑴について、筆者がこのように述べるのはなぜか。その理由を、三十五字以内で書きなさい。

㈣ ――線部分⑵とはどういうことか。六十字以内で書きなさい。

㈤ ――線部分⑶について、筆者がこのように述べるのはなぜか。その理由として最も適当なものを、次のア～エから一つ選び、その符号を書きなさい。

ア　相手の認識を改めるよりも、自分の見方が間違っていると素直に認める方が、私たちには容易いから。

イ　自分の認識を改めるよりも、自分に都合のよい方向に物事の解釈を変える方が、私たちには容易いから。

ウ　相手の認識を改めるよりも、相手の意見に合わせて自由に発想を変えていく方が、私たちには容易いから。

エ　自分の認識を改めるよりも、自分の都合に合わせて相手の考えを変えていく方が、私たちには容易いから。

国語〔四〕の問題の続きは7ページにあります。

(六) 次のⅡの文章は、Ⅰの文章と同じ著書の一部である。〰〰線部分とはどういうことか。ⅠとⅡの文章を踏まえ、百二十字以内で書きなさい。

Ⅱ

混乱が大きくなればなるほど、社会では次の常識を巡る「まなざしの戦い」が始まる。そこには、さまざまな力が巧みに私たちのまなざしをデザインしようと仕掛けており、どの見方もそれらしく見えるようにプレゼンテーションされる。そんな観点からインターネットを注意深く眺めると、多様な見方が並べられていることに気づくだろう。

その中には科学的でないものも溢《あふ》れているし、客観性を装いながら根拠のなさそうなものもたくさん見られる。しかし私たちがこれまで当たり前としてきた社会の仕組みや科学的な常識を覆すような情報や証拠も共有され始めているのだ。それらの全てが妥当性を欠いた説明であるとは必ずしも言い切れないように思える。一方で、あまりにもたくさんの情報に溢れ、そのどれもが正反対を主張する中、今や何が事実で何が正解なのかの判断は簡単には下せなくなっている。そんなときこそ、改めてもう一度、「常識とは何か」について確認する必要があるだろう。

〔三〕

※

(一)

(二)

(三)

(四)

(五)

60

(六)

(一)2点
(二)4点
(三)4点
(四)4点
(五)12点
(六)4点

〔四〕

※

(一)

(二)

(三)

35

(四)

60

(五)

(六)

120

(一)3点
(二)3点
(三)5点
(四)8点
(五)4点
(六)12点

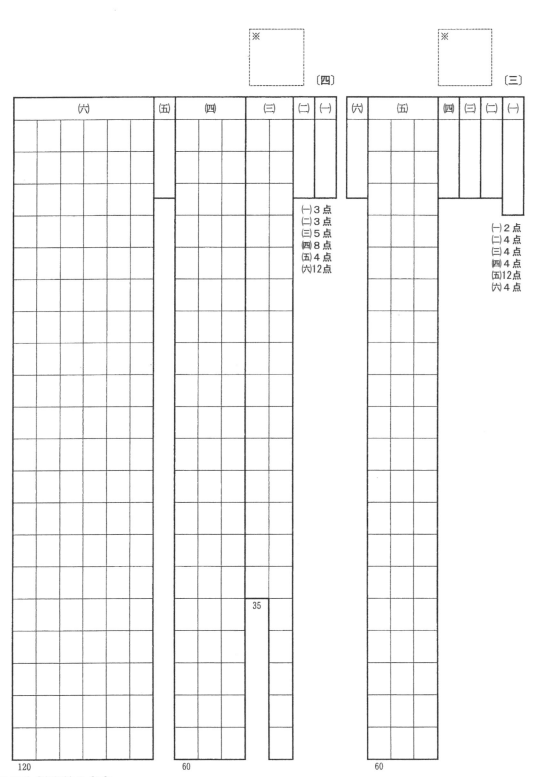

令 和 5 年 度

公立高等学校入学者選抜学力検査問題

数　　学

11：10～12：00(50 分間)

注　　意

1 「始め」の合図があるまで，開いてはいけません。

2 解答用紙は，この内側にあります。取り出して使いなさい。

3 問題は，問題用紙の 1 ページから 7 ページにあります。

4 解答は，すべて解答用紙に書きなさい。〔求め方〕がある場合は，求め方も書きなさい。

5 解答は，横書きで記入しなさい。

6 解答用紙の※の欄には，何も記入してはいけません。

7 「始め」の合図があったら，まず，解答用紙に受検番号を書きなさい。

8 「やめ」の合図があったら，すぐにやめて，筆記用具をおきなさい。

＃教英出版 編集部 注
編集の都合上、解答用紙はこの裏にあります。

数 学 解 答 用 紙

（注１） 解答は，横書きで記入すること。
（注２） ※の欄には，何も記入しないこと。

〔１〕

※

４点×８

(1)		(2)		(3)	
(4)	$x =$ ， $y =$	(5)		(6)	
(7)	$\angle x =$ 度	(8)			

〔２〕

※

６点×３

(1)	〔求め方〕 答 ＿＿＿＿＿＿
(2)	〔証明〕
(3)	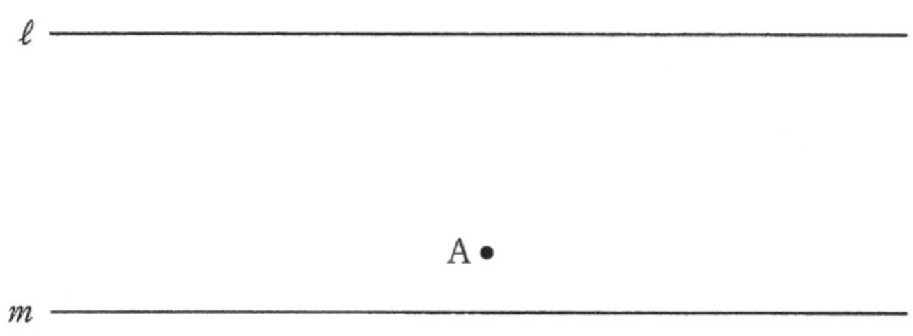

令 和 5 年 度

公立高等学校入学者選抜学力検査

数　　　学

問題用紙

〔1〕 次の(1)~(8)の問いに答えなさい。

(1) $7-(-3)-3$ を計算しなさい。

(2) $2(3a-2b)-4(2a-3b)$ を計算しなさい。

(3) $(-6ab)^2 \div 4ab^2$ を計算しなさい。

(4) 連立方程式 $\begin{cases} x+3y=21 \\ 2x-y=7 \end{cases}$ を解きなさい。

(5) $\sqrt{45}-\sqrt{5}+\dfrac{10}{\sqrt{5}}$ を計算しなさい。

(6) 130 人の生徒が 1 人 a 円ずつ出して，1 つ b 円の花束を 5 つと，1 本 150 円のボールペンを 5 本買って代金を払うと，おつりがあった。このとき，数量の関係を不等式で表しなさい。

(7) 右の図のように，円 O の周上に円周を 9 等分する 9 つの点 A，B，C，D，E，F，G，H，I がある。線分 AD と線分 BF の交点を J とするとき，$\angle x$ の大きさを答えなさい。

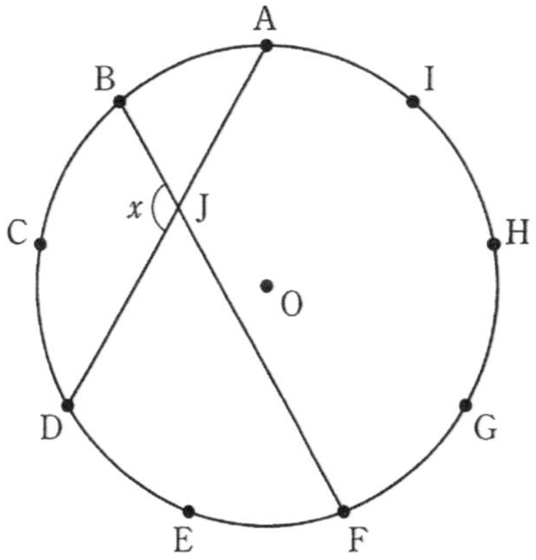

(8) 右の図は，ある家庭で購入した卵 40 個の重さを 1 個ずつはかり，ヒストグラムに表したものである。このヒストグラムに対応する箱ひげ図として正しいものを，次のア～エから 1 つ選び，その符号を書きなさい。ただし，階級は 52 g 以上 54 g 未満のように，2 g ごとの区間に区切っている。

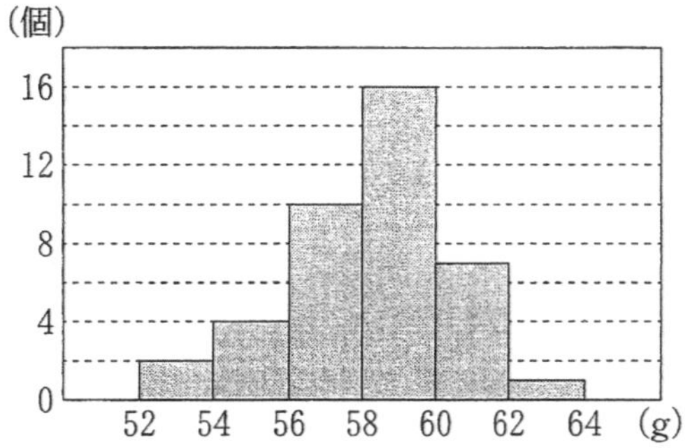

ア

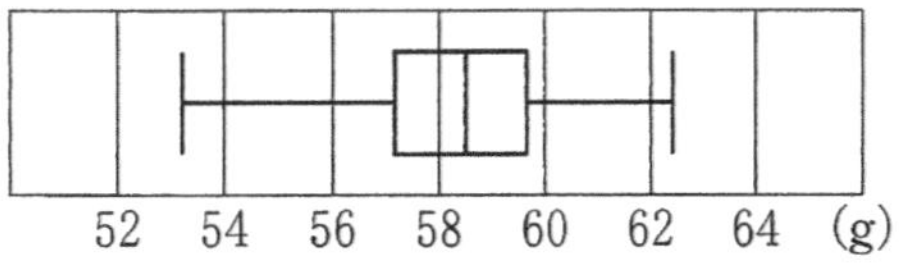

イ

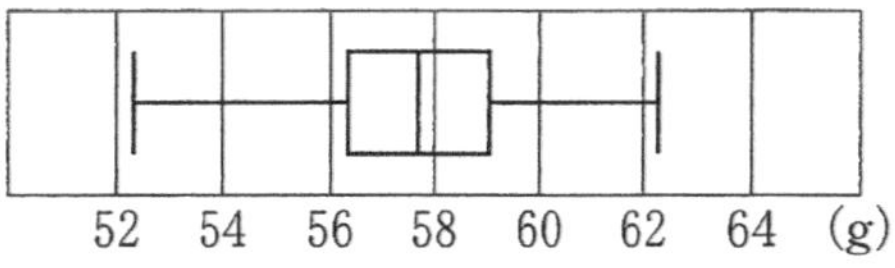

ウ

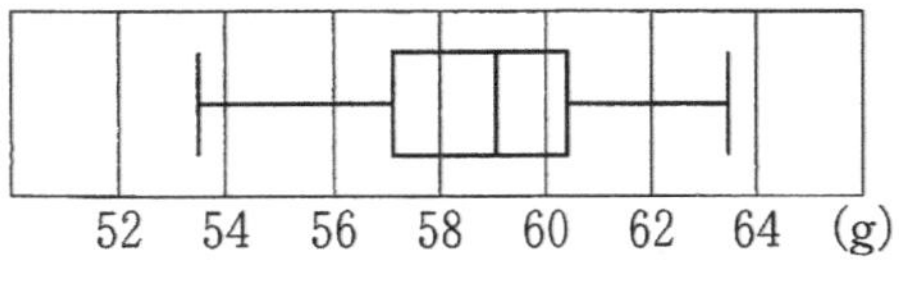

エ

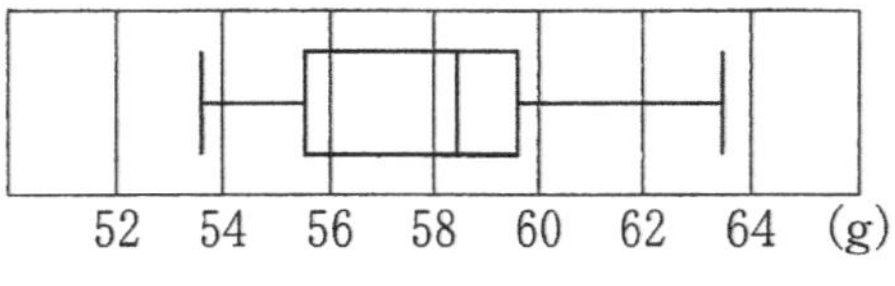

〔2〕 次の(1)~(3)の問いに答えなさい。

(1) 1から6までの目のついた1つのさいころを2回投げるとき，1回目に出る目の数をa，2回目に出る目の数をbとする。このとき，$\dfrac{24}{a+b}$が整数になる確率を求めなさい。

(2) 下の図のように，AD // BC の台形 ABCD があり，∠BCD = ∠BDC である。対角線 BD 上に，∠DBA = ∠BCE となる点 E をとるとき，AB = EC であることを証明しなさい。

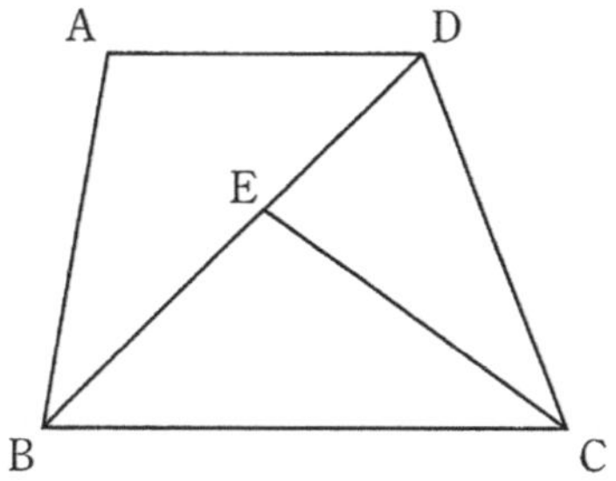

(3) 下の図のように，平行な2直線ℓ，mと点 A がある。点 A を通り，2直線ℓ，mの両方に接する円の中心を，定規とコンパスを用いて，作図によってすべて求め，それらの点に●をつけなさい。ただし，作図は解答用紙に行い，作図に使った線は消さないで残しておくこと。

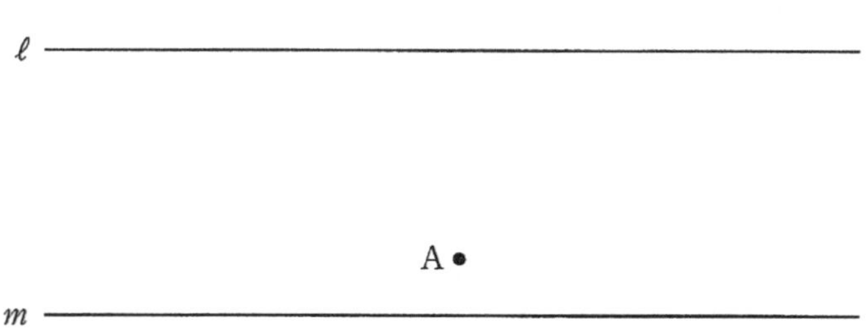

〔3〕 下の図1のように，OA ＝ 12 cm，OC ＝ 6 cm の長方形 OABC があり，2つの頂点 O，A は直線 ℓ 上にある。点 P は，頂点 O を出発し，毎秒 2 cm の速さで，図2，3のように直線 ℓ 上を頂点 A まで移動する。また，線分 OP の延長上に，OP ＝ PQ となる点 Q をとり，直線 ℓ について長方形 OABC と同じ側に，正方形 PQRS をつくる。

点 P が頂点 O を出発してから，x 秒後の長方形 OABC と正方形 PQRS の重なっている部分の面積を y cm^2 とするとき，次の(1)～(4)の問いに答えなさい。ただし，点 P が頂点 O，A にあるときは，$y = 0$ とする。

図1

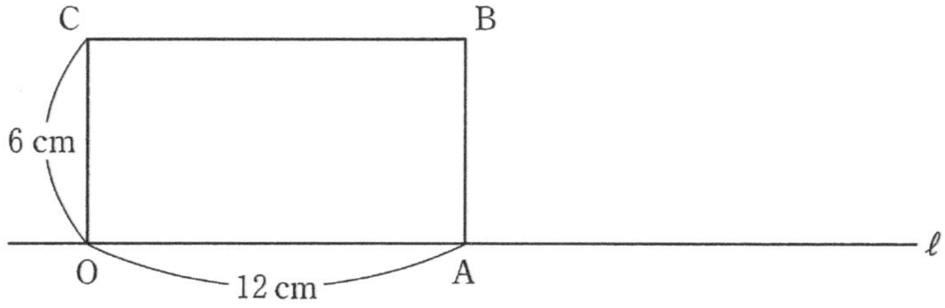

図2

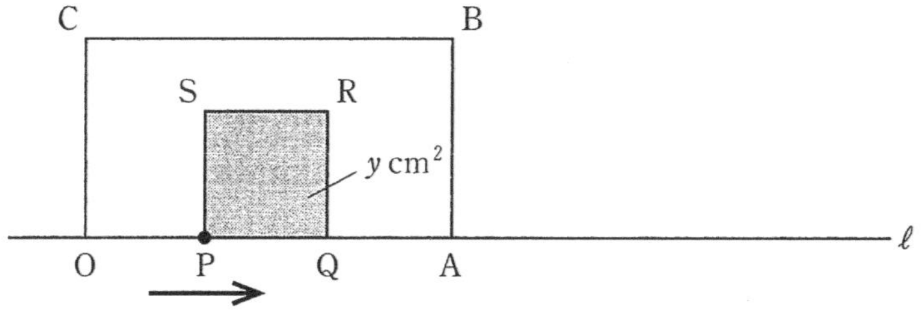

図3

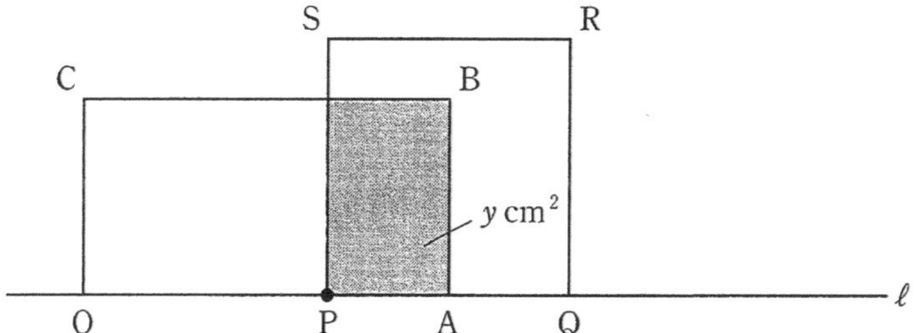

(1) $x = 2$ のとき，y の値を答えなさい。

(2) 次の①，②について，y を x の式で表しなさい。

① $0 \leqq x \leqq 3$ のとき

② $3 \leqq x \leqq 6$ のとき

(3) $0 \leqq x \leqq 6$ のとき，x と y の関係を表すグラフをかきなさい。

(4) $y = 20$ となる x の値をすべて求めなさい。

〔4〕 箱の中に，数字を書いた10枚のカード$\boxed{0}$，$\boxed{1}$，$\boxed{2}$，$\boxed{3}$，$\boxed{4}$，$\boxed{5}$，$\boxed{6}$，$\boxed{7}$，$\boxed{8}$，$\boxed{9}$が入っている。これらのカードを使い，次の手順Ⅰ～Ⅲに従って，下のような記録用紙に数を記入していく。このとき，あとの(1)，(2)の問いに答えなさい。

手順

Ⅰ 箱の中から1枚のカードを取り出して，そのカードに書かれている数字を，記録用紙の1番目の欄に記入し，カードを箱の中に戻す。

Ⅱ 箱の中からもう一度1枚のカードを取り出して，そのカードに書かれている数字を，記録用紙の2番目の欄に記入し，カードを箱の中に戻す。

Ⅲ 次に，記録用紙の$(n-2)$番目の欄の数と$(n-1)$番目の欄の数の和を求め，その一の位の数をn番目の欄に記入する。ただし，nは3以上18以下の自然数とする。

記録用紙

1番目	2番目	3番目	4番目	5番目	6番目	…	16番目	17番目	18番目

(1) 次の文は，手順Ⅰ～Ⅲに従って，記録用紙に数を記入するときの例について述べたものである。このとき，文中の$\boxed{\text{ア}}$～$\boxed{\text{ウ}}$に当てはまる数を，それぞれ答えなさい。

例えば，手順Ⅰで$\boxed{2}$のカード，手順Ⅱで$\boxed{3}$のカードを取り出したときには，下のように，記録用紙の1番目の欄には2，2番目の欄には3を記入する。このとき，16番目の欄に記入する数は$\boxed{\text{ア}}$，17番目の欄に記入する数は$\boxed{\text{イ}}$，18番目の欄に記入する数は$\boxed{\text{ウ}}$となる。

1番目	2番目	3番目	4番目	5番目	6番目	…	16番目	17番目	18番目
2	3	5	8	3	1	…	ア	イ	ウ

(2) 手順Ⅰ，Ⅱで取り出したカードに書かれている数字と，手順Ⅲで記録用紙に記入する数に，どのような関係があるかを調べるために，次の表1，2を作った。

表1は，手順Ⅰで $\boxed{0}$ ～ $\boxed{9}$ のいずれか1枚のカードを取り出し，手順Ⅱで $\boxed{5}$ のカードを取り出したときのそれぞれの場合について，1番目の欄の数を小さい順に並べ替えてまとめたものである。また，表2は，手順Ⅰで $\boxed{0}$ ～ $\boxed{9}$ のいずれか1枚のカードを取り出し，手順Ⅱで $\boxed{6}$ のカードを取り出したときのそれぞれの場合について，1番目の欄の数を小さい順に並べ替えてまとめたものである。このとき，下の①，②の問いに答えなさい。

表1

1番目	2番目	…	16番目	17番目	18番目
0	5	…	0	5	5
1	5	…	7	5	2
2	5	…	4	5	9
3	5	…	1	5	6
4	5	…	8	5	3
5	5	…	5	5	0
6	5	…	2	5	7
7	5	…	9	5	4
8	5	…	6	5	1
9	5	…	3	5	8

表2

1番目	2番目	…	16番目	17番目	18番目
0	6	…	0	2	2
1	6	…	7	2	9
2	6	…	4	2	6
3	6	…	1	2	3
4	6	…	8	2	0
5	6	…	5	2	7
6	6	…	2	2	4
7	6	…	9	2	1
8	6	…	6	2	8
9	6	…	3	2	5

① 手順Ⅱで $\boxed{5}$，$\boxed{6}$ 以外のカードを取り出しても，17番目の欄の数は，1番目の欄の数に関係なく，2番目の欄の数によって決まる。このことを証明しなさい。

② 手順Ⅰで $\boxed{x}$ のカード，手順Ⅱで $\boxed{4}$ のカードを取り出したとき，18番目の欄の数が1になった。このとき，x の値を求めなさい。

〔5〕 下の図のような立体ABC－DEFがあり，四角形ABEDは，BA＝5 cm，BE＝10 cmの長方形であり，△ABCと△DEFは正三角形である。また，辺BEと辺CFは平行であり，CF＝5 cmである。点Cから辺BEに引いた垂線と辺BEとの交点をPとするとき，次の(1)～(3)の問いに答えなさい。

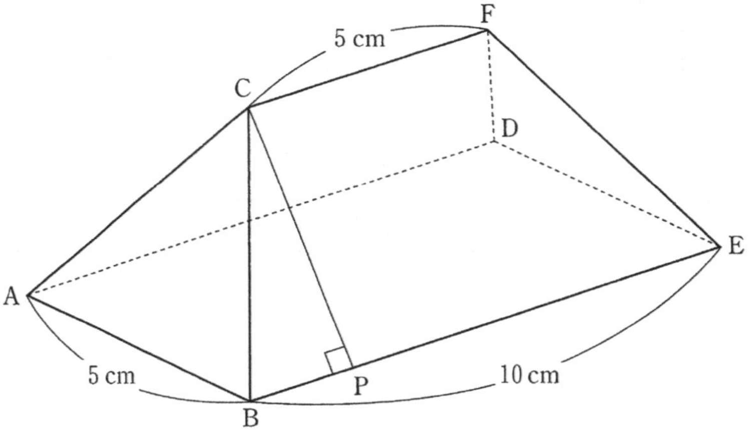

(1) 線分CPの長さを答えなさい。

(2) 5点C，A，B，E，Dを結んでできる四角すいの体積を求めなさい。

(3) 4点A，B，C，Fを結んでできる三角すいの体積を求めなさい。

※100点満点

※

受検番号	

〔3〕

※

(1) 3点
(2) 3点×2
(3) 4点
(4) 5点

(1)	$y=$	(2)	①		②

(3)

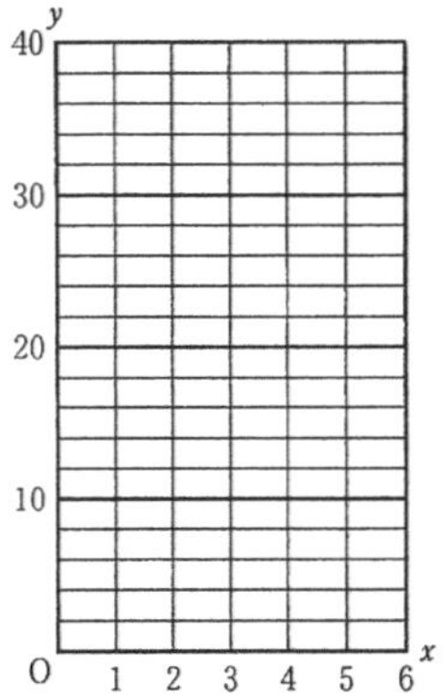

(4)

〔求め方〕

答　$x=$

〔4〕

※

(1) 2点×3
(2) ① 6点
② 4点

(1)	ア		イ		ウ	

(2)

① 〔証明〕

② 〔求め方〕

答　$x=$

〔5〕

※

(1) 5点
(2) 6点
(3) 5点

(1) cm

(2) 〔求め方〕

答　cm^3

(3) 〔求め方〕

答　cm^3

令 和 5 年 度

公立高等学校入学者選抜学力検査問題

英　　語

13：00～13：50(50 分間)

注　　意

1　最初に，放送による聞取り検査を行います。放送による指示があるまで，開いてはいけません。
2　解答用紙は，この内側にあります。取り出して使いなさい。
3　問題は，問題用紙の1ページから6ページにあります。
4　解答は，すべて解答用紙に書きなさい。
5　解答は，横書きで記入しなさい。
6　解答用紙の※の欄には，何も記入してはいけません。
7　「やめ」の合図があったら，すぐにやめて，筆記用具をおきなさい。

＃教英出版 編集部　注
編集の都合上、解答用紙はこの裏にあります。

英 語 解 答 用 紙

（注１） 解答は，横書きで記入すること。
（注２） ※の欄には，何も記入しないこと。

〔1〕

※

⑴３点×４
⑵３点×４
⑶３点×２

⑴	1		2		3		4	
⑵	1		2		3		4	
⑶	1							
	2							

〔2〕

※

⑴３点
⑵３点
⑶６点

⑴	
⑵	
⑶	

〔3〕

※

⑴２点×２
⑵４点
⑶３点×２
⑷３点
⑸３点
⑹３点×２

⑴	A		E	
⑵				
⑶	C			
	G			
⑷				
⑸				
⑹				

令 和 5 年 度

公立高等学校入学者選抜学力検査

英　　語

問 題 用 紙

※教英出版注
音声は，解答集の書籍ＩＤ番号を教英出版ウェブサイトで入力して聴くことができます。

〔1〕 放送を聞いて，次の(1)～(3)の問いに答えなさい。

(1) これから英文を読み，それについての質問をします。それぞれの質問に対する答えとして最も適当なものを，次のア～エから一つずつ選び，その符号を書きなさい。

1 ア  イ  ウ  エ 

2 ア 35 minutes. イ 40 minutes.
ウ 45 minutes. エ 50 minutes.

3 ア On Monday. イ On Wednesday.
ウ On Saturday. エ On Sunday.

4 ア She wants to study about foreign countries.
イ She wants to be an English teacher in Japan.
ウ She wants to live and work in the U.S.
エ She wants to write interesting books.

(2) これから英語で対話を行い，それについての質問をします。それぞれの質問に対する答えとして最も適当なものを，次のア～エから一つずつ選び，その符号を書きなさい。

1 ア Yes, he will. イ No, he won't.
ウ Yes, he did. エ No, he didn't.

2 ア Kate's sister. イ Kate's friend.
ウ Takumi's sister. エ Takumi's friend.

3 ア He will walk. イ He will go by taxi.
ウ He will go by bus. エ He will go by bike.

4 ア Because she knew about the musicians well.
イ Because the musicians' sound was beautiful.
ウ Because she likes musicians who practiced a lot.
エ Because the musicians looked like her.

(3) これから，あなたのクラスの英語の授業で，アメリカのバーナード中学校(Barnard Junior High School)に留学していたマキ(Maki)が，英語のスピーチをします。そのスピーチについて，二つの質問をします。それぞれの質問に対する答えを，３語以上の英文で書きなさい。

〔2〕 あなたは桜高校(Sakura High School)の生徒です。来月，ブラウン高校(Brown High School)の生徒が桜高校を訪問します。あなたとブラウン高校のピーター(Peter)は，そのときに行う交流活動について，事前の希望アンケートの結果をまとめたグラフを見ながら，オンライン上で打合せをしています。次の【グラフ】と，あなたとピーターの【会話】を読んで，下の(1)~(3)の問いに答えなさい。ただし，【会話】の＊＊＊の部分には，あなたの名前が書かれているものとします。

【グラフ】

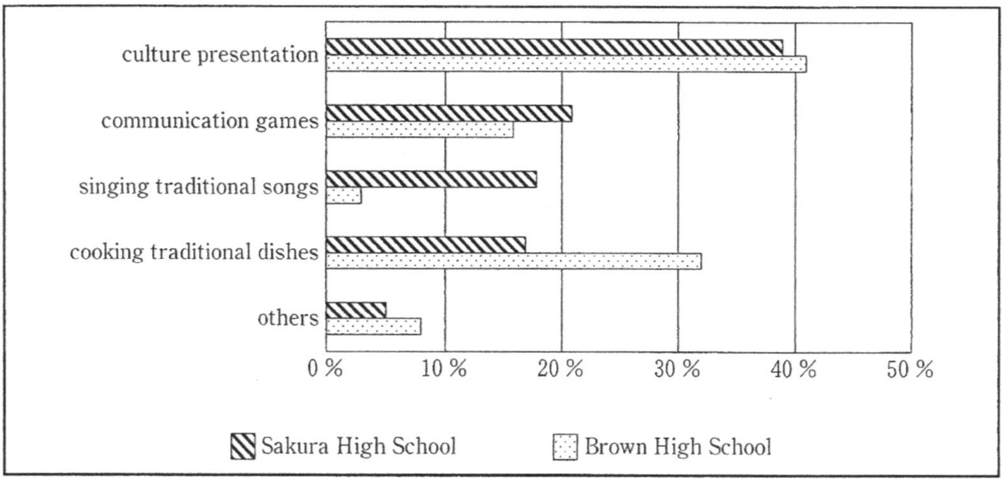

(注) communication　コミュニケーション

【会話】

Peter: The result was different between our schools.

＊＊＊: Yes. I was surprised that only a few students from your school are interested in ［　　　　］. Anyway, in both schools, (　**a**　), so let's do it.

Peter: I agree. I think we can do one more activity. <u>What should we do?</u>

＊＊＊: (　**b**　)

Peter: That may be a good idea.

(1) 【会話】の［　　　　］の中に入る最も適当なものを，次のア～エから一つ選び，その符号を書きなさい。

ア　culture presentation　　　イ　communication games

ウ　singing traditional songs　　　エ　cooking traditional dishes

(2) 【会話】の流れが自然になるように，**a**の(　　　)に当てはまる内容を，1行以内の英語で書きなさい。

(3) 【会話】の下線部分の質問に対するあなたの答えを，【会話】の**b**の(　　　)の中に，3行以内の英文で書きなさい。なお，【グラフ】を踏まえて，具体的な理由も含めて書くこと。

〔3〕 次の英文を読んで，あとの(1)～(6)の問いに答えなさい。

Luis is a junior high school student from Mexico. He is staying with a family in Niigata. Now he is talking with Keita, the father of the family, in the home vegetable garden.

Keita: Luis, let's plant tomatoes in the garden together. Do you like tomatoes?

Luis: Yes. In Mexico, we use tomatoes for many dishes. I'll cook some dishes for you tomorrow.

Keita: Great! First, let's plant tomatoes and then, plant some marigolds near them.

Luis: Marigolds? They are very popular in Mexico. We use the flowers in a traditional festival in November.

Keita: What kind of festival is it?

Luis: We decorate graves with a lot of marigolds. We believe that our ancestors come back (**A**) the strong smell of marigolds.

Keita: It's like Japanese *obon*. We also believe our ancestors come back and we offer some flowers to them. We have the event in summer.

Luis: Wow, I thought your culture and our culture were different, but we have the same kind of traditional event. B How interesting! By the way, why do you plant marigolds near tomatoes?

Keita: Good question! The marigolds C ［me, make, help］ a safe vegetable garden.

Luis: Really? Why do marigolds do such a thing?

Keita: Again, the reason is their strong smell. Insects which eat tomato leaves don't like the smell, so ［ **D** ］.

Luis: Great! We don't have to use agricultural chemicals.

Keita: Right. I want to choose safe ways for the environment when I plant vegetables. (**E**) marigolds is one good way.

Luis: I see. F Can you tell me another example?

Keita: Yes, of course. For example, can you see the flowers over there? They are called *renge-sou* in Japanese. They will be natural fertilizers.

Luis: Amazing! I want to learn more about such ways. What should I do?

Keita: Well, G ［you, I, if, were］, I would ask people who know about them very well.

Luis: That's a good idea. Can you introduce such people to me?

Keita: OK, some of my friends are farmers, so I'll ask them.

Luis: Thank you! At school, I'll start a research project with my classmates next month. It may be interesting to do research about eco-friendly ways to plant vegetables.

Keita: That will be an interesting research topic. I think my friends will help you a lot. Some of them also have machines which use less energy. You may also be interested in them.

Luis: Sounds interesting! Thank you.

Keita: You're welcome. Do your best in your research project.

B: Well, you can find it if you go straight, but it will take one hour if you walk from here. If you take a taxi, it will take about 15 minutes.
A: Oh, but it will be expensive. Can I go there by bus?
B: Yes, I'll check when the next bus will come. ... Oh, it will come in 40 minutes. Maybe you should go there by bike. You can use one from the shop over there if you pay 500 yen.
A: That's the best way. Thank you!
Question: How will the man go to the Art Museum?

4 A: How was the concert, Lucy?
B: I really liked it. I didn't know about the musicians, but I loved their beautiful sound. Thank you for taking me to the concert.
A: You're welcome. Their music was wonderful, right? However, I hear that some of them didn't like practicing when they were children.
B: Wow, they are like me! I have been practicing the piano for many years, but I didn't like the piano when I was a child.
Question: Why did Lucy like the concert?

(3) Hello, everyone. I studied at Barnard Junior High School in America for one year. The culture was so different and I was really surprised. For example, many students don't walk to school. Their fathers or mothers take them to school by car or they use a school bus. Another different thing is the beginning of a new school year. Do you think all schools in America start in September? I thought so, but Barnard Junior High School starts in August. I enjoyed learning about a different culture.

Question: 1 Was Maki surprised to learn about American culture?
2 When does a new school year start at Barnard Junior High School?

令和５年度、

放送による聞取り検査の問題文

〔1〕

(1) 1 When it stops raining, you sometimes see it in the sky.
Question: What is this?

2 Brian has to leave home at seven fifteen. Now it is six forty.
Question: How many minutes does he have before he leaves?

3 Nancy is a student from Australia and stays at Miki's house. She practices judo every Monday and Wednesday. On Saturday, she learns how to make Japanese foods from Miki. On Sunday, she usually meets her friends.
Question: When does Nancy cook with Miki?

4 Natsumi likes English. Her English teacher talks about his experiences in foreign countries. His stories are interesting. Natsumi studies English hard because she wants to live in the U.S. and get a job there in the future. She also reads many books to learn about foreign cultures.
Question: What does Natsumi want to do in the future?

(2) 1 A: You should bring an umbrella today, Jack.
B: I don't need it. It'll rain at night, but I can come back before it starts raining.
A: Oh, I see.
Question: Will Jack bring an umbrella today?

2 A: Hi, Kate. I need your help. Do you have free time tomorrow?
B: Sure, Takumi. How can I help you?
A: Can you go shopping with me? My sister will leave Japan and go to Canada next week. I want to give her something, but I don't know what to buy.
B: OK, I'll think about it. I'll also ask my friend. She may give me some good

【放送

Luis: I will. Can I find new eco-friendly ways?

Keita: It's not so easy, but I believe you can do it in the future if you work hard.

Luis: I hope so. My teacher told us that some human activities damage the environment. I think it is important for us to make the situation better.

Keita: That's right. Humans have been developing the civilization by using nature, but if we keep using things in nature, we will destroy the environment.

Luis: Yes. We should look for ways to live with nature.

(注) plant～ ～を植える marigold マリーゴールド(花の名前) decorate～ ～を飾りつける
grave 墓 ancestor 先祖 smell におい *obon* お盆 offer～ ～を供える
insect 昆虫 agricultural chemical 農薬 *renge-sou* れんげ草(花の名前)
natural fertilizer 天然肥料 eco-friendly 環境にやさしい civilization 文明
destroy～ ～を破壊する

(1) 文中のA，Eの(　　　)の中に入る最も適当なものを，次のア～エからそれぞれ一つずつ選び，その符号を書きなさい。

A ア according to　イ because of　ウ instead of　エ such as

E ア Use　イ Uses　ウ Used　エ Using

(2) 下線部分Bについて，ルイス(Luis)がそのように感じた理由を，具体的に日本語で書きなさい。

(3) 文中のC，Gの［　　　］の中の語を，それぞれ正しい順序に並べ替えて書きなさい。

(4) 文中のDの［　　　］の中に入る最も適当なものを，次のア～エから一つ選び，その符号を書きなさい。

ア they like to stay on the flowers　イ they fly near the flowers

ウ they don't come to eat tomato leaves　エ they aren't damaged by tomato leaves

(5) 下線部分Fについて，ルイスが教えてほしいと言っているのは，何についての例か。具体的に日本語で書きなさい。

(6) 本文の内容に合っているものを，次のア～オから二つ選び，その符号を書きなさい。

ア Tomatoes are very popular in Mexico and they are put on graves during the festival in November.

イ Both people in Mexico and people in Japan believe that their ancestors come back in summer.

ウ Keita believes it is good to use safe ways for the environment when he plants vegetables.

エ Luis wants to meet some of Keita's friends to learn how to make delicious vegetables.

オ Luis learned from his teacher that humans damage the environment through some activities.

〔4〕 次の英文を読んで，あとの(1)～(6)の問いに答えなさい。

Hikari is a high school student. She likes English and she enjoys communicating with her American friend, Fred. One day, she sent an e-mail to him.

【E-mail from Hikari to Fred】

> Hello, Fred. How are you? I'm enjoying my high school life, but I have ${}_{\text{A}}$a big question now, and I want your opinion.
>
> Today, my friend, Yuri, and I talked about our future. Now I'm interested in art history and I want to study about it after I finish high school. When I said so to Yuri, she asked me, "Will you be a teacher or a researcher in the future?" I said, "I have no idea about my future job now. I just want to study about art history because I'm interested in it." Yuri was really surprised to hear my answer. She decided her goal first before she decided what she would study.
>
> Fred, you want to be a doctor and you are studying hard to achieve your goal, right? Should I decide my future job before I decide what to study?

【E-mail from Fred to Hikari】

> Thank you for your e-mail, Hikari. I'm doing well.
>
> Your question is difficult. Now I'm studying to achieve my goal, but I will keep studying after I become a doctor. And I also enjoy studying subjects which are not related to my dream. For example, in the U.S., many schools have drama classes. Most students will not be actors, but drama class is very popular. I like it. I think we can improve some skills through drama classes. For example, we sometimes make our own stories. My drama teacher says we can be good at creating something new through this activity. Also, now I can talk more clearly than before.
>
> My brother studies math at university, but he is taking a music class, too. He says he can learn good teamwork in the class. You should study your favorite subjects. You can improve some skills by doing so.

Hikari thought Fred's opinion was interesting. She also likes music though she won't be a musician. "If $\boxed{\text{B}}$ through learning, I'll be happy," she thought.

One week later, Fred introduced a website article to Hikari. It was an article for students written by a university professor.

【The website article】

> You may think like this. "Why do I have to study this subject? I don't like it. It isn't related to my goal." I can understand your feelings, but is it really a good idea to study only your favorite things?
>
> Let me tell you about ${}_{\text{C}}$one good example, Florence Nightingale. She is one of the

most famous nurses in the world. She tried to make clean hospitals. She needed to show that it was important to make clean environments to save people's lives. She had the knowledge of math and statistics. By using that knowledge, she created her original graphs and showed that dirty environments would threaten people's lives.

Do you understand what this story means? You don't know what will be useful in the future. For example, in the future, you may find problems you want to solve. Then, some knowledge may help you. Or you can create something new by using that knowledge. You may not use it in the future, but it will be so fun to learn something new. Enjoy learning a lot of things. By doing so, you can broaden your world.

My father was a science teacher. He is 75 years old, but now, he is studying classic literature at university. He says he is so happy to learn something new.

“ [D] ,” Hikari thought. <u>“I'll write an e-mail to Fred tonight.”</u> E

(注) achieve～　～を達成する　be related to～　～と関連する　skill　技能　clearly　はっきりと
take～class　～の授業を受ける　teamwork　チームワーク　article　記事
professor　教授　knowledge　知識　statistics　統計学　graph　グラフ
threaten～　～をおびやかす　broaden～　～を広げる　classic literature　古典文学

(1) 下線部分**A**について，その内容を，具体的に日本語で書きなさい。

(2) 文中の**B**の [　　] に当てはまる内容を，4語以上の英語で書きなさい。

(3) 下線部分**C**について，フローレンス・ナイチンゲール(Florence Nightingale)の例で，記事の筆者が最も伝えたいことを表している1文を，本文から探して抜き出しなさい。

(4) 文中の**D**の [　　] の中に入る最も適当なものを，次のア～エから一つ選び，その符号を書きなさい。

ア　People have different reasons for learning
イ　We should study for our dreams
ウ　There is only one reason for learning
エ　It is important to learn useful things

(5) 次の①～③の問いに対する答えを，それぞれ3語以上の英文で書きなさい。

① Has Hikari already decided her future job?
② How did Yuri decide what she would study?
③ In the drama class at Fred's school, what do students do to be good at creating something new?

(6) 下線部分**E**について，ヒカリ(Hikari)になったつもりで，フレッド(Fred)に対するメールを，解答用紙の“Hello, Fred. Thank you for your e-mail and the interesting article.”に続けて，[　　] の中に，4行以内の英文で書きなさい。

※100点満点

※

受検番号	

〔4〕

※

(1)4点
(2)4点
(3)3点
(4)4点
(5)3点×3
(6)8点

(1)		
(2)		
(3)		
(4)		
(5)	①	
	②	
	③	
(6)	Hello, Fred. Thank you for your e-mail and the interesting article. Your friend, Hikari	

令 和 5 年 度

公立高等学校入学者選抜学力検査問題

社　　会

14：10～15：00（50 分間）

注　　意

1 「始め」の合図があるまで，開いてはいけません。

2 解答用紙は，この内側にあります。取り出して使いなさい。

3 問題は，問題用紙の１ページから７ページにあります。

4 解答は，すべて解答用紙に書きなさい。

5 解答は，横書きで記入しなさい。

6 解答用紙の※の欄には，何も記入してはいけません。

7 「始め」の合図があったら，まず，解答用紙に受検番号を書きなさい。

8 「やめ」の合図があったら，すぐにやめて，筆記用具をおきなさい。

＃教英出版 編集部　注
編集の都合上、解答用紙はこの裏にあります。

社 会 解 答 用 紙

（注１） 解答は，横書きで記入すること。
（注２） ※の欄には，何も記入しないこと。

〔１〕

※

⑴３点
⑵３点
⑶２点
⑷２点
⑸２点×２

⑴				
⑵				
⑶				
⑷				
⑸	a		c	

〔２〕

※

⑴２点
⑵３点
⑶２点×２
⑷符号…２点
　理由…５点

⑴				
⑵				
⑶	①		②	
⑷	符号			
	理由			

〔３〕

※

⑴２点
⑵２点×２
⑶２点
⑷①５点
　②２点

⑴		
⑵	①	
	②	
⑶		
⑷	①	
	②	

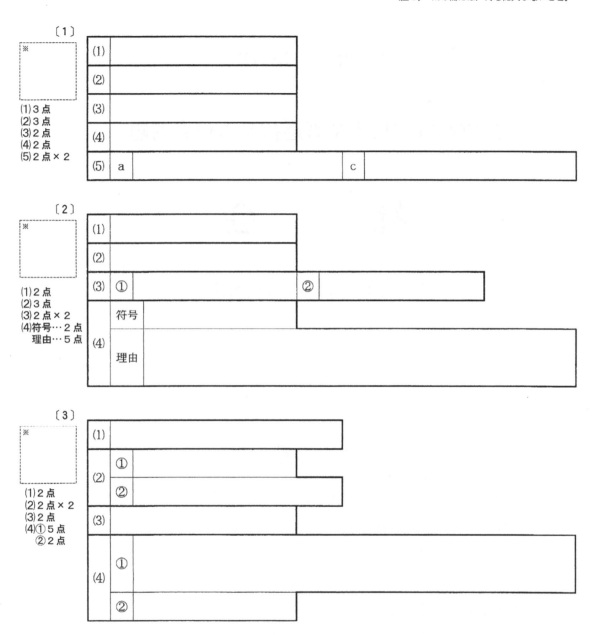

令 和 5 年 度

公立高等学校入学者選抜学力検査

社　　　会

問 題 用 紙

◇M4(388—35)

〔1〕 次の地図1，2を見て，下の(1)～(5)の問いに答えなさい。なお，地図1は，東京からの距離と方位を正しく示しており，地図中の緯線は赤道を基準として，また，経線は本初子午線を基準として，いずれも30度間隔で表している。

地図1

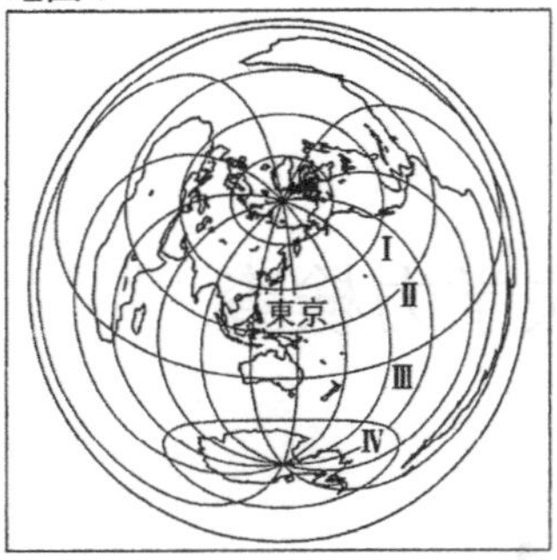

地図2

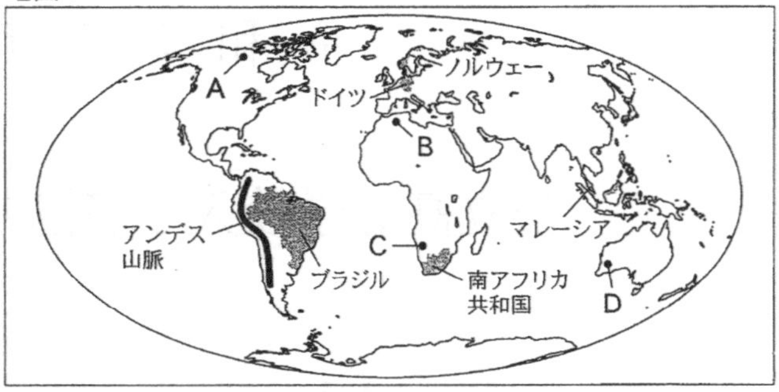

(1) 地図1中のⅠ～Ⅳで示した緯線のうち，赤道を示すものはどれか。Ⅰ～Ⅳから一つ選び，その符号を書きなさい。

(2) 地図2中の地点A～Dのうち，東京から見た方位がほぼ西の地点として，最も適当なものを一つ選び，その符号を書きなさい。

(3) 地図2で示したアンデス山脈の高地に暮らす人々の衣服について，その写真と説明として，最も適当なものを，次のア～エから一つ選び，その符号を書きなさい。

ア	イ	ウ	エ

5mほどの長い1枚の布を，体に巻きつけて着用する衣服	中央に開けた穴から，頭を出して着用する毛織物の衣服	厳しい寒さから身を守る，動物の毛皮でつくられた衣服	強い日ざしや砂あらしから身を守る，長袖で裾が長い衣服

(4) 地図2で示したノルウェーについて述べた次の文中の X ， Y に当てはまる語句の組合せとして，最も適当なものを，下のア～エから一つ選び，その符号を書きなさい。

> この国の西岸には， X によって削られた奥深い湾が連続する海岸線がみられる。また，緯度の高い地域では， Y には白夜となる時期がある。

ア〔X 川，　Y 夏〕　　イ〔X 川，　Y 冬〕
ウ〔X 氷河，Y 夏〕　　エ〔X 氷河，Y 冬〕

(5) 次の表は，地図2で示したブラジル，ドイツ，南アフリカ共和国，マレーシアについて，それぞれの国の人口密度，一人当たり国民総所得，主要輸出品の輸出額の割合を示したものであり，表中のa～dは，これらの四つの国のいずれかである。このうち，a，cに当てはまる国名を，それぞれ書きなさい。

	人口密度(人/km^2)	一人当たり国民総所得(ドル)	主要輸出品の輸出額の割合(%)		
			第1位	第2位	第3位
a	233	47,186	機械類(28.7)	自動車(14.8)	医薬品(7.3)
b	102	10,209	機械類(43.4)	石油製品(6.1)	パーム油(4.2)
c	49	4,999	白金族(12.6)	自動車(9.8)	金(非貨幣用)(7.9)
d	25	6,667	大豆(13.7)	鉄鉱石(12.3)	原油(9.4)

(「世界国勢図会」2022/23年版による)

〔2〕 右の地図を見て，次の(1)~(4)の問いに答えなさい。

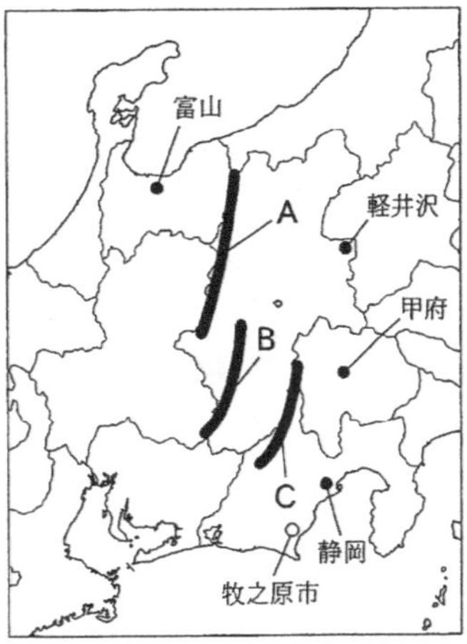

(1) 地図中のA～Cは，それぞれ，山脈を示したものである。A～Cに当てはまる山脈の名称の組合せとして，正しいものを，次のア～カから一つ選び，その符号を書きなさい。

ア 〔A 赤石山脈，B 木曽《きそ》山脈，C 飛騨《ひだ》山脈〕
イ 〔A 赤石山脈，B 飛騨山脈，C 木曽山脈〕
ウ 〔A 木曽山脈，B 飛騨山脈，C 赤石山脈〕
エ 〔A 木曽山脈，B 赤石山脈，C 飛騨山脈〕
オ 〔A 飛騨山脈，B 木曽山脈，C 赤石山脈〕
カ 〔A 飛騨山脈，B 赤石山脈，C 木曽山脈〕

(2) 次の表は，石川県，長野県，岐阜県，愛知県の，それぞれの県の昼夜間人口比率，米の産出額，野菜の産出額，果実の産出額，製造品出荷額等を示したものであり，表中のa～dは，これらの四つの県のいずれかである。このうち，a，dに当てはまる県名の組合せとして，最も適当なものを，下のア～エから一つ選び，その符号を書きなさい。ただし，昼夜間人口比率とは，昼間人口を夜間人口で割り，100をかけたものである。

	昼夜間人口比率(%)	米の産出額(億円)	野菜の産出額(億円)	果実の産出額(億円)	製造品出荷額等(億円)
a	96.1	229	323	55	59,896
b	99.8	473	818	743	62,194
c	101.4	298	1,010	190	481,864
d	100.2	299	97	34	30,478

(「データでみる県勢」2022年版による)

ア 〔a 長野県，d 石川県〕　イ 〔a 長野県，d 愛知県〕
ウ 〔a 岐阜県，d 石川県〕　エ 〔a 岐阜県，d 愛知県〕

(3) 右の地形図は，地図中の牧之原市の郊外を表す2万5千分の1の地形図である。この地形図を見て，次の①，②の問いに答えなさい。

(国土地理院1：25,000地形図「相良《さがら》」より作成)

① 地形図中の地図記号∴は，茶畑を示している。地形図から，茶畑は，主にどのようなところに分布していると読みとることができるか。最も適当なものを，次のア～エから一つ選び，その符号を書きなさい。

ア 山地　イ 台地　ウ 低地　エ 海岸

② 地形図中の地点X と地点Y の標高差は約何mか。最も適当なものを，次のア～エから一つ選び，その符号を書きなさい。

ア 約20m　イ 約40m　ウ 約60m　エ 約80m

(4) 次のア～エのグラフは，気象観測地点である富山，軽井沢，甲府，静岡のいずれかの月降水量と月平均気温を表したものである。このうち，富山に当てはまるものを，ア～エから一つ選び，その符号を書きなさい。また，そのように判断した理由を，「日本海」，「季節風」の二つの語句を用いて書きなさい。なお，棒グラフは月降水量を，折れ線グラフは月平均気温を表している。

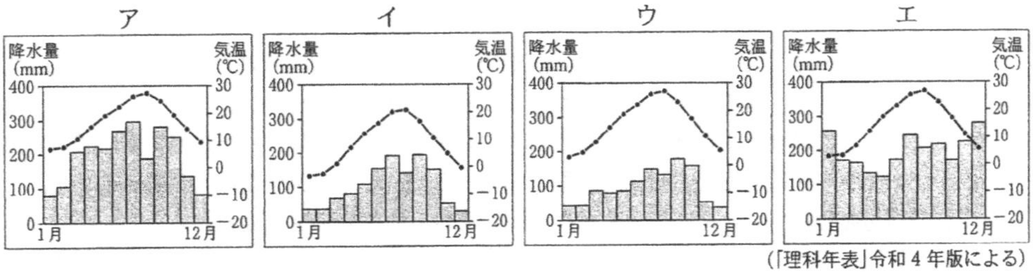

(「理科年表」令和4年版による)

〔3〕 社会科の授業で，A～D の四つの班に分かれて，時代ごとの社会のようすについて調べ，発表を行うことにした。次の資料は，班ごとに作成した発表資料の一部である。これらの資料を見て，下の(1)～(4)の問いに答えなさい。

A 班の資料

古墳時代に我が国に製法が伝えられた須恵器《すえき》

B 班の資料

a 奈良時代の都の跡地から出土した木簡《もっかん》

C 班の資料

室町時代の農民たちが借金の帳消しを記録した碑文

D 班の資料

b 江戸時代後半の工場制手工業のようすを描いた絵

(1) A 班の資料について，須恵器の製法は，中国や朝鮮半島から我が国に移り住んだ人々によって伝えられた。こうした人々を何というか。その用語を書きなさい。

(2) B 班の資料について，次の①，②の問いに答えなさい。

① 次の文は，この木簡に記されている文字を書き出したものであり，この木簡は，地方の特産品が税として納められた際に，荷札として使われたものであることがわかった。文中の X に当てはまる語句として，最も適当なものを，下のア～エから一つ選び，その符号を書きなさい。

(表) 伊豆《いず》国賀茂《かも》郡三島《みしま》郷戸主占部久須理《うらべのくすり》戸占部広庭《ひろにわ》 X 麁堅魚《あらがつお》 拾 壹斤《じゅういちきん》
(裏) 拾 両《じゅうりょう》 員十連三節 天 平《てんぴょう》十八年十月

(注) 麁堅魚：カツオの加工品

ア 租　　イ 調　　ウ 庸　　エ 年貢

② 下線部分 a について，この時代につくられた，天皇や貴族，民衆の和歌をおさめた，現存する我が国最古の歌集を何というか。その名称を書きなさい。

(3) 次の文は，C 班の資料の背景について述べたものである。文中の X ～ Z に当てはまる語句の組合せとして，最も適当なものを，下のア～カから一つ選び，その符号を書きなさい。

農村では，農民たちが X と呼ばれる自治的な組織をつくった。15 世紀になると，近畿地方を中心として，団結した農民たちが土倉や Y などをおそい，借金の帳消しを求める Z を起こすようになった。

ア〔X 惣《そう》，Y 酒屋，Z 土一揆《いっき》〕　イ〔X 惣，Y 酒屋，Z 打ちこわし〕
ウ〔X 惣，Y 馬借，Z 土一揆〕　エ〔X 五人組，Y 酒屋，Z 打ちこわし〕
オ〔X 五人組，Y 馬借，Z 土一揆〕　カ〔X 五人組，Y 馬借，Z 打ちこわし〕

(4) D 班の資料について，次の①，②の問いに答えなさい。

① D 班の資料にみられる工場制手工業とは，どのように製品を生産するしくみか。「工場」という語句を用いて書きなさい。

② 下線部分 b について，この時代に，水野忠邦《ただくに》が行った政治改革について述べた文として，最も適当なものを，次のア～エから一つ選び，その符号を書きなさい。

ア 裁判の基準となる法律を定めるとともに，庶民の意見を聞くために目安箱を設置した。
イ 朱子学を重視するなど学問を奨励するとともに，極端な動物愛護の政策を進めた。
ウ 海防を強化するため，江戸や大阪の周辺を幕府の直接の支配地にしようとした。
エ 天明のききんにより荒廃した農村の復興を図り，ききんや凶作に備えて米を蓄えさせた。

2023(R5) 新潟県公立高

〔4〕 右の略年表を見て，次の(1)～(6)の問いに答えなさい。

年代		我が国のできごと
1858	A	日米修好通商条約が結ばれる。
1868	A	戊辰《ぼしん》戦争が始まる。
1872		[a] が発布される。
1877		b 西南戦争が起こる。
1889	B	大日本帝国憲法が発布される。
1927	B	c 金融恐慌が起こる。
1956	C	国際連合に加盟する。
1979	C	国際人権規約を批准する。

(1) 次のX～Zは，年表中のAの時期のできごとである。年代の古い順に並べたものとして，正しいものを，下のア～カから一つ選び，その符号を書きなさい。

X　大政奉還が行われる。

Y　四国連合艦隊が下関を砲撃する。

Z　薩長同盟が成立する。

ア　X→Y→Z　　イ　X→Z→Y

ウ　Y→X→Z　　エ　Y→Z→X

オ　Z→X→Y　　カ　Z→Y→X

(2) 右の写真は，[a] の発布をうけて設立された学校の校舎である。[a] に当てはまる法令の名称を書きなさい。

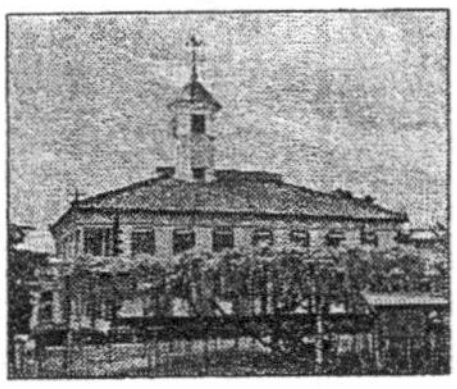

(3) 次の表は，下線部分bの【できごと】の【背景・原因】，【結果・影響】をまとめたものである。表中の [X]，[Y] に当てはまる文として，最も適当なものを，下のア～オからそれぞれ一つずつ選び，その符号を書きなさい。

【背景・原因】		【できごと】		【結果・影響】
[X]	➡	西南戦争が起こる。	➡	[Y]

ア　自由民権運動が全国に広まった。

イ　政府の改革により士族の特権がうばわれた。

ウ　版籍奉還や地租改正などの政策が行われた。

エ　日比谷《ひびや》焼き打ち事件などの暴動が起こった。

オ　尊王攘《そんのうじょう》夷《い》運動が盛んになった。

(4) 次の文は，年表中のBの時期に，我が国で高まった社会運動や民主主義思想について述べたものである。文中の [X]，[Y] に当てはまる人物の名前の組合せとして，最も適当なものを，下のア～エから一つ選び，その符号を書きなさい。

> 女性の社会的差別からの解放を目指す [X] らは，女性のための雑誌を発刊するなど，女性の地位を高めようとする運動を進めた。また，政治学者の [Y] は，政治の目的を一般民衆の幸福や利益に置き，大日本帝国憲法の枠内で，政治に民衆の考えを反映することを主張した。

ア〔X　平塚らいてう《ちょう》，Y　吉野作造《さくぞう》〕　イ〔X　平塚らいてう，Y　美濃部達吉《みのべたつきち》〕

ウ〔X　津田梅子，Y　吉野作造〕　エ〔X　津田梅子，Y　美濃部達吉〕

(5) 下線部分cについて，**資料Ⅰ**は，預金を引き出すために，銀行に殺到する人々のようすを示したものであり，**資料Ⅱ**は，裏が印刷されていない紙幣を示したものである。政府が，**資料Ⅱ**で示している紙幣を印刷した理由を，**資料Ⅰ**と関連づけて書きなさい。

資料Ⅰ

資料Ⅱ

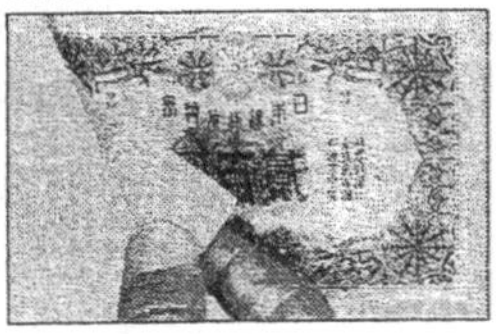

(6) 年表中のCの時期のできごととして，正しいものはどれか。次のア～エから一つ選び，その符号を書きなさい。

ア　ベルリンの壁が崩壊する。　　イ　アジア・アフリカ会議が開催される。

ウ　朝鮮戦争が始まる。　　エ　日本と中国の国交が正常化する。

〔5〕 中学校3年生のあるクラスの社会科の授業では，次のA～Dのテーマについて学習を行うことにした。これらのテーマについて，あとの(1)～(4)の問いに答えなさい。

テーマ	
A　日本国憲法について	B　国会，内閣，裁判所について
C　経済と企業の活動について	D　国際連合について

(1) Aのテーマについて，次の①，②の問いに答えなさい。

① 日本国憲法で国民に保障される自由権のうち，「経済活動の自由」に当てはまるものとして，最も適当なものを，次のア～エから一つ選び，その符号を書きなさい。

ア　自分の興味のあることを学ぶことができる。

イ　自分の支持する候補者に投票することができる。

ウ　自分の信じたい宗教を信仰することができる。

エ　自分の住みたい場所に住むことができる。

② 次の日本国憲法の条文について，文中の［ X ］，［ Y ］に当てはまる語句の組合せとして，最も適当なものを，下のア～エから一つ選び，その符号を書きなさい。

> この憲法の改正は，各議院の総議員の［ X ］の賛成で，国会が，これを発議し，国民に提案してその承認を経なければならない。この承認には，特別の国民投票又は国会の定める選挙の際行はれる投票において，その［ Y ］の賛成を必要とする。

ア〔X　三分の二以上，Y　三分の二以上〕　イ〔X　三分の二以上，Y　過半数〕

ウ〔X　四分の三以上，Y　三分の二以上〕　エ〔X　四分の三以上，Y　過半数〕

(2) Bのテーマについて，次の①～③の問いに答えなさい。

① 右の図は，国会，内閣，裁判所が互いに抑制し合い，均衡を保っていることを表したものである。図中の矢印aは裁判所が内閣に対して持つ権限，矢印bは国会が裁判所に対して持つ権限を，それぞれ示している。a，bに当てはまるものの組合せとして，最も適当なものを，次のア～エから一つ選び，その符号を書きなさい。

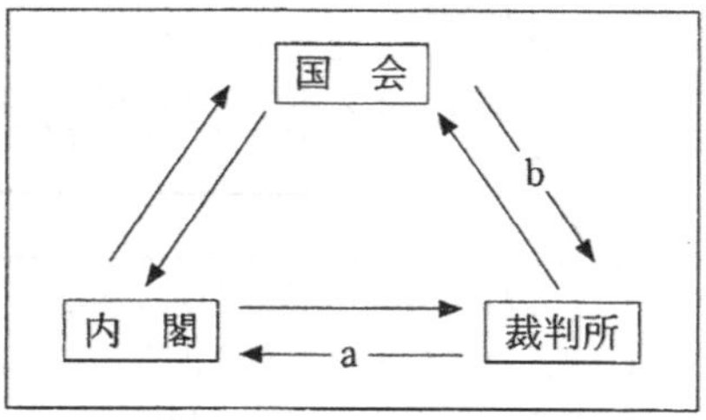

ア〔a　違憲審査，　　　b　弾劾《だんがい》裁判所の設置　　〕

イ〔a　違憲審査，　　　b　下級裁判所裁判官の任命〕

ウ〔a　内閣不信任の決議，b　弾劾裁判所の設置　　〕

エ〔a　内閣不信任の決議，b　下級裁判所裁判官の任命〕

② 国会は，法律案や予算の審議などの役割を十分に果たすために，証人を呼んで証言させる証人喚問を行ったり，政府に記録の提出を求めたりする権限を持っている。この権限を何というか。その用語を書きなさい。

③ 裁判所で行われる刑事裁判について述べた文として，最も適当なものを，次のア～エから一つ選び，その符号を書きなさい。

ア　訴えた人が原告，訴えられた人が被告となって，裁判が行われる。

イ　当事者どうしの話し合いにより，争いが解決する場合がある。

ウ　被告人が弁護人を依頼できないときは，国が弁護人を用意する。

エ　個人と個人の間に起こる，法的な紛争の解決を図る裁判である。

(3)　Cのテーマについて，次の①～③の問いに答えなさい。

①　我が国には，株式会社の形態をとって事業を進める企業が多くある。株式会社における，株主の権利について，「議決」，「配当」の二つの語句を用いて，50字以内で書きなさい。

②　右のグラフは，我が国の経済における中小企業と大企業の割合を示したものであり，グラフ中のX～Zは，企業数，従業員数，売上高のいずれかである。X～Zに当てはまるものの組合せとして，最も適当なものを，次のア～カから一つ選び，その符号を書きなさい。なお，売上高は非一次産業のものである。

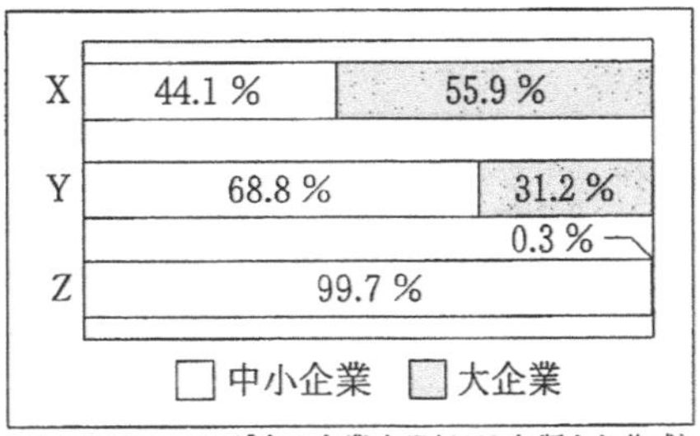

(「中小企業白書」2022年版より作成)

ア〔X　企業数，　Y　従業員数，Z　売上高　〕
イ〔X　企業数，　Y　売上高，　Z　従業員数〕
ウ〔X　従業員数，Y　企業数，　Z　売上高　〕
エ〔X　従業員数，Y　売上高，　Z　企業数　〕
オ〔X　売上高，　Y　企業数，　Z　従業員数〕
カ〔X　売上高，　Y　従業員数，Z　企業数　〕

③　次の資料は，公正かつ自由な競争を促進し，消費者の利益を確保するために，昭和22(1947)年に制定された法律の第1条である。この法律の運用に当たる機関を何というか。その名称を書きなさい。

> 第1条　この法律は，私的独占，不当な取引制限及び不公正な取引方法を禁止し，事業支配力の過度の集中を防止して，……(略)……一般消費者の利益を確保するとともに，国民経済の民主的で健全な発達を促進することを目的とする。

(4)　Dのテーマについて，次の①～③の問いに答えなさい。

①　右の表は，国際連合の安全保障理事会における，国際平和の維持に関する，ある重要な議題についての投票結果を示したものであり，この議題は決定されなかった。この議題が決定されなかったのはなぜか。その理由を書きなさい。

	国の数	内　訳	
		常任理事国	非常任理事国
賛成	13か国	4か国	9か国
反対	1か国	1か国	な　し
棄権	1か国	な　し	1か国

②　右のグラフは，国際連合の通常予算の分担率について，アメリカ，中国，ドイツ，日本の推移を示したものであり，グラフ中のア～エは，これらの四つの国のいずれかである。このうち，日本に当てはまるものを，ア～エから一つ選び，その符号を書きなさい。なお，国際連合の通常予算は，加盟国全体で合意された分担率に応じて，各加盟国が支払う分担金によってまかなわれている。

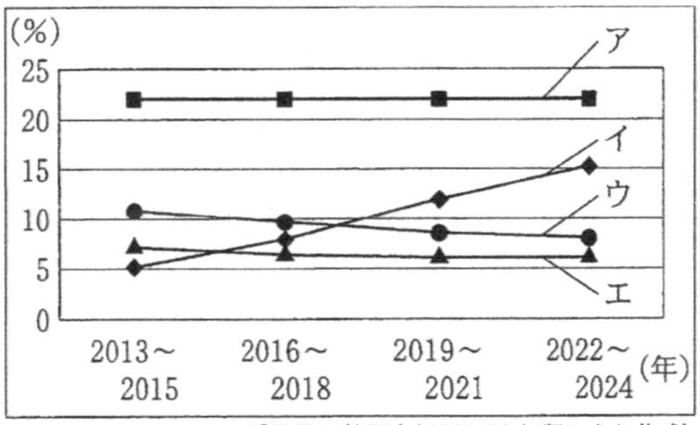

(「世界国勢図会」2022/23年版により作成)

③　主に発展途上国で，医療や感染症対策などの活動に取り組んでいる国際連合の専門機関の略称として，最も適当なものを，次のア～エから一つ選び，その符号を書きなさい。

ア　APEC　　イ　PKO　　ウ　UNESCO　　エ　WHO

〔6〕 あるクラスの社会科の授業では，「地球温暖化対策」について，テーマを決めて調べることにした。次の**資料Ⅰ**～**資料Ⅴ**は，「温室効果ガスの削減」をテーマに選んだＮさんが集めたものの一部である。このことについて，下の(1)，(2)の問いに答えなさい。

資料Ⅰ 世界の年平均気温の推移

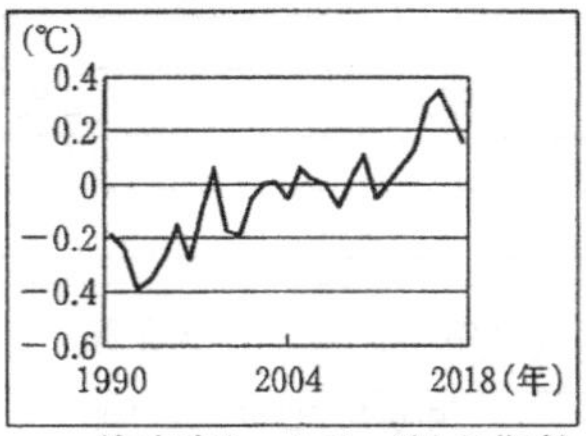

（気象庁ホームページより作成）

資料Ⅱ 世界の二酸化炭素排出量の推移

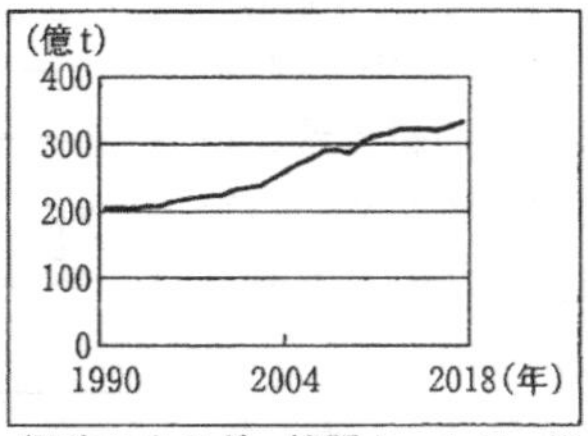

（国際エネルギー機関ホームページより作成）

資料Ⅲ 新潟県における温室効果ガスの排出量と吸収量及び今後の目標

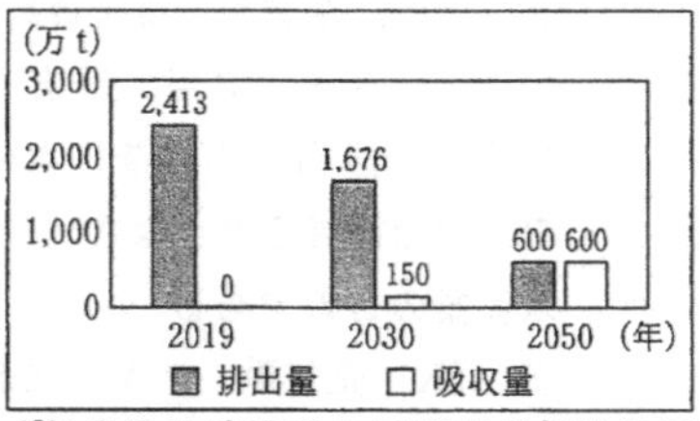

（「新潟県地球温暖化対策地域推進計画2017―2030」より作成）

資料Ⅳ 脱炭素化の取組にあたり企業が最も重視する要素

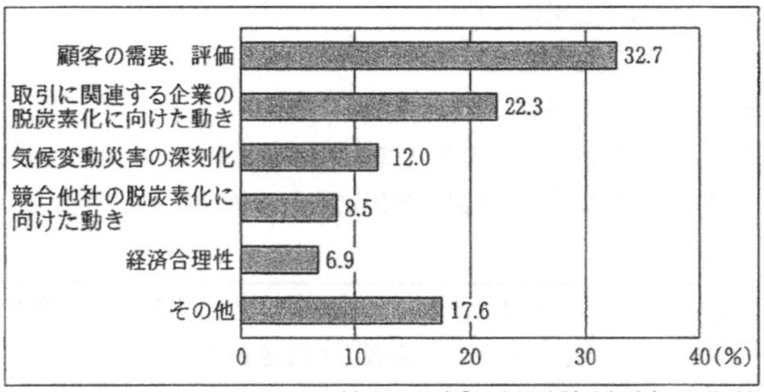

（令和４年度「年次経済財政報告」より作成）

資料Ⅴ 「COOL CHOICE」について

「COOL　CHOICE」は，CO_2などの温室効果ガスの排出量削減のために，脱炭素社会づくりに貢献する「製品への買換え」，「サービスの利用」，「ライフスタイルの選択」など，日々の生活の中で，あらゆる「賢い選択」をしていこうという取組です。

（環境省ホームページより作成）

(注) **資料Ⅰ**は，各年の平均気温と基準値(1991年から2020年の平均気温)の差の変化。
資料Ⅱは，エネルギー関連の二酸化炭素排出量の推移。
資料Ⅲは，温室効果ガスの排出量と吸収源対策による吸収量を，二酸化炭素に換算して数値化した値。

(1) **資料Ⅰ**と**資料Ⅱ**について，Ｎさんは，世界の地球温暖化対策を説明するために，次のＡ～Ｃのカードを作成した。Ａ～Ｃのカードを，年代の古いものから順に並べ，その符号を書きなさい。

カードＡ	カードＢ	カードＣ
京都議定書 先進国に温室効果ガスの排出量の削減を義務付け	地球サミット 気候変動枠組条約・生物多様性条約の調印	パリ協定 世界の平均気温上昇を産業革命以前に比べ２℃未満に抑制

(2) Ｎさんは，**資料Ⅲ**～**資料Ⅴ**から読みとったことをもとに，温室効果ガスの削減について考察し，次の発表原稿を作成した。この原稿について，下の①，②の問いに答えなさい。

> 我が国の政府は，2020年10月に，2050年までに脱炭素社会の実現を目指すことを宣言しました。**資料Ⅲ**によると，新潟県も，2050年までに<u>温室効果ガスの排出量を実質ゼロにすること</u>を目指しています。温室効果ガスの削減は，とても大きな課題であり，国や地方公共団体の取組だけでは解決できません。生産活動の中心である企業や，私たち消費者の役割も重要です。**資料Ⅳ**と**資料Ⅴ**から， [X] ことが企業の脱炭素化の推進につながると考えました。一人一人の行動は着実に結果へとつながっていきます。私も，自分にできることを考えながら，現在のライフスタイルを見直していきたいと思います。

① 文中の下線部分とはどのようなことか。**資料Ⅲ**から読みとることができることをもとに書きなさい。

② 文中の [X] に当てはまる内容を，「企業」，「消費者」の二つの語句を用いて，55字以内で書きなさい。

※100点満点

※

受検番号	

〔4〕

※

(1)2点
(2)2点
(3)2点×2
(4)2点
(5)5点
(6)2点

(1)				
(2)				
(3)	X		Y	
(4)				
(5)				
(6)				

〔5〕

※

(1)2点×2
(2)2点×3
(3)①5点
②2点
③2点
(4)①5点
②2点
③2点

(1)	①		②	
(2)	①		②	
	③			
(3)	①	50		
	②		③	
(4)	①			
	②		③	

〔6〕

※

(1)2点
(2)①3点
②5点

(1)		(　　) → (　　) → (　　)
(2)	①	
	②	55

令 和 5 年 度

公立高等学校入学者選抜学力検査問題

理　　科

15：20～16：10(50 分間)

注　意

1 「始め」の合図があるまで，開いてはいけません。
2 解答用紙は，この内側にあります。取り出して使いなさい。
3 問題は，問題用紙の1ページから7ページにあります。
4 解答は，すべて解答用紙に書きなさい。
5 解答は，横書きで記入しなさい。
6 解答用紙の※の欄には，何も記入してはいけません。
7 「始め」の合図があったら，まず，解答用紙に受検番号を書きなさい。
8 「やめ」の合図があったら，すぐにやめて，筆記用具をおきなさい。

＃教英出版 編集部　注
編集の都合上、解答用紙はこの裏にあります。

理科解答用紙

(注1) 解答は、横書きで記入すること。
(注2) ※の欄には，何も記入しないこと。

〔1〕

※

3点×6

(1)		(2)	
(3)	(　　)→(　　)→(　　)→(　　)	(4)	g
(5)		(6)	

〔2〕

※

(1)2点
(2)①2点
②2点
③3点

(1)				
(2)	①		②	
	③	(　　)→(　　)→(　　)→(　　)		

〔3〕

※

(1)①1点×3
②完答3点
(2)2点×2
(3)2点

(1)	①	X		Y		Z	
	②	食塩	g	水	g		
(2)	①		②				
(3)							

〔4〕

※

(1)2点
(2)3点
(3)3点
(4)2点
(5)3点
(6)3点

(1)	
(2)	
(3)	
(4)	
(5)	
(6)	

〔5〕

※

(1)2点
(2)2点
(3)2点
(4)完答3点

(1)		(2)		(3)	
(4)	X	cm	Y	cm	

令 和 5 年 度

公立高等学校入学者選抜学力検査

理　　　科

問 題 用 紙

◇M5(388—46)

〔1〕 次の(1)～(6)の問いに答えなさい。

(1) ヒトの呼吸のしくみと血液のはたらきについて述べた文として，最も適当なものを，次のア～エから一つ選び，その符号を書きなさい。

ア 血液中の二酸化炭素は，肺胞から毛細血管に排出される。

イ 肺では，動脈血が静脈血に変わる。

ウ 酸素は，血液によって全身の細胞に運ばれる。

エ 空気を吸うときは，ろっ骨が上がり，横隔膜も上がる。

(2) 右の表は，太陽系の惑星A～Dについて，それぞれの惑星の半径と密度をまとめたものである。木星型惑星の組合せとして，最も適当なものを，次のア～カから一つ選び，その符号を書きなさい。なお，半径は，地球を1とした場合の値である。

惑星	A	B	C	D
半径(地球＝1)	0.38	11.21	9.45	0.53
密度〔g/cm^3〕	5.43	1.33	0.69	3.93

ア 〔A，B〕　　イ 〔A，C，D〕　　ウ 〔A，D〕

エ 〔B，C〕　　オ 〔B，C，D〕　　カ 〔C，D〕

(3) 右の図は，火力発電のしくみを模式的に表したものである。火力発電では，化石燃料の燃焼により，高温・高圧の水蒸気をつくり，タービンを回して発電が行われており，この過程でエネルギーが変換されている。火力発電において，エネルギーが変換される順に，次のア～エを並べ替え，その符号を書きなさい。

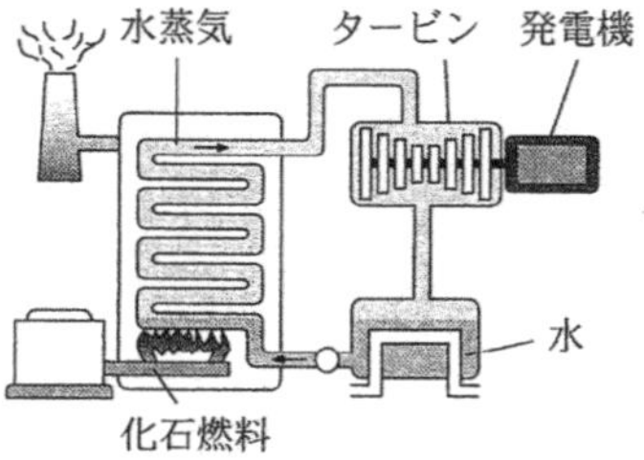

ア 運動エネルギー　　イ 化学エネルギー　　ウ 電気エネルギー　　エ 熱エネルギー

(4) 60 ℃の水300 gが入っているビーカーに，硝酸カリウム200 gを入れ，よくかき混ぜたところ，全部溶けた。この水溶液の温度をゆっくりと下げていくと，結晶が出てきた。水溶液の温度を20 ℃まで下げたとき，出てくる結晶の質量は何gか。求めなさい。ただし，20 ℃の水100 gに溶ける硝酸カリウムの質量は32 gとする。

(5) 右の図は，火山岩をルーペで観察して，スケッチしたものである。火山岩は，図のように，比較的大きな鉱物と，aのような小さな粒の部分からできていた。このとき，火山岩のでき方について述べた次の文中の X ， Y に当てはまる語句の組合せとして，最も適当なものを，下のア～エから一つ選び，その符号を書きなさい。

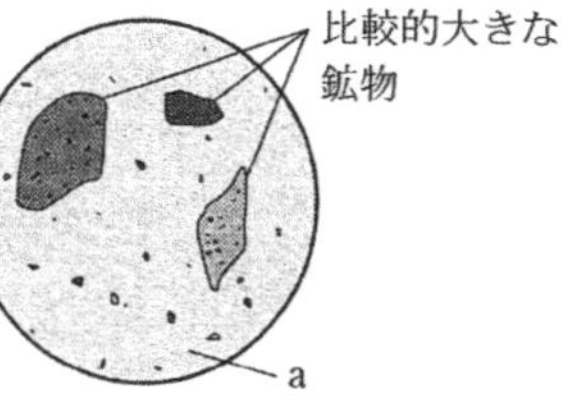

> 火山岩は，マグマが地表や地表付近で X 冷えてできるので，ほとんどの鉱物は大きな結晶にならず，図中のaのような Y という組織ができる。

ア 〔X 急に，　Y 石基〕　　イ 〔X 急に，　Y 斑晶〕

ウ 〔X ゆっくりと，Y 石基〕　　エ 〔X ゆっくりと，Y 斑晶〕

(6) 右の図は，新潟市におけるある年の6月10日の気象観測の結果をまとめたものである。図中のa～cの折れ線は，気温，湿度，気圧のいずれかの気象要素を表している。a～cに当てはまる気象要素の組合せとして，最も適当なものを，次のア～カから一つ選び，その符号を書きなさい。

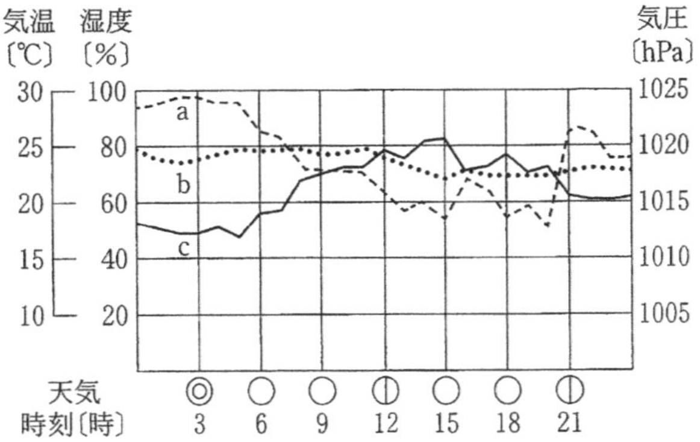

ア〔a　気温，b　湿度，c　気圧〕　　イ〔a　気温，b　気圧，c　湿度〕
ウ〔a　湿度，b　気温，c　気圧〕　　エ〔a　湿度，b　気圧，c　気温〕
オ〔a　気圧，b　気温，c　湿度〕　　カ〔a　気圧，b　湿度，c　気温〕

〔2〕 植物の根の成長を調べるために，タマネギの根を用いて，次の実験1，2を行った。この実験に関して，下の(1)，(2)の問いに答えなさい。

実験1　次の[I]，[II]の手順で，タマネギの根の観察を行った。

[I]　図1のように，タマネギを発根させた。発根させた根のうちの1本に，図2のように，先端から等間隔で5つの印をつけた。

[II]　[I]で根に印をつけたタマネギを，ビーカーに入れた水につけて，3日間成長させた。その後，印の間隔がどのように変化したかを観察した。

実験2　タマネギの根の先端部分を切り取ってプレパラートをつくり，図3の顕微鏡で観察した。

図1

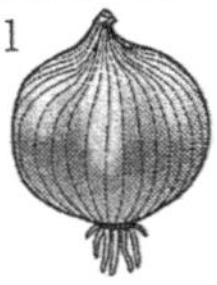

図2

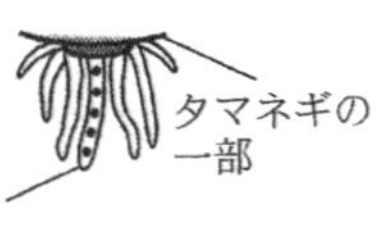

図3

(1) 実験1について，3日後の根の印の間隔は，どのようになっているか。最も適当なものを，次のア～エから一つ選び，その符号を書きなさい。

ア

イ

ウ

エ

(2) 実験2について，図4は，できたプレパラートを顕微鏡で観察して，スケッチしたものである。図中のA～Dは，細胞分裂の過程におけるいろいろな段階の細胞である。このことに関して，次の①～③の問いに答えなさい。

図4

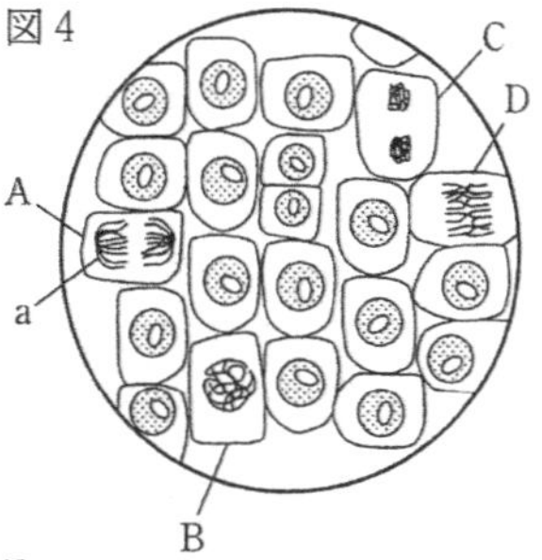

① 顕微鏡の使い方について述べた文として，最も適当なものを，次のア～エから一つ選び，その符号を書きなさい。

ア　はじめに最も高倍率の対物レンズを用いて，観察をする。
イ　反射鏡を調節するときは，接眼レンズをのぞきながら行う。
ウ　レンズの倍率を高くすると，視野が広くなる。
エ　プレパラートと対物レンズを近づけながら，ピントを合わせる。

② 図4のaの部分について，ひものようなつくりを何というか。その用語を書きなさい。

③ A～Dの細胞を，分裂の進む順に並べ，その符号を書きなさい。

〔3〕 化学変化にともなう熱の出入りについて調べるために，次の実験を行った。この実験に関して，下の(1)~(3)の問いに答えなさい。

実験　右の図のように，ビーカーに鉄粉5gと活性炭2gを入れて混ぜた後，質量パーセント濃度が5％の食塩水を2cm^3加え，ガラス棒でかき混ぜながら，温度計で温度を測定すると，温度の上昇が確認できた。

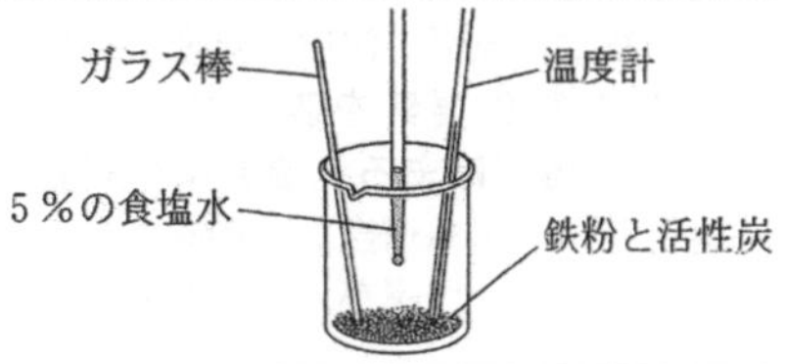

(1) 食塩水について，次の①，②の問いに答えなさい。

① 次の[X]の中に物質の化学式を，[Y]，[Z]の中にイオンの化学式を書き入れて，水溶液中の塩化ナトリウムの電離を表す式を完成させなさい。

[X] → [Y] + [Z]

② 質量パーセント濃度が5％の食塩水を40gつくるとき，必要な食塩と水の質量はそれぞれ何gか。求めなさい。

(2) 化学変化が起こるときには，熱の出入りがともなう。このことについて，次の①，②の問いに答えなさい。

① 化学変化のうち，熱を周囲に放出し，温度が上がる反応を何というか。その用語を書きなさい。

② 化学変化には，熱を周囲から吸収し，温度が下がる反応もある。温度が下がる反応が起こる物質や水溶液の組合せとして，最も適当なものを，次のア～エから一つ選び，その符号を書きなさい。

ア　マグネシウムと酸素　　　イ　硫酸と水酸化バリウム水溶液
ウ　水酸化ナトリウム水溶液と塩酸　　　エ　炭酸水素ナトリウムとクエン酸水溶液

(3) 寒いときにあたたまるために使うカイロは，この実験と同じ化学変化を利用している。カイロを持つ手があたたまるのは，カイロから手に熱が伝わるためである。このような熱の伝わり方を何というか。その用語を書きなさい。

〔4〕 健一さんは，太陽の動きを調べるため，透明半球を用いて，太陽の観察を行うことにした。夏のある日に新潟県のある地点で，右の図のように，厚紙に透明半球を置いたときにできる円の中心をOとし，方位を定めて，透明半球を固定した。午前9時から午後3時まで1時間おきに，太陽の位置を透明半球上に油性ペンで印をつけて記録した。また，太陽が南中した時刻に，太陽の位置を透明半球上に印をつけて記録し，この点をPとした。記録した太陽の位置をなめらかに結んで，透明半球のふちまで延長して曲線XYをつくった。このことに関して，あとの(1)~(6)の問いに答えなさい。なお，図中のA～Dは，それぞれOから見た東西南北のいずれかの方向にある円周上の点である。

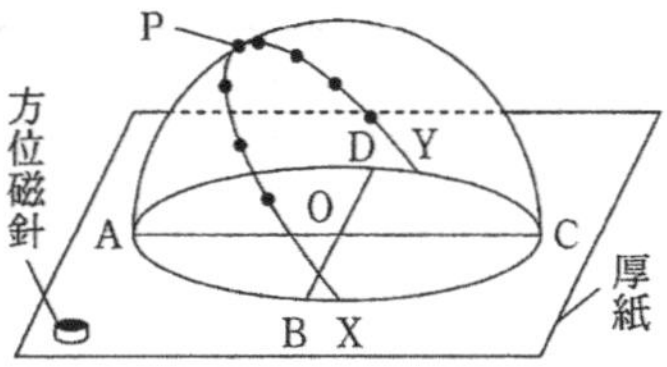

(1) Oから見て，東の方向にある点として，最も適当なものを，図中のA～Dから一つ選び，その符号を書きなさい。

(2) 太陽などの天体は，時間の経過とともにその位置を変えているように見える。このような，地球の自転による天体の見かけの動きを何というか。その用語を書きなさい。

(3) 太陽の位置を透明半球上に油性ペンで印をつけて記録するとき，どのように印をつければよいか。「油性ペンの先端の影」という語句を用いて書きなさい。

(4) 太陽の南中高度を表す角として，最も適当なものを，次のア～カから一つ選び，その符号を書きなさい。

ア　∠ACP　　　イ　∠AOP　　　ウ　∠BOP
エ　∠BPD　　　オ　∠COP　　　カ　∠DOP

(5) 透明半球上につくった曲線XYについて，午前9時の点から午後3時の点までの長さと，午前9時の点からPまでの長さをはかると，それぞれ12 cm，5.5 cmであった。観察を行った日の太陽が南中した時刻として，最も適当なものを，次のア～エから一つ選び，その符号を書きなさい。

ア　午前11時45分　　イ　午前11時51分　　ウ　午前11時57分　　エ　午後0時3分

(6) 健一さんが観察を行った地点と，緯度は同じで，経度が異なる日本のある地点で，同じ日に太陽の観察を行った場合，太陽が南中する時刻と太陽の南中高度は，健一さんが観察を行った地点と比べてどのようになるか。最も適当なものを，次のア～エから一つ選び，その符号を書きなさい。

ア　太陽が南中する時刻も太陽の南中高度も，ともに異なる。

イ　太陽が南中する時刻は異なるが，太陽の南中高度は同じになる。

ウ　太陽が南中する時刻は同じになるが，太陽の南中高度は異なる。

エ　太陽が南中する時刻も太陽の南中高度も，ともに同じになる。

〔5〕 光の進み方について調べるために，次の実験1，2を行った。この実験に関して，下の(1)～(4)の問いに答えなさい。

実験1　図1のように，半円形のガラスの中心を光が通るように，光源装置で光を当てて，光の道すじを観察した。

実験2　図2のように，和実さんは，床に垂直な壁にかけた鏡を用いて，自分の像を観察した。なお，和実さんの全身の長さは154 cm，目の位置は床から142 cm，鏡の縦方向の長さは52 cm，鏡の下端の位置は床から90 cm，和実さんと鏡との距離は100 cmとする。

図1

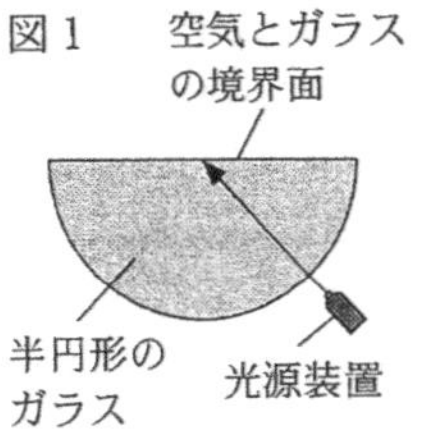

図2

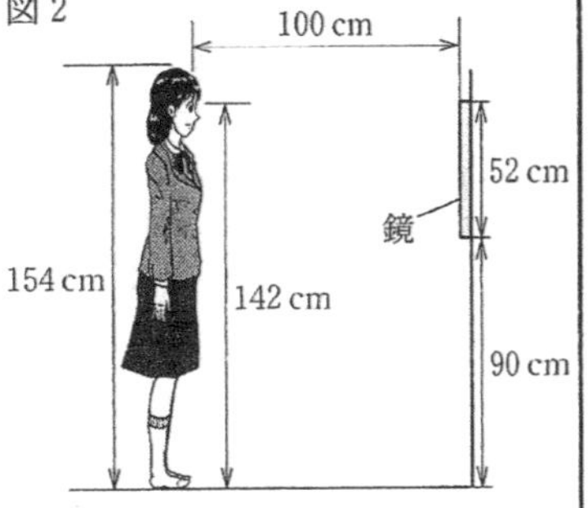

(1) 実験1について，光の進み方を表したものとして，最も適当なものを，図3のア～エから一つ選び，その符号を書きなさい。

(2) 実験1について，光がガラスから空気へ進むときの入射角を大きくしていくと，全反射が起きた。このような光の性質を利用しているものとして，最も適当なものを，次のア～エから一つ選び，その符号を書きなさい。

ア　エックス線写真　　イ　けい光灯

ウ　光ファイバー　　エ　虫眼鏡

図3

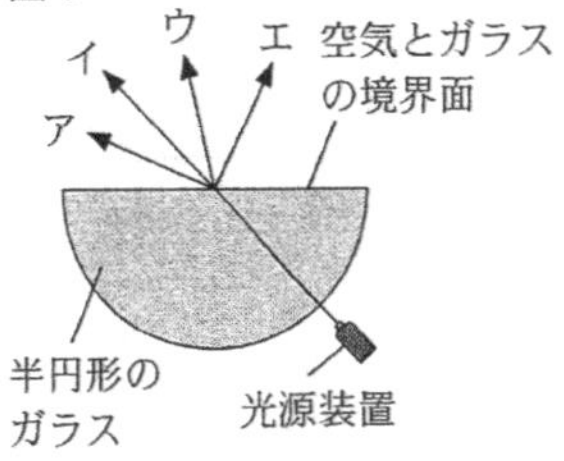

(3) 実験2について，和実さんから見える自分の像として，最も適当なものを，次のア～エから一つ選び，その符号を書きなさい。

ア

イ

ウ

エ

(4) 次の文は，実験2において，和実さんが全身の像を観察するために必要な鏡の長さと，その鏡を設置する位置について述べたものである。文中の X ， Y に当てはまる値を，それぞれ求めなさい。ただし，和実さんと鏡との距離は変えないものとする。

和実さんが全身の像を観察するためには，縦方向の長さが少なくとも X cmの鏡を用意し，その鏡の下端が床から Y cmの位置になるように設置すればよい。

〔6〕 電池のしくみを調べるために，次の実験1，2を行った。この実験に関して，下の(1)～(3)の問いに答えなさい。

実験1　図1のように，硫酸銅水溶液と銅板が入った袋状のセロハンを，硫酸亜鉛水溶液と亜鉛板が入ったビーカーの中に入れた。銅板と亜鉛板を，それぞれ導線でモーターとつないだところ，プロペラが回転した。

図1

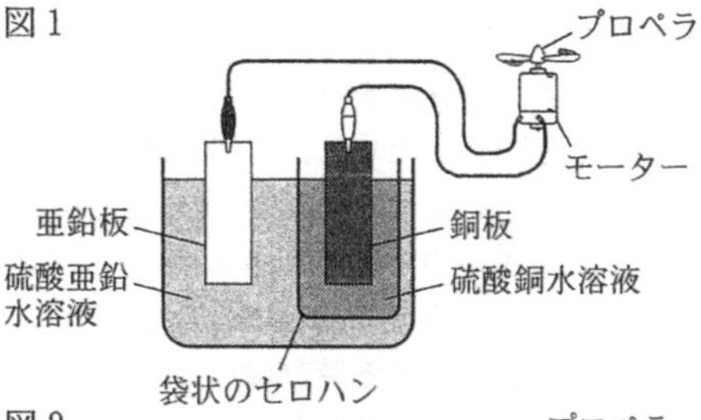

実験2　図2のように，硫酸マグネシウム水溶液とマグネシウム板が入った袋状のセロハンを，硫酸銅水溶液と銅板が入ったビーカーの中に入れた。マグネシウム板と銅板を，それぞれ導線でモーターとつないだところ，プロペラが実験1とは逆に回転した。

図2

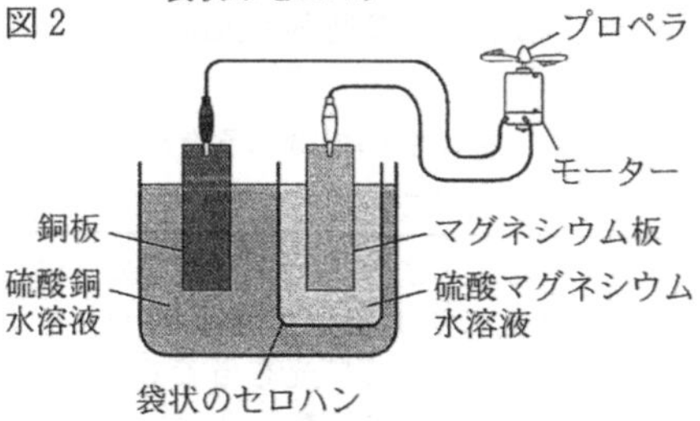

(1) 実験1について，次の①，②の問いに答えなさい。

① 銅，亜鉛の化学式を，それぞれ書きなさい。

② 水溶液に入っている銅板と亜鉛板のそれぞれに起こる変化について述べた文として，最も適当なものを，次のア～エから一つ選び，その符号を書きなさい。

ア　銅板も亜鉛板も，ともに溶け出す。

イ　銅板は溶け出し，亜鉛板は表面に物質が付着する。

ウ　銅板は表面に物質が付着し，亜鉛板は溶け出す。

エ　銅板も亜鉛板も，ともに表面に物質が付着する。

(2) 次の文は，実験2において，プロペラが実験1とは逆に回転した理由を説明したものである。文中の X ～ Z に当てはまる語句の組合せとして，最も適当なものを，下のア～カから一つ選び，その符号を書きなさい。

> 実験1では X が－極になり，モーターに電流が流れたが， Y の方が陽イオンになりやすく，実験2では Z が－極になり，モーターに電流が流れたから。

ア〔X　亜鉛板，Y　銅に比べてマグネシウム，Z　銅板〕

イ〔X　亜鉛板，Y　銅に比べてマグネシウム，Z　マグネシウム板〕

ウ〔X　亜鉛板，Y　マグネシウムに比べて銅，Z　銅板〕

エ〔X　亜鉛板，Y　マグネシウムに比べて銅，Z　マグネシウム板〕

オ〔X　銅板，Y　銅に比べてマグネシウム，Z　マグネシウム板〕

カ〔X　銅板，Y　マグネシウムに比べて銅，Z　マグネシウム板〕

(3) 実験1，2で用いた袋状のセロハンのはたらきについて述べた文として，最も適当なものを，次のア～エから一つ選び，その符号を書きなさい。

ア　2種類の水溶液を分けて，水溶液中のイオンが通過できないようにする。

イ　2種類の水溶液を分けて，水溶液中の陽イオンだけが通過できないようにする。

ウ　2種類の水溶液を分けるが，水溶液中のイオンは通過できるようにする。

エ　2種類の水溶液を分けるが，水溶液中の陽イオンだけは通過できるようにする。

〔7〕 理科の授業で，理子さんの班は，光合成が行われるときの条件を調べるために，アサガオの葉を用いて，次のⅠの手順で実験を行った。Ⅱはこの実験の結果であり，Ⅲは実験後の理子さんと班のメンバーによる会話の一部である。Ⅰ～Ⅲに関して，下の(1)～(3)の問いに答えなさい。

Ⅰ 実験の手順

① アサガオからふ入りの葉を一枚選び，図1のように，葉の一部をアルミニウムはくでおおって，暗いところに一晩置いた。

② 翌日，①の葉に光を十分に当てた後，アルミニウムはくをとって，熱湯につけてやわらかくした。やわらかくした葉を，熱湯であたためたエタノール（a）の中に入れて脱色した。

③ エタノールから取り出した葉を水洗いしてから，ヨウ素溶液にひたして，葉の色の変化を観察した。なお，図2のように，葉の，アルミニウムはくでおおわなかった緑色の部分をA，アルミニウムはくでおおわなかったふの部分をB，アルミニウムはくでおおっていた緑色の部分をC，アルミニウムはくでおおっていたふの部分をDとした。

図1

図2

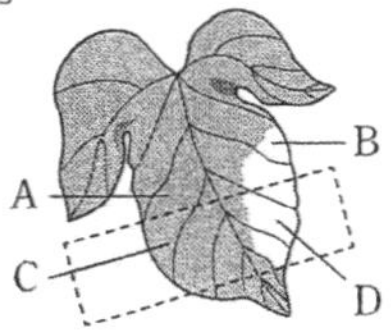

Ⅱ 実験の結果

・ Aの部分は，青紫色に変化した。
・ B，C，Dの部分は，変化が見られなかった。

Ⅲ 実験後の会話の一部

理子さん

Aの部分とBの部分の結果を比べると，［X］がわかりますね。

高子さん

そうですね。他にも，Aの部分とCの部分の結果を比べると，［Y］がわかりますね。Aの部分とDの部分とではどうでしょうか。

太郎さん

Aの部分とDの部分の結果を比べても，どの条件が結果に影響したのかわかりません。これは対照実験（b）とは言えません。

高子さん

次は，光合成が葉の細胞の中のどこで行われているかを調べてみましょう。

(1) 下線部aについて，エタノールをあたためる際，熱湯を用いるのはなぜか。その理由を書きなさい。

(2) ［X］，［Y］に最もよく当てはまるものを，次のア～カからそれぞれ一つずつ選び，その符号を書きなさい。

ア 光合成は，葉の緑色の部分で行われていること
イ 光合成は，葉のふの部分で行われていること
ウ 光合成は，葉緑体と呼ばれる部分で行われていること
エ 光合成には，二酸化炭素が必要であること
オ 光合成には，暗いところに一晩置くことが必要であること
カ 光合成には，葉に光を当てる必要があること

(3) 下線部bについて，対照実験とはどのような実験か。「条件」という語句を用いて書きなさい。

〔8〕 電熱線から発生する熱による水の温度の上昇について調べるために，電気抵抗が 2 Ω の電熱線を用いて，次の実験 1 ～ 3 を行った。この実験に関して，下の(1)～(5)の問いに答えなさい。ただし，電熱線から発生する熱は，すべて水の温度の上昇に使われたものとする。

実験 1　右の図のように，電源装置，スイッチ，電流計，電圧計，電熱線を用いて回路をつくり，水 140 cm^3 (140 g)を入れた断熱容器に，電熱線，温度計，ガラス棒を入れた。

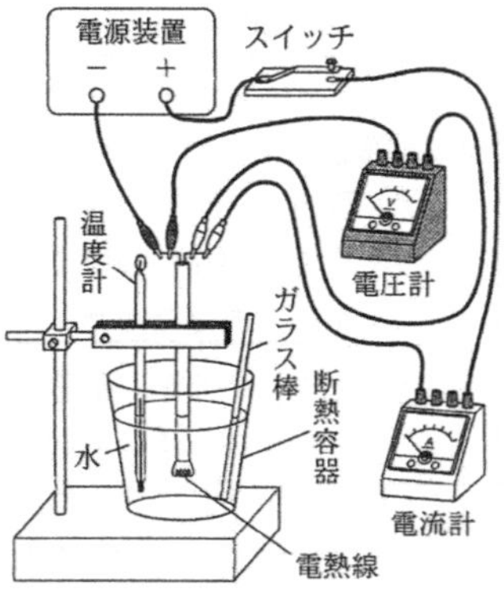

断熱容器内の水の温度が，室温と同じ 16.0 ℃ になるまで放置した後，スイッチを入れて，電圧計が 2.0 V を示すように電源装置を調節して電流を流した。ガラス棒で，静かに水をかきまぜながら，断熱容器内の水の温度を，スイッチを入れてから 1 分ごとに 4 分間測定した。

実験 2　実験 1 と同じ手順で，電圧計が 4.0 V を示すように電源装置を調節して，断熱容器内の水の温度を測定した。

実験 3　実験 1 と同じ手順で，電圧計が 6.0 V を示すように電源装置を調節して，断熱容器内の水の温度を測定した。

下の表は，実験 1 ～ 3 の結果をまとめたものである。

電圧〔V〕	2.0 V					4.0 V					6.0 V				
電流を流した時間〔分〕	0	1	2	3	4	0	1	2	3	4	0	1	2	3	4
水の温度〔℃〕	16.0	16.2	16.4	16.6	16.8	16.0	16.8	17.6	18.4	19.2	16.0	17.8	19.6	21.4	23.2
水の上昇温度〔℃〕	0.0	0.2	0.4	0.6	0.8	0.0	0.8	1.6	2.4	3.2	0.0	1.8	3.6	5.4	7.2

(1) 実験 1 について，電流計は何 A を示すか。求めなさい。

(2) 実験 2 について，電熱線が消費する電力は何 W か。求めなさい。

(3) 次の文は，実験 1，2 において，電熱線で発生する熱量について述べたものである。文中の [X] に当てはまる語句として，最も適当なものを，下のア～エから一つ選び，その符号を書きなさい。

> 実験 2 で電流を 1 分間流したときに電熱線で発生する熱量は，実験 1 で電流を [X] 流したときに電熱線で発生する熱量と同じになる。

ア　1 分間　　イ　2 分間　　ウ　3 分間　　エ　4 分間

(4) 実験 3 について，表をもとにして，電流を流した時間と水の上昇温度の関係を表すグラフをかきなさい。

(5) 実験 1 ～ 3 について，電流を流した時間と水の上昇温度には，どのような関係があるか。「電力」という語句を用いて書きなさい。

※100点満点

※

受検番号	

〔6〕

①1点×2
②2点
3点
3点

(1)	①	銅		亜鉛	
	②				
(2)					
(3)					

〔7〕

1)3点
2)3点×2
3)4点

(1)					
(2)	X		Y		
(3)					

〔8〕

1)2点
2)2点
3)3点
4)3点
5)3点

(1)	A
(2)	W
(3)	
(4)	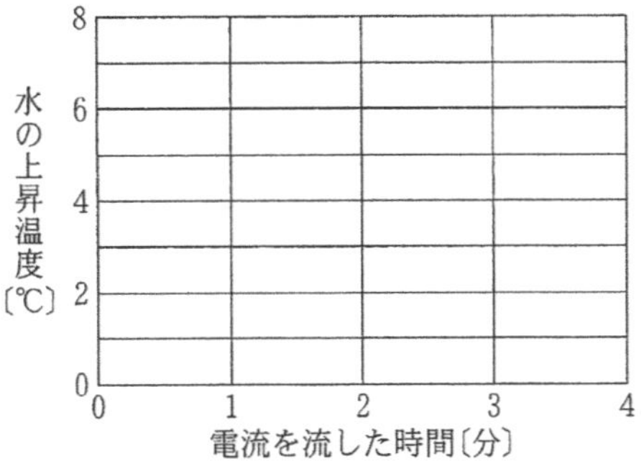
(5)	

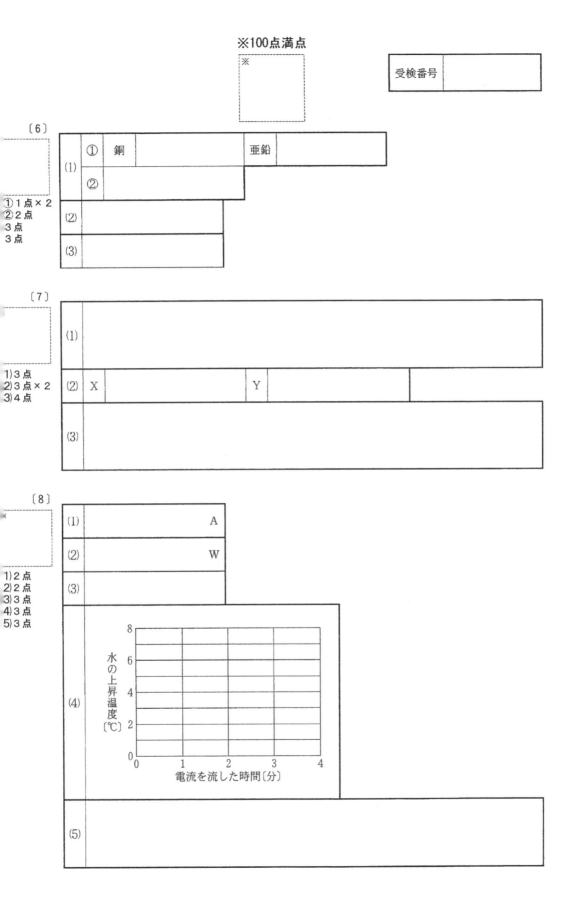

令和四年度
公立高等学校入学者選抜学力検査問題

国　語

十時～十時五十分（五十分間）

新潟県公立高等学校

◇M1(221―1)

注　意

1 「始め」の合図があるまで、開いてはいけません。
2 解答用紙は、この内側にあります。取り出して使いなさい。
3 問題は、問題用紙の1ページから7ページにあります。
4 解答は、すべて解答用紙に書きなさい。
5 解答は、縦書きで記入しなさい。
6 解答用紙の※の欄には、何も記入してはいけません。
7 「始め」の合図があったら、まず、解答用紙に受検番号を書きなさい。
8 「やめ」の合図があったら、すぐにやめて、筆記用具をおきなさい。

＃教英出版 編集部 注
編集の都合上、解答用紙はこの裏にあります。

国語解答用紙

（注1） 解答は、縦書きで記入すること。
（注2） ※の欄には、何も記入しないこと。

受検番号	

※

※100点満点

〔一〕

※

(一)					(二)				
1	2	3	4	5	1	2	3	4	5
奪 われる	漂 う	描写	抑揚	陳列	コマ かく	ココロ みる	キョウメイ	ギアン	ダンカイ

(一)2点×5
(二)2点×5

〔二〕

※

(一)	(二)	(三)	(四)	(五)

3点×5

令和四年度

公立高等学校入学者選抜学力検査

国語

問題用紙

〔一〕 次の㈠、㈡の問いに答えなさい。

㈠ 次の1～5について、――線をつけた漢字の部分の読みがなを書きなさい。

1 美しい絵に心を奪われる。
2 空に白い雲が漂う。
3 登場人物の心理を描写する。
4 抑揚をつけて話す。
5 商品を棚に陳列する。

㈡ 次の1～5について、――線をつけたカタカナの部分に当てはまる漢字を書きなさい。

1 氷をコマかく砕く。
2 実験をココロみる。
3 友人の意見にキョウメイする。
4 生徒総会にギアンを提出する。
5 仕上げのダンカイに入る。

〔二〕 次の㈠～㈤の問いに答えなさい。

㈠ 次の文と、文節の数が同じ文を、あとのア～エから一つ選び、その符号を書きなさい。

休日に図書館で本を借りる。

ア 虫の音に秋の気配を感じる。
イ こまやかな配慮に感謝する。
ウ あの山の向こうに海がある。
エ 風が入るように窓を開ける。

㈡ 次の文中の「眺望」と同じ意味で「望」が使われている熟語を、あとのア～エの――線部分から一つ選び、その符号を書きなさい。

山頂には素晴らしい眺望が広がる。

ア 今後の展望について語る。
イ 待望の夏休みが訪れる。
ウ 大会への出場を希望する。
エ 同僚からの信望を得る。

㈢ 次の文中の「ない」と同じ品詞であるものを、あとのア～エの――線部分から一つ選び、その符号を書きなさい。

> 森の中はとても静かで物音ひとつ聞こえない。

ア 次の目的地はそれほど遠くない。

イ 姉からの手紙がまだ届かない。

ウ この素材は摩擦が少ない。

エ 私はその本を読んだことがない。

㈣ 次の俳句に詠まれている季節と同じ季節の情景を詠んだ俳句を、あとのア～エから一つ選び、その符号を書きなさい。

> 若葉して家ありしとも見えぬかな　正岡《まさおか》子規《しき》

ア 山茶花《さざんか》の散りしく月夜つづきけり　山口《やまぐち》青邨《せいそん》

イ 鳥渡る空の広さとなりにけり　石塚《いしづか》友二《ともじ》

ウ ※　吉野《よしの》義子《よしこ》

エ 噴水のしぶけり四方《よも》に風の街　石田《いしだ》波郷《はきょう》

※お詫び：著作権上の都合により、ウの俳句は掲載しておりません。ご不便をおかけし、誠に申し訳ございません。　教英出版

㈤ 次の【説明】にしたがって手紙を書く場合に、[A]に最もよく当てはまる言葉を、あとのア～エから一つ選び、その符号を書きなさい。

【説明】 手紙の書き出しは、その季節を表す文から始め、次に相手の安否を気づかう言葉を述べます。主文の後にも結びのあいさつを述べ、頭語に対応した結語で締めくくり、日付と署名、宛名を添えます。

> 拝啓
>
> 春風の心地よい季節になりました。[A]
>
> さて、このたびは私の入学祝いにすてきな腕時計をお贈りくださいましてありがとうございました。文字盤が見やすくてとても気に入りました。叔母様からいただいた腕時計とともに、これからの時間を大切に過ごして参ります。
>
> なかなか遊びにうかがえませんが、またお会いできる日を楽しみにしています。まだ肌寒く感じる日もありますので、風邪などひかないよう、お気を付けください。
>
> 敬具
>
> 令和四年四月十日
>
> 山田　正太
>
> 新潟　栄子　様

ア 学校生活は毎日とても楽しいです。

イ もうすぐ暑い夏がやって参ります。

ウ お元気でお過ごしのことと存じます。

エ お礼をお伝えしたくて筆をとりました。

〔三〕 次のAの文章は、鴨長明《かものちょうめい》の「無名抄」の一部で、源俊頼《みなもとのとしより》と藤原基俊《ふじわらのもととし》の歌合《うたあわせ》での出来事について、長明の和歌の師である俊恵《しゅんえ》が語ったことを記したものである。また、Bの文章は、Aの文章について調べた三人の生徒と先生の会話である。この二つの文章を読んで、㈠～㈥の問いに答えなさい。

A

法性《ほっしゃう》寺《じ》殿《どの》にて歌合ありけるに《ウタアワセガアッタトキニ》、俊頼・基俊、二人判者《はんじゃ》にて、名を隠して当座に判しけるに《作者ノ名ヲ隠シテソノ場デ勝負ヲ判定シタガ》、俊頼の歌に、

(1)口惜しや雲井隠れに棲《す》むたつも思ふ人には
見えけるものを《見エタトイウノニ》

是《これ》を基俊、鶴《たづ》と心得て、「田《た》鶴《づ》は沢にこそ棲め《スムガ》、(2)雲井に住む事やはある」と難じて、負になしてける。されど俊頼、(3)其《そ》の座には詞《ことば》も加へず。其の時殿下、「今夜《こよひ》の判の詞、おの〳〵《ソレゾレ》書きて参らせよ《差シ出セ》」と仰《おほ》せられける《オッシャッタ》時、俊頼朝臣《あそん》、「これ鶴にはあらず、竜《たつ》なり。彼《か》のなにがし《中国ノ誰ソレ》とかやが《トイッタ人ガ》、竜を見むと思へる心ざしの深かりけるによりて、(4)かれがために現はれて見えたりし事の侍《はべ》るを、よめるなり《歌ニヨンダノデアル》」と書きたりけり。

(注)
源俊頼＝平安時代の歌人。
藤原基俊＝平安時代の歌人。
歌合＝左右に分けた歌人の詠んだ和歌を左右一首ずつ出して組み合わせ、判者が批評し、その優劣を競う遊戯。
法性寺殿＝内大臣藤原忠通《ないだいじんふじわらのただみち》の邸宅。
判者＝歌合などで作品の優劣を判定する人。
殿下＝敬称。ここでは藤原忠通を指す。
朝臣＝敬称。

B

先生　忠通の邸宅で行われた歌合は、判者が二人いるという珍しい形式で、その判者は、俊頼と基俊でした。

ナツコ　俊頼の和歌は、会いたい人に会えない気持ちを詠んだ和歌ですね。ところで、どうして基俊は、「たつ」を鶴だと思い込んだのでしょうか。

アキオ　私も気になったので調べてみたら、平安時代は、仮名を書くときには濁点をつけないから、「たつ」は「たつ（竜）」とも「たづ（鶴）」とも読めることがわかりました。

ナツコ　確かに、鶴を詠んだ和歌は多いですが、竜を詠んだ和歌はあまり見ません。

ハルカ　俊頼が書いた判の詞について調べたら、俊頼は、中国の故事を踏まえて、竜を和歌に詠んだことがわかりました。珍しさを尊重する俊頼と伝統を重んじる基俊の態度の違いがはっきり現れていて面白いですね。

アキオ　基俊は博識の人だったそうですが、この故事のことは忘れていたのでしょうか。

先生　実は、この文章の続きの部分で俊恵は、基俊について、(5)「思ひ量りもなく人の事を難ずる癖《くせ》」があったので、失敗も多かったと語っています。

ハルカ　これは現代にも通じることですね。

(注)　思ひ量り＝深く考えをめぐらすこと。

(一)　〰〰線部分の「思ふ」の読みを、すべてひらがなで書きなさい。ただし、現代かなづかいでない部分は、現代かなづかいに改めること。

(二)　——線部分(1)の「口惜しや」の意味として最も適当なものを、次のア～エから一つ選び、その符号を書きなさい。

ア　あなたの姿を見ることができてうれしいなあ。

イ　あなたが姿を見せてくれないとは残念だなあ。

ウ　あなたの姿を見ることができたら安心だなあ。

エ　あなたが姿を見せてくれないのは心配だなあ。

(三)　——線部分(2)の「雲井に住む事やはある」には、基俊のどのような気持ちが表れているか。最も適当なものを、次のア～エから一つ選び、その符号を書きなさい。

ア　鶴が雲の中に住むはずがないと非難する気持ち。

イ　鶴は雲の高さまで飛べるのかと感心する気持ち。

ウ　鶴は雲の中に住むに違いないと納得する気持ち。

エ　鶴が雲を越えるという表現に難色を示す気持ち。

(四)　——線部分(3)の「其の座には詞も加へず」とはどういうことか。二十字以内で書きなさい。

(五)　——線部分(4)の「かれがために現はれて見えたりし事の侍る」とはどういうことか。最も適当なものを、次のア～エから一つ選び、その符号を書きなさい。

ア　竜が会いたいと強く願う人がいて、その人が竜に会いに来てくれたという話が、中国の故事にあったということ。

イ　竜に会いたいと強く願う人がいたが、竜は姿を現してくれなかったという話が、中国の故事にあったということ。

ウ　竜が会いたいと強く願う人がいたが、その人は竜を恐れて逃げ出したという話が、中国の故事にあったということ。

エ　竜に会いたいと強く願う人がいて、竜がその人のために姿を見せたという話が、中国の故事にあったということ。

(六)　——線部分(5)の「思ひ量りもなく」とは、具体的にどういうことか。四十字以内で書きなさい。

〔四〕 次のⅠ、Ⅱの文章を読んで、㈠～㈥の問いに答えなさい。

Ⅰ 人は人生のなかで(1)風景と出会う。「出会う」、「遭遇する」というのは、一つの出来事である。「出会う」という出来事は、人間という存在を理解するのに不可欠な要素である。すなわち、人間が存在するときに、そして、自己が存在するということを了解するときに、その了解の契機となっているということである。ここで「了解する」というのは、たんに［　A　］に理解するということではない。あるいは、なにか現象から推論によって結論として獲得するということでもない。わたしたちが自己の存在を了解するとは、まず、自己の存在を感じること、実感することである。「自分という存在がこの世界に存在している、生きている」と感じ、また、そのことを意識することである。自己の存在を了解するということが、自己の存在の本質的契機である。風景との出会いは、そのような契機を提供する。

人間の存在は「与えられていること（所与）」と「選ぶこと（選択）」と、その間に広がる「出会うこと（遭遇）」の領域によって構成されている。

わたしたち人間は、人間としての身体をもって世界を知覚している。身体は、三次元の空間的存在であり、身体そのものは、さらにより大きな空間のうちにある。したがって、身体とは、二重の意味で空間的存在である。空間が身体に対して、また、身体に属する感覚器官に対して感覚的に立ち現れるとき、そこに風景が出現する。風景とは、身体という空間的存在に立ち現れる空間の相貌である。相貌の出現をわたしは「出会い」すなわち、遭遇の一つと考えるのである。

たしかに、わたしたちは、ある風景を見るために行為を選択することができる。紺碧《こんぺき》の海を眺めるために沖縄に行くことができる。「風景を見に行く行為を選択する」という意味で、わたしたちは行為を選択することができる。だから、風景を見ることは、選択の領域にあるようにみえるかもしれない。

人間は風景を見に行くことを選択することができる。ここで選択されるのは、見に行くという行為である。では、沖縄に行き、海岸の風景を見ることができたとき、見えた風景は選択されたのであろうか。わたしは、沖縄の海岸に海を見るために旅行を選択した。そして、海岸に立つことを選択した。そのとき、海は見えたのである。海は、わたしの視覚にその空間の相貌を示した。その時、その場所で、海はわたしにその姿を見せた。「海はその姿を見せた」というのは、行為の表現ではない。海は行為を選択することができないからである。それにもかかわらず、海がその姿を見せたから、わたしには海が見えたのである。海を見ようと目を開けることは行為であるが、目を開けたわたしの視覚に広がった海は、わたしにその姿を見せた。わたしが海を別の時間に、また別の場所で見たとすれば、わたしには違った風景が立ち現れたであろう。このことを、(2)わたしは、「人間は風景を選択するのではなく、風景と出会う」と表現するのである。

風景との出会いに感動があるというとき、「感動」とは、心が風景に感じて動かされることである。「感性」の「感」もまた、「動かされる」ということである。動かされるのは心であるが、動かすものは心の外にある。外界からの刺激によって心が動かされる。その刺激によって成立するのが空間の相貌の立ち現れであり、風景である。(3)風景は、人間の外的環境と身体との出会いによって出現するのである。身体と環境のどちらが欠けても風景は出現しない。

　わたしたちは風景と出会う。とすると、わたしたちは、特別な機会に風景と出会っているように思うかもしれない。確かに、わたしたちは毎日沖縄の紺碧の海に出会っているわけではないし、窓外に雲上の富士山に出会っているわけでもない。

　[a]、わたしたちは、生まれたときから風景と出会っているのではないか。毎日、目覚めたときから風景のなかにあるのではないか。眠りにつくまで風景を見ているのではないか。その生を終えるまで風景とともにあるのではないか。その通りである。わたしたちの人生は、風景とともに始まり、風景とともにあり、風景とともに終わる。人間にとって存在するとは、「風景とともにある」ということである。

（桑子　敏雄「生命と風景の哲学」岩波書店による）

(注)　相貌＝物事のようす。

(一)　――線部分(1)とは何か。具体的に述べている一文を、Ⅰの文章中から三十字以内で抜き出し、そのはじめと終わりの五字をそれぞれ書きなさい。

(二)　文章中の[A]に最もよく当てはまる言葉を、次のア～エから一つ選び、その符号を書きなさい。

ア　具体的　　イ　概念的　　ウ　経験的　　エ　効率的

(三)　――線部分(2)について、筆者がこのように考えるのはなぜか。その説明として最も適当なものを、次のア～エから一つ選び、その符号を書きなさい。

ア　風景は、人間の主体的な行動によって必然的に姿を現すものであり、自ら出会いを求めに行く積極性が必要だから。

イ　風景は、自らの意志で行為を選択してその姿を現すものであり、人間がその出現を待ち続けるしかないから。

ウ　風景は、時間や場所によって異なる姿で立ち現れるものであり、人間が行為として選択できるものではないから。

エ　風景は、人間が特定の行為を選択することによって出現するものではなく、あらかじめ与えられているものだから。

(四)　――線部分(3)とはどういうことか。六十字以内で書きなさい。

(五)　文章中の[a]に最もよく当てはまる言葉を、次のア～エから一つ選び、その符号を書きなさい。

ア　たとえば　　イ　つまり　　ウ　だから　　エ　しかし

国語〔四〕の問題の続きは7ページにあります。

㈥　次のⅡの文章は、Ⅰの文章と同じ著書の一部である。〰〰線部分について、筆者がこのように考えるのはなぜか。ⅠとⅡの文章を踏まえ、百二十字以内で書きなさい。

Ⅱ

見慣れた風景への出会いがどうして起きるかといえば、そのような風景に遭遇している自己の変化とともに風景が立ち現れるからである。健康なときには気にもとめなかった庭の花の様子が新鮮な生命力を宿していることに気づくときや、病気から回復して眺めた山の姿の落ち着きに対する感動など、風景の出現は、そのような出現を促した自己の変化とともにある。

だが、もう一つ人が風景と出会うときがある。それは、人間が「風景―とともに―あること」を自覚したときである。人生が風景とともにあるということを知るとき、人の生きているということが風景のうちにあるということを知るときである。そのとき人間は風景に出会う。風景について考えるということは、そのような体験の契機に出会うということである。風景についての考察を深めるということは、「風景―とともに―あること」としての人間の自己理解を深めることを意味している。風景について深く思索することは、自己の存在を深く思索することと同じである。

〔三〕

※

㈠	㈡	㈢	㈣	㈤	㈥
			20		40

㈠2点
㈡4点
㈢4点
㈣5点
㈤5点
㈥10点

〔四〕

※

㈠	㈡	㈢	㈣	㈤	㈥
はじめ 終わり			60		120

㈠4点
㈡4点
㈢4点
㈣8点
㈤3点
㈥12点

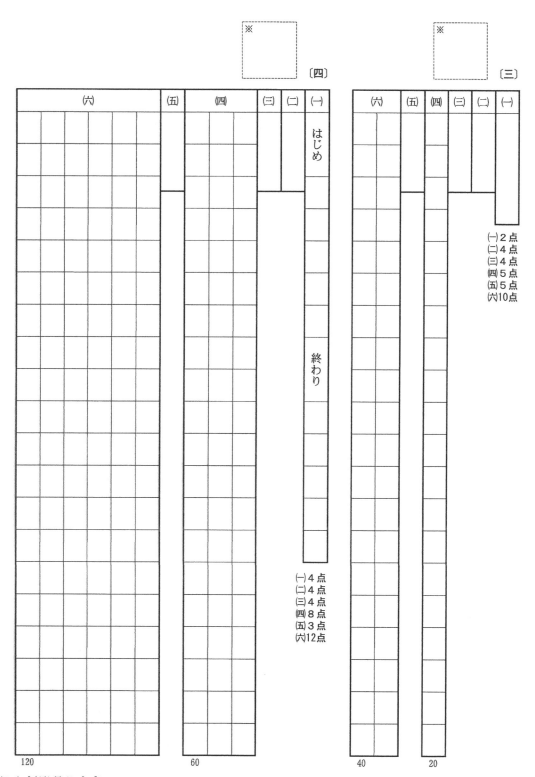

令 和 4 年 度

公立高等学校入学者選抜学力検査問題

数　　学

11：10～12：00(50 分間)

注　　意

1 「始め」の合図があるまで，開いてはいけません。
2 解答用紙は，この内側にあります。取り出して使いなさい。
3 問題は，問題用紙の 1 ページから 7 ページにあります。
4 解答は，すべて解答用紙に書きなさい。〔求め方〕がある場合は，求め方も書きなさい。
5 解答は，横書きで記入しなさい。
6 解答用紙の※の欄には，何も記入してはいけません。
7 「始め」の合図があったら，まず，解答用紙に受検番号を書きなさい。
8 「やめ」の合図があったら，すぐにやめて，筆記用具をおきなさい。

＃教英出版 編集部　注
編集の都合上、解答用紙はこの裏にあります。

数 学 解 答 用 紙

（注１） 解答は，横書きで記入すること。
（注２） ※の欄には，何も記入しないこと。

〔１〕

※

４点×８
((8)は完答)

(1)		(2)		(3)	
(4)		(5)	$x =$	(6)	
(7)	$\angle x =$ 度	(8)			

〔２〕

※

(1)６点
(2)６点
(3)５点

(1)	〔求め方〕 答 $n =$
(2)	〔求め方〕 答
(3)	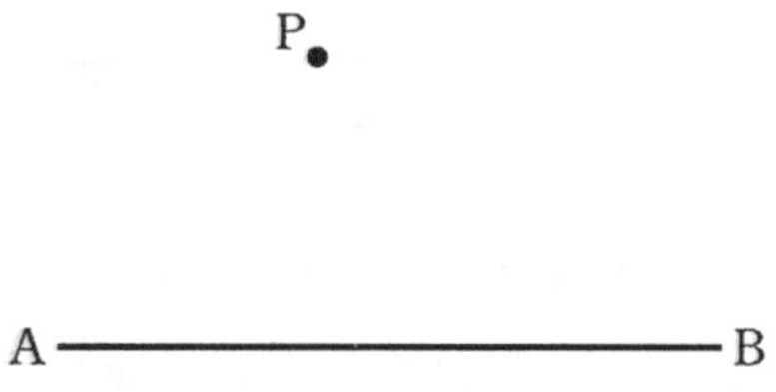

〔３〕

※

(1)４点
(2)４点
(3)６点
(4)完答４点

(1)					
(2)	毎秒 m				
(3)	〔求め方〕 答 $a =$				
(4)	ア		イ		ウ

2022(R4) 新潟県公立高
教英出版

令 和 4 年 度

公立高等学校入学者選抜学力検査

数　　　学

問 題 用 紙

〔1〕 次の(1)~(8)の問いに答えなさい。

(1) $2-11+5$ を計算しなさい。

(2) $3(a-3b)-4(-a+2b)$ を計算しなさい。

(3) $8a^2b^3 \div (-2ab)^2$ を計算しなさい。

(4) $\sqrt{6} \times 2\sqrt{3} - 5\sqrt{2}$ を計算しなさい。

(5) 2次方程式 $x^2-5x-6=0$ を解きなさい。

(6) 2点$(-1,\ 1)$，$(2,\ 7)$を通る直線の式を答えなさい。

(7) 右の図のように，円 O の円周上に 4 つの点 A，B，C，D があり，線分 BD は円 O の直径である。$\angle ABD = 33°$，$\angle COD = 46°$ であるとき，$\angle x$ の大きさを答えなさい。

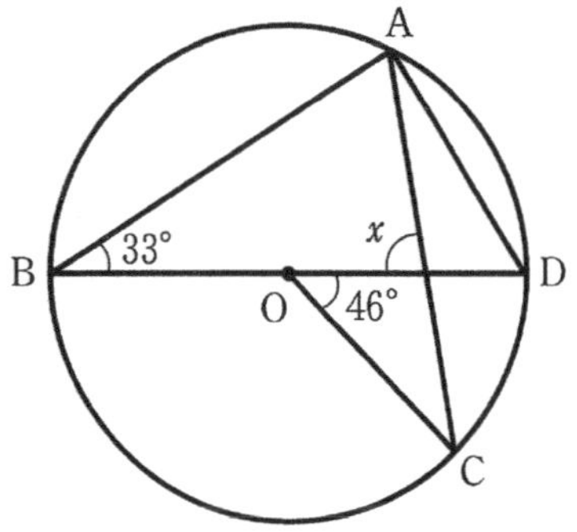

(8) 下の図は，ある中学校の 2 年 A 組，B 組，C 組それぞれ生徒 35 人の，ハンドボール投げの記録を箱ひげ図に表したものである。このとき，ハンドボール投げの記録について，図から読み取れることとして正しいものを，次のア～オからすべて選び，その符号を書きなさい。

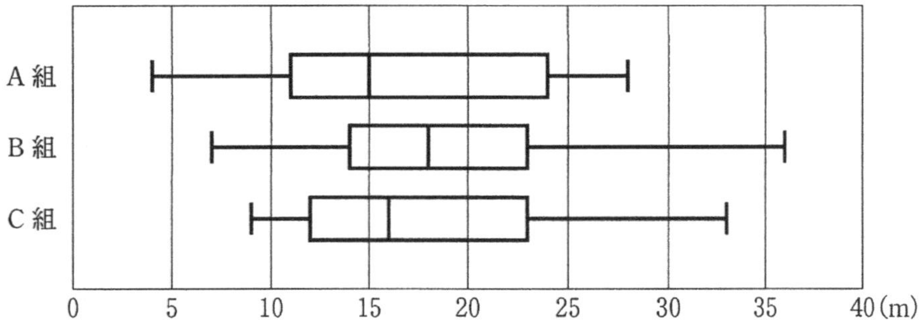

ア　A 組，B 組，C 組のいずれの組にも，30 m を上回った生徒がいる。

イ　A 組と B 組を比べると，四分位範囲は B 組の方が大きい。

ウ　B 組と C 組を比べると，範囲は B 組の方が大きい。

エ　A 組は，10 m 以上 15 m 以下の生徒の人数より，15 m 以上 20 m 以下の生徒の人数の方が多い。

オ　C 組には，25 m 以下だった生徒が 27 人以上いる。

〔2〕 次の(1)～(3)の問いに答えなさい。

(1) $\sqrt{56n}$ が自然数となるような，最も小さい自然数 n を求めなさい。

(2) 箱の中に，数字を書いた6枚のカード [1]，[2]，[3]，[3]，[4]，[4] が入っている。これらをよくかき混ぜてから，2枚のカードを同時に取り出すとき，少なくとも1枚のカードに奇数が書かれている確率を求めなさい。

(3) 下の図のように，線分ABと点Pがある。線分AB上にあり，PQ＋QB＝ABとなる点Qを，定規とコンパスを用いて作図しなさい。ただし，作図は解答用紙に行い，作図に使った線は消さないで残しておくこと。

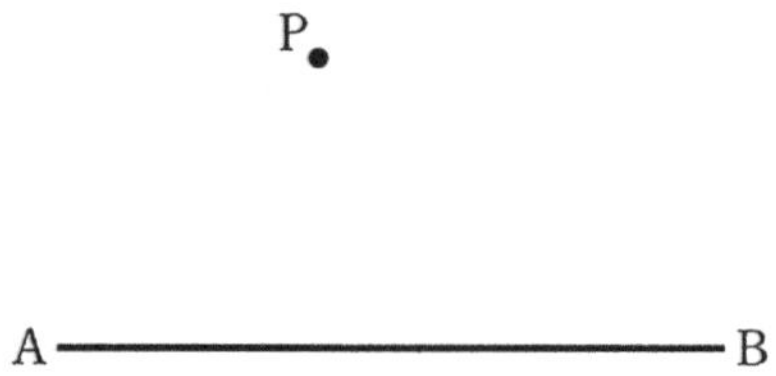

〔3〕 モーター付きの2台の模型のボートがあり，それぞれボートA，ボートBとする。この2台のボートを流れのない水面に並べて浮かべ，同時にスタートさせ，ゴールまで200 mを走らせた。ただし，2台のボートは，それぞれ一直線上を走ったものとする。

ボートがスタートしてからx秒間に進んだ距離をy mとする。右の図1は，ボートAについてxとyの関係をグラフに表したものであり，$0 \leqq x \leqq 14$では放物線，$14 \leqq x \leqq a$では直線である。また，図2は，ボートBについてxとyの関係をグラフに表したものであり，$0 \leqq x \leqq 20$では放物線，$20 \leqq x \leqq b$では直線である。このとき，次の(1)～(4)の問いに答えなさい。

図1

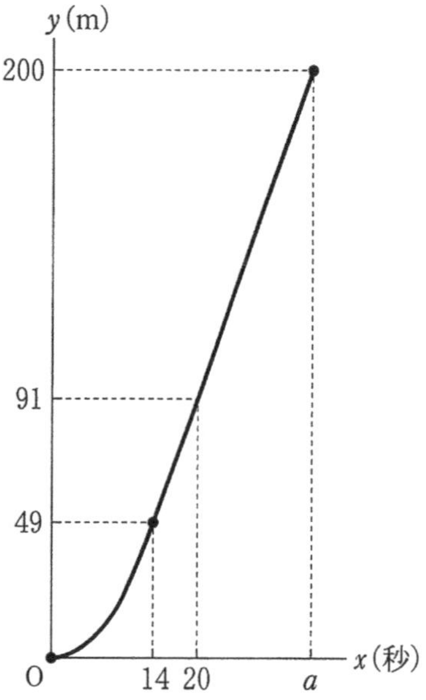

図2

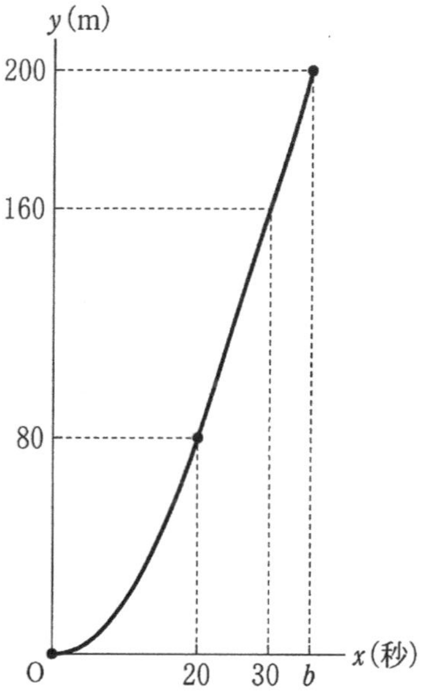

(1) ボートAについて，$0 \leqq x \leqq 14$のとき，yをxの式で表しなさい。

(2) ボートAについて，スタートして14秒後からゴールするまでの速さは毎秒何 mか，答えなさい。

(3) 図1のグラフ中のaの値を求めなさい。

(4) 次の文は，2台のボートを走らせた結果について述べたものである。このとき，文中の［ア］～［ウ］に当てはまる記号または値を，それぞれ答えなさい。ただし，記号は，AまたはBのいずれかとする。

> 先にゴールしたのはボート［ア］であり，ボート［イ］の［ウ］秒前にゴールした。

〔4〕 次の文は，ある中学校の数学の授業での課題と，その授業での先生と生徒の会話の一部である。この文を読んで，あとの(1)～(5)の問いに答えなさい。

課題

右の図1のような，縦 9 cm，横 16 cm の長方形の厚紙1枚を，いくつかの図形に切り分け，それらの図形をつなぎ合わせて，図1の長方形と同じ面積の正方形を1つ作る。

図1

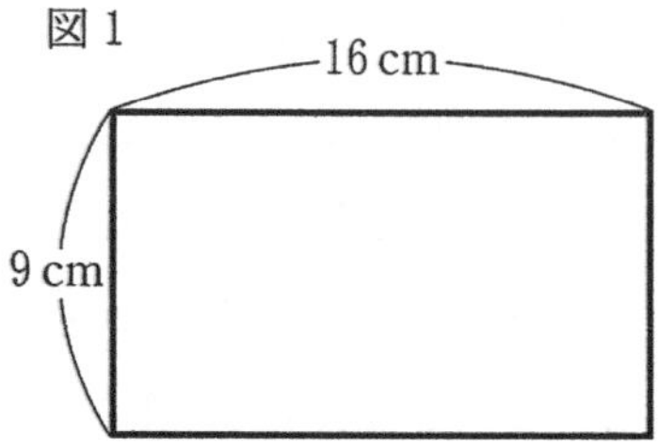

先生： これから，縦 9 cm，横 16 cm の長方形の厚紙を配ります。

ミキ： 図1の長方形の面積は ア cm^2 だから，これと同じ面積の正方形の1辺の長さは イ cm です。

リク： 私は，図1の長方形を，右の図2のように I 5つの長方形に切り分け，それらの長方形をつなぎ合わせて，図3のように正方形を作りました。

図2

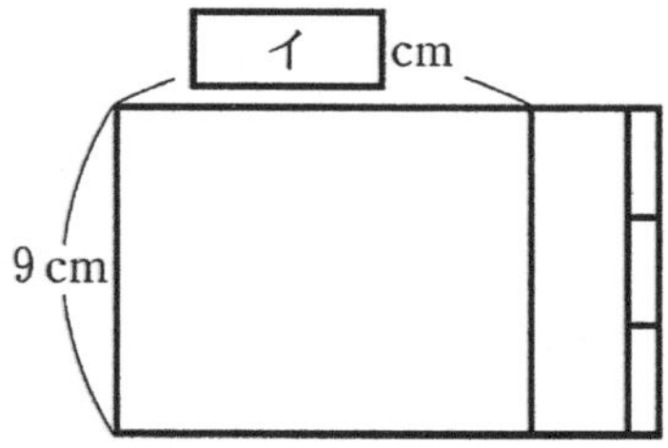

ミキ： なるほど。

ユイ： ほかに切り分ける方法はないのでしょうか。

図3

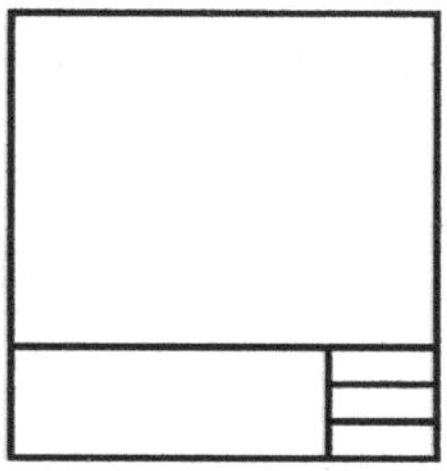

先生： それでは，切り分ける図形の個数を最も少なくすることを考えてみましょう。まず，右の図4のように，∠RPQ が直角で斜辺 QR の長さを 16 cm とし，頂点 P から斜辺 QR に引いた垂線と斜辺 QR との交点を H とするとき，線分 QH の長さが 9 cm である△PQR を考えます。このとき，辺 PQ の長さを求めてみましょう。

図4

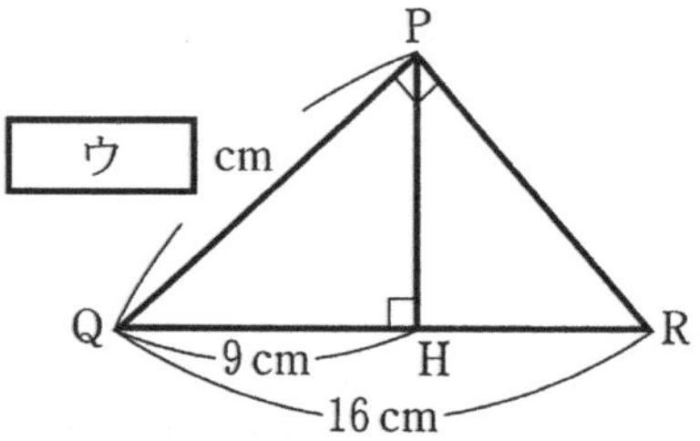

コウ： II △PQR と△HQP が相似なので，辺 PQ の長さは ウ cm です。

先生： そのとおりです。さて，図1の長方形と図4の△PQR を見て，何か気づくことはありますか。

リク：　長方形の横の長さと，△PQR の斜辺 QR の長さは，どちらも 16 cm です。

ミキ：　私も同じことに気づきました。そこで，図 1 の長方形と合同な長方形の頂点を，図 5 のように，左上から反時計回りに A，B，C，D としました。そして，図 6 のように，長方形の辺 BC と△PQR の斜辺 QR を重ねた図をかきました。

先生：　ミキさんがかいた図 6 を利用して，長方形 AQRD を，3 つの図形に切り分けることを考えてみましょう。

ユイ：　右の図 7 のように，線分 AD と線分 RP の延長との交点を E とすると，<u>線分 PQ の長さと線分 ER の長さは等しくなります。</u>Ⅲ

コウ：　それなら，長方形 AQRD を線分 PQ と線分 ER で 3 つの図形に切り分け，それらの図形をつなぎ合わせると，図 1 の長方形と同じ面積の正方形を 1 つ作ることができます。

図 5

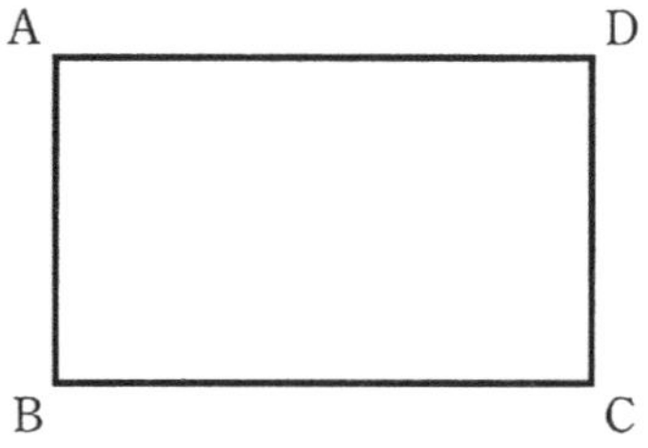

図 6

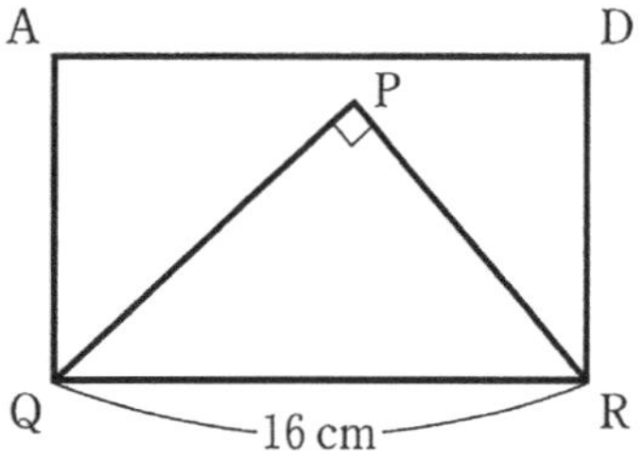

図 7

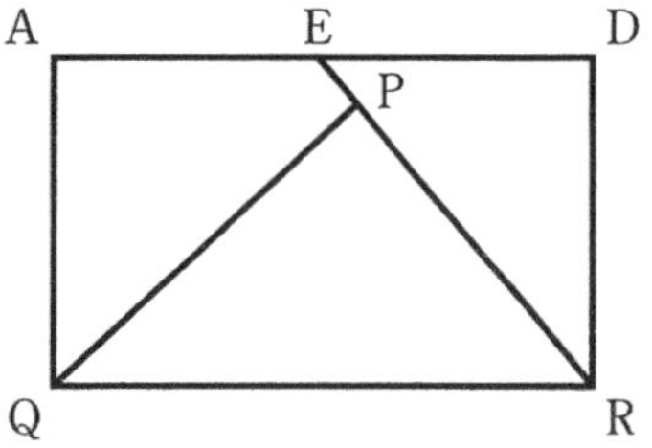

(1)　ア ，イ に当てはまる数を，それぞれ答えなさい。

(2)　下線部分Ⅰについて，切り分けた 5 つの長方形のうち，最も面積の小さい長方形は 3 つある。このうちの 1 つの長方形の面積を答えなさい。

(3)　下線部分Ⅱについて，△PQR ∽ △HQP であることを証明しなさい。

(4)　ウ に当てはまる数を答えなさい。

(5)　下線部分Ⅲについて，PQ = ER であることを証明しなさい。

〔5〕 下の図のような，正四角すいと直方体を合わせてできた立体がある。正四角すい OABCD は，1辺の長さが 4 cm の正方形を底面とし，OA = OB = OC = OD = 3 cm であり，直方体 ABCD − EFGH の辺 AE の長さは 2 cm である。また，直線 OE，OG と平面 ABCD との交点を，それぞれ P，Q とする。このとき，次の(1)〜(3)の問いに答えなさい。

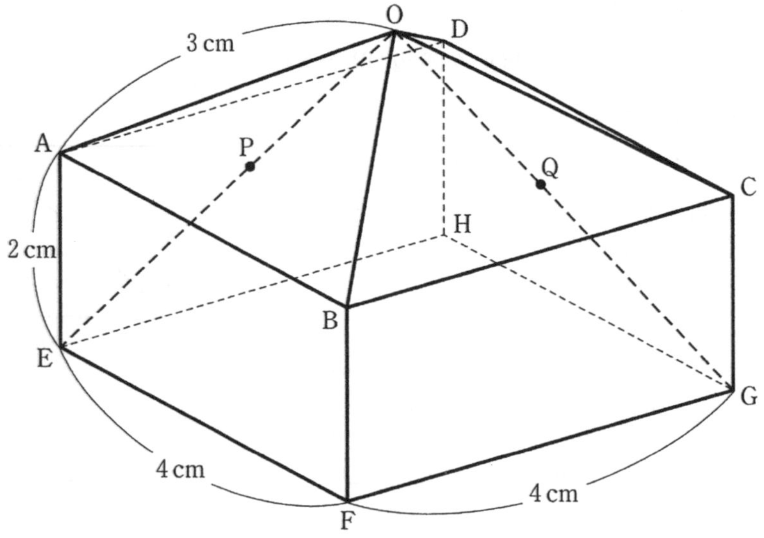

(1) 正四角すい OABCD の高さを答えなさい。

(2) 線分 PQ の長さを求めなさい。

(3) △PFQ の面積を求めなさい。

※100点満点

※

受検番号	

〔4〕

※

(1) 1点×2
(2) 2点
(3) 4点
(4) 3点
(5) 6点

(1)	ア		イ		(2)	cm^2
(3)	〔証明〕					
(4)						
(5)	〔証明〕					

〔5〕

※

(1) 4点
(2) 6点
(3) 6点

(1)	cm
(2)	〔求め方〕 答　cm
(3)	〔求め方〕 答　cm^2

令和4年度

公立高等学校入学者選抜学力検査問題

英　　語

13：00～13：50(50分間)

注　意

1　最初に，放送による聞取り検査を行います。放送による指示があるまで，開いてはいけません。
2　解答用紙は，この内側にあります。取り出して使いなさい。
3　問題は，問題用紙の1ページから6ページにあります。
4　解答は，すべて解答用紙に書きなさい。
5　解答は，横書きで記入しなさい。
6　解答用紙の※の欄には，何も記入してはいけません。
7　「やめ」の合図があったら，すぐにやめて，筆記用具をおきなさい。

＃教英出版 編集部　注
編集の都合上、解答用紙はこの裏にあります。

英 語 解 答 用 紙

（注１） 解答は，横書きで記入すること。
（注２） ※の欄には，何も記入しないこと。

〔１〕

※

(1)３点×４
(2)３点×４
(3)３点×２

(1)	1		2		3		4	
(2)	1		2		3		4	
(3)	1							
	2							

〔２〕

※

(1)３点
(2)a．３点
　b．６点

(1)		
(2)	a	
	b	

〔３〕

※

(1)２点×２
(2)３点×２
(3)３点×２
(4)３点
(5)４点
(6)３点

(1)	A		D	
(2)	B			
	G			
(3)				
(4)				
(5)				
(6)				

令 和 4 年 度

公立高等学校入学者選抜学力検査

英　　　語

問 題 用 紙

※教英出版注
音声は，解答集の書籍ＩＤ番号を教英出版ウェブサイトで入力して聴くことができます。

〔１〕 放送を聞いて，次の(1)～(3)の問いに答えなさい。

(1) これから英文を読み，それについての質問をします。それぞれの質問に対する答えとして最も適当なものを，次のア～エから一つずつ選び，その符号を書きなさい。

1 ア A mirror. イ A pencil.
ウ A shirt. エ A table.

2 ア Two people. イ Three people.
ウ Six people. エ Nine people.

3 ア Hiroko and her father. イ Hiroko and her brother.
ウ Hiroko's father and mother. エ Hiroko's father and brother.

4 ア By bike. イ By car.
ウ By bus. エ By train.

(2) これから英語で対話を行い，それについての質問をします。それぞれの質問に対する答えとして最も適当なものを，次のア～エから一つずつ選び，その符号を書きなさい。

1 ア Yes, they do. イ No, they don't.
ウ Yes, they did. エ No, they didn't.

2 ア On Saturday morning. イ On Saturday afternoon.
ウ On Sunday morning. エ On Sunday afternoon.

3 ア At 9:00. イ At 9:10.
ウ At 9:40. エ At 10:00.

4

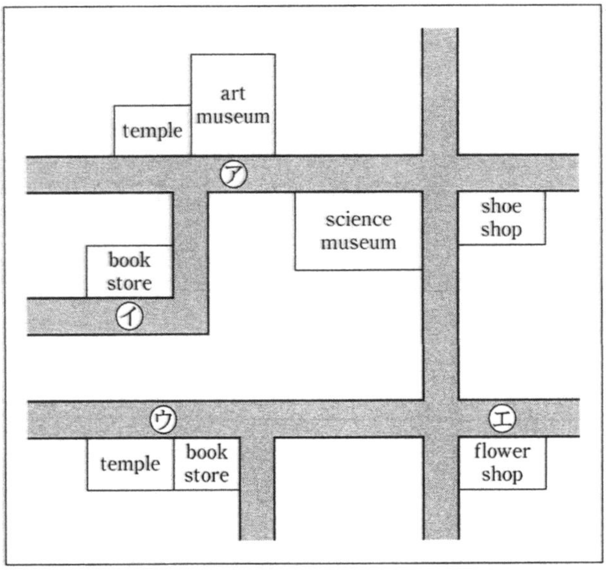

(3) これから，英語部の先生が生徒に，留学生のメアリー(Mary)の歓迎会の連絡をします。その連絡について，二つの質問をします。それぞれの質問に対する答えを，３語以上の英文で書きなさい。

〔2〕 次の英文は，地球規模の社会問題を扱った高校生向けの講演会(lecture)の【案内】の一部と，それについて，あなたとオリバー(Oliver)が話をしている【会話】です。【案内】と【会話】を読んで，下の(1)，(2)の問いに答えなさい。ただし，【会話】の＊＊＊の部分には，あなたの名前が書かれているものとします。

【案内】

Lecture A: Safe Water for Everyone	Lecture B: Studying at School
About 2,200,000,000 people cannot drink clean and safe water, and many of them become sick. Safe water is necessary for their healthy lives.	About 1,600,000,000 children do not go to school. Many of them hope to learn how to read, write, or calculate, and improve their lives.
Lecture C: Don't Waste Food	**Lecture D: Forests Will Be Lost**
About 2,000,000,000 people cannot eat enough food, but more than 30% of the world's food is wasted. How can we stop wasting food?	By 2030, 60% of the Amazon rainforest may be lost. Then, many animals and plants living there will lose their home.

(注) clean　きれいな　　healthy　健康的な　　calculate　計算する　　by～　～までには
the Amazon rainforest　アマゾンの熱帯雨林

【会話】

＊＊＊: Wow, all the lectures look interesting. Which one will you listen to?

Oliver: I will listen to [　　　]. My mother works at a restaurant and she often says a lot of food is wasted. I want to learn how to stop that. How about you? Which lecture are you interested in the most?

＊＊＊: (**a**)

Oliver: Why do you want to listen to it?

＊＊＊: (**b**)

(1) 【会話】の [　　　] の中に入る最も適当なものを，次のア～エから一つ選び，その符号を書きなさい。

ア　Lecture A　　イ　Lecture B　　ウ　Lecture C　　エ　Lecture D

(2) 【会話】の **a**，**b** の(　　)の中に，それぞれ直前のオリバーの質問に対するあなたの答えを，**a** は3語以上の英文で，**b** は3行以内の英文で書きなさい。

〔3〕 次の英文を読んで，あとの(1)~(6)の問いに答えなさい。

Ruri is a junior high school student. Jane is from Canada, and she is studying science at university in Japan. Jane is staying at Ruri's house. They are talking at a park.

Jane: Look, a swallow is flying.

Ruri: Oh, that swallow is flying low. Well, if my grandmother were here, she would say, "Go home before it rains." She really loves superstitions.

Jane: Ruri, your grandmother may be right. It will rain when a swallow flies low.

Ruri: What?

Jane: I read it in a science book. Swallows eat insects. Before it starts raining, insects cannot fly high because of humidity. To eat those (**A**) insects, swallows also fly low.

Ruri: Wow, **B** [interesting, story, an, what] ! That's not a superstition.

Jane: Your grandmother may know other useful stories.

Ruri: Yes, I will ask her.

Jane: I know another interesting story. Ruri, what will you do if your little brother hits his foot on a table leg and starts crying?

Ruri: Well, I think I will say, "Are you OK?" and touch his foot with my hand.

Jane: You are a good sister. But do you think it reduces pain?

Ruri: No. It is a superstition, right?

Jane: Ruri, some scientists say it's not a superstition. By touching an aching body part, you can reduce pain. I heard this story from my teacher.

Ruri: Really? That's amazing!

Jane: **C** Those stories are two examples of things humans have learned from experience. They have (**D**) those things to their children. Some people may think they are superstitions, but some of them are true. By doing scientific research, we can know many things.

Ruri: Great! Science is very interesting.

Jane: Yes. Well, if you like science, I want you to remember one thing. Science isn't perfect.

Ruri: [**E**] You have just said we can know many things by doing scientific research.

Jane: Yes. Science is useful and can tell us a lot of things. However, it is very difficult to know what is really true.

Ruri: Can you give me an example?

Jane: For example, in the past, many scientists believed all dinosaurs died out. But now, some scientists say some dinosaurs survived. Like this example, scientists sometimes have different theories about something.

Question: When will they go to the movies?

3 A: Let's go now! We have only 20 minutes before the train leaves.
B: Don't worry. Look at my watch. It's still 9:00. We need only 10 minutes to go to the station.
A: Oh, your watch has stopped. Look at my watch. It's already 9:40.
B: Oh, no!
Question: What time does the train leave?

4 A: Excuse me, where is the art museum? My friend said it is next to a temple, but this is a book store, right?
B: Oh, yes. The art museum is next to another temple.
A: Oh, really? Can you tell me how to go to the art museum?
B: Sure. Go straight, and turn left when you see a flower shop. Then, turn left when you see a shoe shop and a science museum. Walk for about 3 minutes, and you'll see the art museum.
A: OK, thank you!
Question: Where are the two people talking now?

(3) Hello, everyone. I'm going to talk about the welcome party for Mary. We have been planning the party on September 24. However, on September 24, she can't come because she is going to have some activities for students from foreign countries. So, let's have the party on September 21. Well, we have already decided to sing some English songs. Mary wants to take pictures with us at the party. Do you have other ideas?

Question: 1 Will the students have the welcome party on September 24?
2 What does Mary want to do with the students at the party?

令和４年度　　　　　　　　　　　放送による聞取り検査の問題文

〔1〕

(1)　1　When you want to see your face, you use this.
Question:　What is this?

2　There are nine people in the park.　Four of them are playing basketball.　Two of them are playing soccer.　Three of them are talking under the tree.
Question:　How many people are playing sports in the park?

3　Hiroko is cleaning her room.　Her father is cooking dinner.　Her brother is helping him.　Her mother is writing a letter in her room.
Question:　Who are cooking dinner?

4　Steve usually goes to the library by bike.　Last Sunday, his mother wanted to read some books too, so they went there by car.　Today, he went there by bus because it rained a lot.　He left the library before noon, and he went to a big book store in the next town by train.
Question:　How did Steve go to the library today?

(2)　1　A:　Do we need an English dictionary today?
B:　We have no English class today.　But we have a Japanese class, so we need a Japanese dictionary.
A:　OK.
Question:　Do they need an English dictionary today?

2　A:　Hi, Maki.　Let's go to the movies on Saturday.
B:　I'm going to go to my friend's house on Saturday morning.　I'm also going to go to a swimming school in the afternoon.
A:　How about on Sunday?

Ruri: I see. Science is useful, but it is difficult to know true things.

Jane: Yes. It's difficult even for scientists to know true things. "Why does it happen?" "Is it really true?" Scientists always have such questions and do research. For a long time, <u>those people</u> (F) have been developing science.

Ruri: How can I become such a person?

Jane: You should always think a lot and try to find questions from your daily life. When you have a question, think how to study about it and do research. Also, it is important to read a lot of science books. You are still a junior high school student, but there are many things you can do.

Ruri: OK, I will try. And I will study science in the future like you!

Jane: I'm [to, that, hear, happy] (G) . I'm sure you can enjoy learning science more.

(注) swallow ツバメ　low 低く　superstition 迷信　insect 昆虫　high 高く
humidity 湿気　hit～on… ～を…にぶつける　foot 足　table leg テーブルの脚
reduce～ ～を減らす　pain 痛み　aching 痛む　scientific 科学的な
perfect 完璧な　die out 死に絶える　theory 学説　develop～ ～を発達させる

(1) 文中のA，Dの(　　　)の中に入る最も適当な語を，次のア～エからそれぞれ一つずつ選び，その符号を書きなさい。

A　ア fly　イ flies　ウ flew　エ flying

D　ア heard　イ lost　ウ taught　エ understood

(2) 文中のB，Gの[　　　]の中の語を，それぞれ正しい順序に並べ替えて書きなさい。

(3) 下線部分Cについて，その具体的な内容を，本文から二つ探して，それぞれ英文１文で抜き出しなさい。

(4) 文中のEの[　　　]の中に入る最も適当なものを，次のア～エから一つ選び，その符号を書きなさい。

ア Why do you remember it?　イ What do you mean?

ウ I'll never forget it.　エ I'm sure you are right.

(5) 下線部分Fについて，その内容を，具体的に日本語で書きなさい。

(6) 本文の内容に合っているものを，次のア～オから一つ選び，その符号を書きなさい。

ア Ruri doesn't think people should believe superstitions because they are not useful.

イ Jane knows a lot of interesting stories about science because she has learned them from her grandmother.

ウ Jane thinks scientists can always know what is really true and don't have different theories.

エ Ruri wants to study science though Jane has told her that it is difficult even for scientists to know true things.

オ Jane thinks junior high school students are so young that they cannot do research.

〔4〕 次の英文を読んで，あとの(1)~(6)の問いに答えなさい。

Mike is from America and he studied about Japanese culture at university in Japan. Now he is an ALT at Hikari High School. He puts his “Question Box” on the table in front of the teachers’ room. Students can put letters into it when they have questions. They ask him about America, how to learn English, and so on. Mike likes his “Question Box” because it is a good way to communicate with students.

One day in October, he got two long letters. One letter was from Kana, a girl in the English club. The other letter was from Leo, a student from France.

【The letter from Kana】

> Hello, Mike. I’m Kana. Do you know Leo, a student from France? He has been in our class for two months. He is kind and everyone likes him. But now, I am worrying about him a little.
>
> He doesn’t speak Japanese well and sometimes cannot understand our Japanese. But $\underline{\text{that}}_{\text{A}}$ is not the problem. We can communicate with him in English. He is a great English speaker and we learn a lot from him. Last month, he looked very happy when he talked with us. But these days, he doesn’t look so happy when we talk to him. Why does he look like that?
>
> Well, sometimes we cannot understand Leo’s English because he talks very fast and uses difficult words. Also it is difficult for us to express everything in English. Is it making him disappointed? If we improve our English, will he be happy?
>
> When I ask him, “Are you OK?”, he always says he is OK. But if he has any trouble, I want to help him. Mike, can you guess what $\underline{\text{his problem}}_{\text{B}}$ is? Please give me some advice and help us become good friends.

【The letter from Leo】

> Hello, Mike. I’m Leo. I came to Japan in August. I’m writing this letter because you may be the only person who can understand my feelings.
>
> I cannot speak Japanese well, so my classmates talk to me in English. They may think that all foreign people speak great English. My English may be better than theirs, but I’m not a great English speaker. I love talking with my classmates but sometimes I feel as if my classmates talk to me only because they want to practice English.
>
> I came to Japan to learn Japanese. I study Japanese every day, and have learned some words. If my classmates speak slowly, I can understand their Japanese a little. But they try to say everything in English.
>
> I know English is our common language. We can communicate with each other in English though it is not the language we usually speak. In the future, my classmates and I can share ideas with people in the world by using English. That’s wonderful, but now, I want to communicate with my classmates in Japanese. I cannot improve my Japanese if I don’t use it at school.
>
> Mike, should I tell my classmates my feelings? I know they are trying to be kind to me, and I don’t want to hurt their feelings. What would you do if you were me?

Mike remembered his university days. He really understood their feelings. He thought, "Some friends talked to me in English to help me. They were good friends and thanks to them, I enjoyed life in Japan. But I wanted to [C] and improve my Japanese. Leo, I had the same wish."

However, Mike didn't worry too much. He said to himself, "Sometimes it is difficult to communicate with other people, but both Kana and Leo [D]. They will be good friends." Mike started to write letters to them.

(注) ~and so on　~など　communicate　意思を伝え合う　disappointed　がっかりする
feel as if~　まるで~であるかのように感じる　only because~　ただ~だから
slowly　ゆっくりと　common　共通の　thanks to~　~のおかげで　wish　願い
say to himself　彼自身の心の中で考える

(1) 下線部分Aについて，その内容を，具体的に日本語で書きなさい。

(2) 次の英文は，下線部分Bについてのカナ(Kana)の考えをまとめたものです。X，Yの〔　　〕の中に入るものの組合せとして，最も適当なものを，下のア～エから一つ選び，その符号を書きなさい。

Leo〔 X 〕because〔 Y 〕.

	X	Y
ア	isn't happy when he talks with us	our English is not as good as Leo's
イ	isn't happy when he talks with us	we talk to him in English
ウ	cannot improve his Japanese	our English is not as good as Leo's
エ	cannot improve his Japanese	we talk to him in English

(3) 文中のCの□に当てはまる内容を，5語以上の英語で書きなさい。

(4) 文中のDの□の中に入る最も適当なものを，次のア～エから一つ選び，その符号を書きなさい。

ア practice English very hard　　イ enjoy talking in Japanese
ウ tell their true feelings with each other　　エ think about each other

(5) 次の①～③の問いに対する答えを，それぞれ3語以上の英文で書きなさい。

① Can students ask Mike questions by putting letters into his "Question Box"?
② Why is Kana worrying about Leo these days?
③ According to Leo, what can Leo and his classmates do in the future by using English?

(6) あなたが，カナとレオ(Leo)の2人から，マイク(Mike)先生への手紙と同じ内容の手紙をもらったとしたら，どのような返事を書きますか。返事を書く相手として，カナかレオのどちらかを選び，解答用紙の〔　　〕の中に，Kana か Leo を書き，それに続けて，□の中に，4行以内の英文で返事を書きなさい。ただし，＊＊＊の部分には，あなたの名前が書かれているものとします。

※100点満点

※

受検番号	

〔4〕

※

(1) 3点
(2) 4点
(3) 4点
(4) 4点
(5) 3点×3
(6) 8点

(1)		
(2)		
(3)		
(4)		
(5)	①	
	②	
	③	
(6)	Hello,〔　　　　　　〕. I'm ＊＊＊.	

令 和 4 年 度

公立高等学校入学者選抜学力検査問題

社　　　会

14：10～15：00(50 分間)

注　　意

1 「始め」の合図があるまで，開いてはいけません。

2 解答用紙は，この内側にあります。取り出して使いなさい。

3 問題は，問題用紙の 1 ページから 7 ページにあります。

4 解答は，すべて解答用紙に書きなさい。

5 解答は，横書きで記入しなさい。

6 解答用紙の※の欄には，何も記入してはいけません。

7 「始め」の合図があったら，まず，解答用紙に受検番号を書きなさい。

8 「やめ」の合図があったら，すぐにやめて，筆記用具をおきなさい。

＃教英出版 編集部　注
編集の都合上、解答用紙はこの裏にあります。

社会解答用紙

（注１）　解答は，横書きで記入すること。
（注２）　※の欄には，何も記入しないこと。

〔１〕

※

⑴３点
⑵完答３点
⑶３点
⑷３点
⑸５点

⑴	
⑵	（　　　）緯（　　　）度　（　　　）経（　　　）度
⑶	
⑷	
⑸	

〔２〕

※

⑴２点
⑵３点
⑶３点×２
⑷①３点
　②２点

⑴		
⑵		
⑶	①	
⑷	①	
	②	
⑶	②	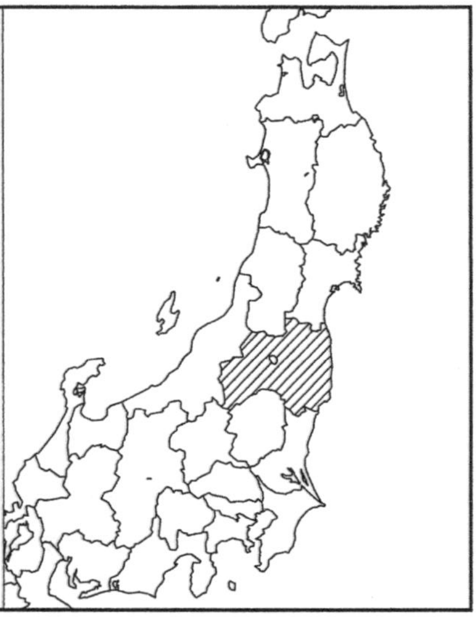

〔３〕

※

⑴２点
⑵２点
⑶①５点
　②２点
⑷２点×３

⑴				
⑵				
⑶	①			
	②			
⑷	①		②	
	③			

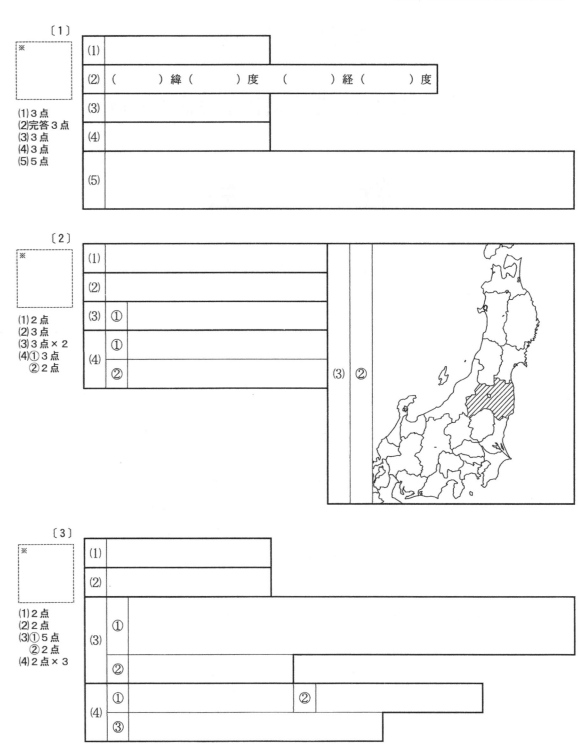

令 和 4 年 度

公立高等学校入学者選抜学力検査

社　　　会

問 題 用 紙

◇M4(221—35)

〔1〕 次の地図を見て，下の(1)～(5)の問いに答えなさい。なお，地図中の緯線は赤道を基準として，また，経線は本初子午線を基準として，いずれも30度間隔で表している。

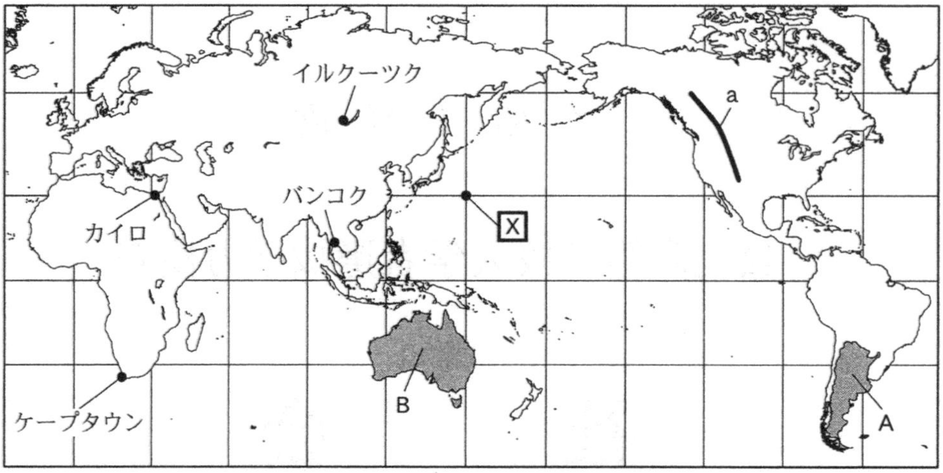

(1) 地図中のaは，山脈を示したものである。この山脈の名称として，正しいものを，次のア～エから一つ選び，その符号を書きなさい。

ア ロッキー山脈　　イ アンデス山脈　　ウ ヒマラヤ山脈　　エ ウラル山脈

(2) 地図中に示した地点Xの位置の，緯度と経度を書きなさい。ただし，地点Xは，地図中に示した緯線と経線が交わった場所である。

(3) 次のア～エのグラフは，地図中に示したケープタウン，カイロ，バンコク，イルクーツクのいずれかの月降水量と月平均気温を表したものである。このうち，バンコクに当てはまるものを，ア～エから一つ選び，その符号を書きなさい。なお，棒グラフは月降水量を，折れ線グラフは月平均気温を表している。

ア　イ　ウ　エ

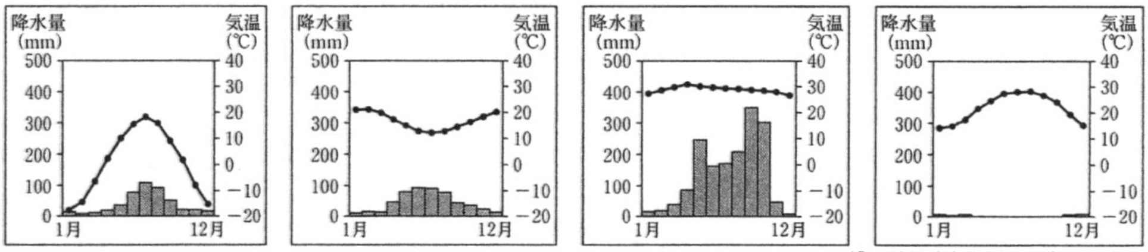

(「理科年表」令和3年版による)

(4) 地図中に示した国Aについて述べた文として，最も適当なものを，次のア～エから一つ選び，その符号を書きなさい。

ア 燃料となる石炭などの資源にめぐまれ，世界で最初に産業革命が始まった。

イ ギニア湾を臨む南部は年間を通じて高温湿潤で，カカオの生産が盛んに行われている。

ウ シリコンバレーとよばれる地域に，情報技術産業などの企業が集まっている。

エ パンパとよばれる草原で，小麦の栽培や牛の放牧が大規模に行われている。

(5) 右の表は，地図中に示した国Bの，1969年と2019年における輸出相手国のうち，輸出額の多い順に上位6か国を示しており，1969年に比べて2019年では，アジア州の国が1か国から4か国に増加している。その理由を，「工業化」，「鉱産資源」の語句を用いて書きなさい。

	国Bの輸出相手国	
	1969年	2019年
第1位	日　本	中　国
第2位	アメリカ	日　本
第3位	イギリス	韓　国
第4位	ニュージーランド	イギリス
第5位	フランス	アメリカ
第6位	イタリア	インド

(「国際連合貿易統計年鑑(1969)」，国際連合ホームページより作成)

〔2〕 右の地図を見て，次の(1)～(4)の問いに答えなさい。

(1) 地図中の  で囲まれた地域には，岬と湾がくり返す入り組んだ海岸が見られる。このような地形を何というか。その用語を書きなさい。

(2) 地図中の地点Pは，空港の位置を示している。この空港の貨物輸送について述べた次の文中の X ， Y に当てはまる語句の組合せとして，最も適当なものを，下のア～エから一つ選び，その符号を書きなさい。

> 地点Pの空港は，現在，我が国の港や空港の中で，輸出入総額が最大の X である。この空港は，主に Y を輸送するために利用されている。

ア〔X 中部国際空港，Y 自動車などの重くてかさばる貨物〕
イ〔X 中部国際空港，Y 電子部品などの軽くて価値の高い貨物〕
ウ〔X 成田国際空港，Y 自動車などの重くてかさばる貨物〕
エ〔X 成田国際空港，Y 電子部品などの軽くて価値の高い貨物〕

(3) 次の表は，秋田県，群馬県，静岡県，福島県，山梨県の，それぞれの県の人口密度，米の産出額，野菜の産出額，果実の産出額，製造品出荷額等を示したものである。この表を見て，下の①，②の問いに答えなさい。

	人口密度（人/km²）	米の産出額（億円）	野菜の産出額（億円）	果実の産出額（億円）	製造品出荷額等（億円）
a	468.5	194	643	298	176,639
b	83.0	1,036	308	72	13,496
c	181.6	63	112	629	26,121
d	305.3	166	983	83	92,011
福島県	133.9	798	488	255	52,812

（「データでみる県勢」2021年版による）

① 表中のaに当てはまる県名を書きなさい。

② 地図中の  で示した部分は，表中の福島県の人口密度について，右の区分にしたがって作図したものである。同じように，表中の県cの人口密度について，右の区分にしたがって，解答用紙の地図中に作図しなさい。

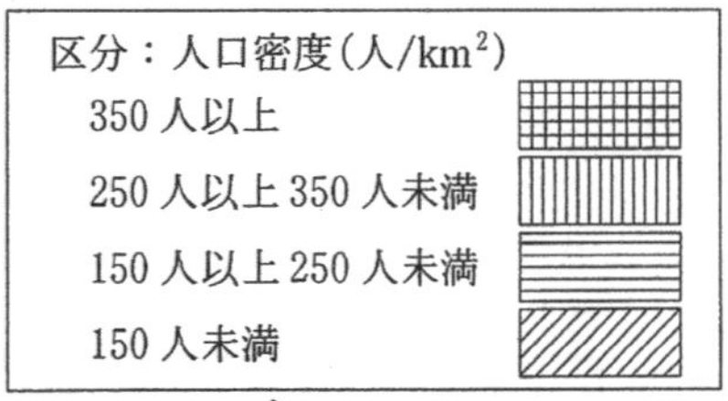

(4) 次の地形図は，地図中の輪島市の市街地を表す2万5千分の1の地形図である。なお，地形図中の A で示した地図記号  は，「美術館」を示している。この地形図を見て，次の①，②の問いに答えなさい。

① この地形図について述べた文として，最も適当なものを，次のア～エから一つ選び，その符号を書きなさい。

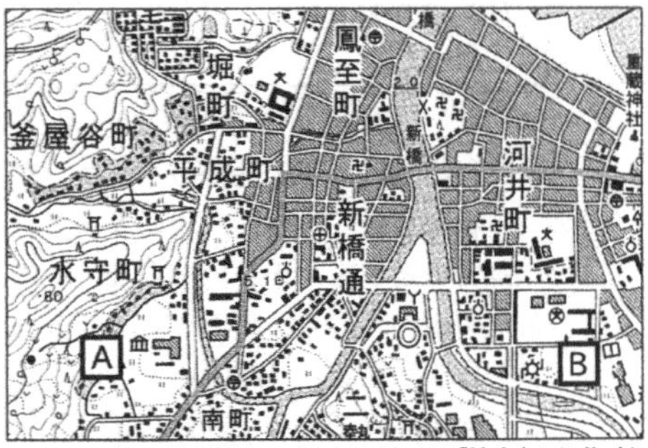

（国土地理院1：25,000地形図「輪島」より作成）

ア A「美術館」がある地点の標高は，80mである。
イ A「美術館」から B「図書館」までの直線の長さを測ったところ，約5cmであったので，実際の直線距離は約5kmである。
ウ 「河井町」付近は，広葉樹林が広がっている。
エ 「高等学校」は，「市役所」から見て，東の方位にある。

② A「美術館」には，輪島市でつくられている伝統的工芸品が展示されている。輪島市でつくられている伝統的工芸品として，最も適当なものを，次のア～エから一つ選び，その符号を書きなさい。

ア 鉄器　　イ 将棋の駒《こま》　　ウ 漆器　　エ たんす

〔3〕 社会科の授業で，A～D の四つの班に分かれて，時代ごとの社会のようすや文化について調べ，発表を行うことにした。次の資料は，班ごとに作成した発表資料の一部である。これらの資料を見て，下の(1)～(4)の問いに答えなさい。

A 班の資料	B 班の資料	C 班の資料	D 班の資料
[a] 時代	平安時代	c 鎌倉時代	e 江戸時代
代表的な文化財	代表的な文化財	代表的な文化財	代表的な文化財

唐招提寺《とうしょうだいじ》の鑑真《がんじん》像	b 平等院鳳凰《ほうおう》堂	d 東大寺南大門の金剛力士像	f 日光東照宮

(1) A 班の資料について， [a] に当てはまる時代の名称を書きなさい。

(2) B 班の資料中の下線部分 b について，この文化財と最も関係の深いできごとを，次のア～エから一つ選び，その符号を書きなさい。

ア 宋《そう》にわたった栄西が，座禅によってさとりを開こうとする禅宗を我が国に伝えた。

イ 念仏をとなえ，極楽浄土に生まれ変わることを願う浄土信仰(浄土の教え)が広まった。

ウ 唐にわたった空海が，真言宗を我が国に伝え，山奥の寺での修行を重視した。

エ 朝廷が，仏教の力によって国を守ろうとして，国ごとに国分寺と国分尼寺を建てた。

(3) C 班の資料について，次の①，②の問いに答えなさい。

① 下線部分 c について，この時代に，北条泰時《ほうじょうやすとき》は御成敗式目《ごせいばいしきもく》を制定した。この法令を制定した目的を，「慣習」，「公正」の二つの語句を用いて書きなさい。

② 下線部分 d について，この文化財をつくった人物の名前として，最も適当なものを，次のア～エから一つ選び，その符号を書きなさい。

ア 運慶　　イ 雪舟《せっしゅう》　　ウ 一遍《いっぺん》　　エ 道元

(4) D 班の資料について，次の①～③の問いに答えなさい。

① 下線部分 e について，この時代の農業について述べた次の文中の [X] ， [Y] に当てはまる語句の組合せとして，最も適当なものを，下のア～エから一つ選び，その符号を書きなさい。

> 江戸時代になると，幕府や藩が新田開発を進めたため，耕地面積が [X] した。また，進んだ農業技術が各地に伝わり，右の絵で示している [Y] などの農具が使われるようになった。

ア〔X 増加，Y 唐箕《み》〕　　イ〔X 増加，Y 千歯《ば》こき〕

ウ〔X 減少，Y 唐箕〕　　エ〔X 減少，Y 千歯こき〕

② 下線部分 e について，次の X ～ Z は，この時代に起きたできごとである。年代の古い順に並べたものとして，正しいものを，下のア～カから一つ選び，その符号を書きなさい。

X 桜田門外の変が起こった。

Y 日米和親条約が結ばれた。

Z 幕府が異国船(外国船)打払令を出した。

ア X→Y→Z　　イ X→Z→Y　　ウ Y→X→Z

エ Y→Z→X　　オ Z→X→Y　　カ Z→Y→X

③ 下線部分 f について，この文化財を建てた徳川家光《いえみつ》は，大名に対して，領地と江戸に一年おきに住むことを命じた。この制度を何というか。その用語を書きなさい。

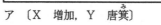

〔4〕 中学校3年生のNさんは，我が国の近現代の歴史の授業で関心をもった次のA～Dのテーマについて，調べ学習を行った。これらのテーマについて，下の(1)～(4)の問いに答えなさい。

テーマA：近代と現代では，我が国の政治のしくみにどのような違いがあるのだろうか。	テーマB：我が国の近代産業はどのように発展したのだろうか。
テーマC：大正時代から昭和時代初期にかけての我が国の政治や社会の特徴は何だろうか。	テーマD：我が国は，国際社会の動向から，どのような影響を受けてきたのだろうか。

(1) テーマAについて，次の文は，Nさんが近代と現代の我が国の地方政治のしくみの違いを調べてまとめたものである。文中の［X］に当てはまる用語を書きなさい。また，［Y］に当てはまる数字を書きなさい。

> 明治時代，新政府は中央集権国家をつくることをめざし，1871年に［X］を実施した。これにより，新政府から派遣された府知事や県令(県知事)が政治を行うことになった。現代では，都道府県知事は住民による直接選挙で選ばれ，満［Y］歳以上の者が被選挙権を有することが定められている。

(2) テーマBについて調べると，明治時代に，政府が近代産業の育成をめざして，殖産興業政策を進めたことがわかった。この政策の内容を，「欧米」，「官営」の二つの語句を用いて書きなさい。

(3) テーマCについて，次の①，②の問いに答えなさい。

① 大正時代の我が国の政治について調べると，民主主義が強くとなえられていたことがわかった。次のア～ウは，大正時代に我が国で起きたできごとについて述べたものである。大正時代に起きたできごとを，年代の古いものから順に並べ，その符号を書きなさい。

ア 加藤高明《たかあき》内閣のもとで，選挙制度が改正された。
イ 護憲運動が起こり，桂《かつら》太郎内閣が総辞職した。
ウ 米騒動をしずめるために，政府が軍隊を出動させた。

② 大正時代から昭和時代初期にかけての我が国の社会のようすについて調べると，メディアが発達し，文化が大衆の間に広まったことがわかった。大正時代から昭和時代初期にかけてのメディアの発達について述べた文として，最も適当なものを，次のア～エから一つ選び，その符号を書きなさい。

ア テレビ放送が始まり，映像による情報伝達が可能になった。
イ パソコンやインターネットが普及し，社会の情報化が進んだ。
ウ ラジオ放送が始まり，国内外のできごとが音声で伝えられるようになった。
エ 新聞や雑誌の発行が始まり，欧米の思想などが紹介されるようになった。

(4) テーマDについて，右の表は，Nさんが，1973年に我が国で始まった石油危機について調べ，その【できごと】の【背景・原因】及び【結果・影響】をまとめたものである。表中の［X］～［Z］に当てはまる語句の組合せとして，最も適当なものを，次のア～カから一つ選び，その符号を書きなさい。

ア〔X 中東，　Y 上昇，Z 中国　〕
イ〔X 中東，　Y 上昇，Z アメリカ〕
ウ〔X 中東，　Y 下落，Z 中国　〕
エ〔X 朝鮮半島，Y 上昇，Z アメリカ〕
オ〔X 朝鮮半島，Y 下落，Z 中国　〕
カ〔X 朝鮮半島，Y 下落，Z アメリカ〕

【背景・原因】
・ ［X］で戦争が始まった。

↓

【できごと】
・ 石油危機が始まった。

↓

【結果・影響】
・ 品不足により物価が［Y］した。
・ 不況(不景気)になった。
・ 省エネルギー技術の開発などが進み，工業製品の輸出が拡大し，1980年代には，［Z］などとの間で貿易摩擦が激化した。

〔5〕 中学校3年生のあるクラスの社会科の授業では，次のA～Dのテーマについて学習を行うことにした。これらのテーマについて，あとの(1)～(4)の問いに答えなさい。

テーマ
A 人権の尊重と日本国憲法について　　B 民主政治と政治参加について
C 財政の役割と課題について　　D 国際社会のしくみについて

(1) Aのテーマについて，次の①，②の問いに答えなさい。

① 次の資料は，1989年に国際連合で採択され，我が国では1994年に批准された条約の一部である。この条約を何というか。その名称を書きなさい。

締約国は，自己の意見を形成する能力のある児童がその児童に影響を及ぼすすべての事項について自由に自己の意見を表明する権利を確保する。

② 日本国憲法は，国民の自由と権利を保障する一方，国民が自由と権利を濫《らん》用することを禁止し，公共の福祉のために利用する責任があることを定めている。次の表は，日本国憲法で保障された基本的人権と，その基本的人権が公共の福祉により制限される例を示したものである。表中の X に当てはまる語句として，最も適当なものを，下のア～エから一つ選び，その符号を書きなさい。

基本的人権	公共の福祉により制限される例
X	他人の名誉を傷つける行為の禁止
職業選択の自由	医師免許を持たない者の医療行為の禁止
財産権	不備な建築の禁止

ア 生存権　　イ 請求権　　ウ 身体の自由　　エ 表現の自由

(2) Bのテーマについて，次の①～③の問いに答えなさい。

① 国民が選挙で選んだ代表者が集まり，複雑な物事について話し合いなどによって決定するしくみを何というか。最も適当なものを，次のア～エから一つ選び，その符号を書きなさい。

ア 議会制民主主義　　イ 立憲主義　　ウ 多党制　　エ 三審制

② 衆議院議員選挙は，小選挙区制と比例代表制を組み合わせて行われる。このうち，比例代表制では，得票数に応じてドント式で各政党に議席が配分される。比例代表制の選挙が行われ，定数が6人の選挙区で，結果が右の表のようになった場合，a～dのそれぞれの政党に配分される議席数を書きなさい。

政党名	得票数(万票)
a	78
b	72
c	30
d	18

③ 次の表は，国会における，ある予算案の審議の結果を示したものである。このような審議の結果となった場合，日本国憲法では，予算の議決についてどのように規定しているか。「国会の議決」という語句を用いて書きなさい。

日　付	予算案の審議の結果
2月27日	・ 衆議院予算委員会で予算案を可決した。 ・ 衆議院本会議で予算案を可決した。
3月27日	・ 参議院予算委員会で予算案を否決した。 ・ 参議院本会議で予算案を否決した。 ・ 両院協議会が開かれたが，意見が一致しなかった。

(3) Cのテーマについて，次の資料は，財政の主な役割についてまとめたものである。この資料を見て，下の①～③の問いに答えなさい。

> 財政の主な役割は三つある。
> - 民間企業だけでは十分に供給できない，社会資本や公共サービスを供給することなどにより，資源の配分を調整する。
> - a<u>直接税</u>について累進課税の方法をとったり，社会保障政策の充実をはかったりすることなどにより，所得の格差を調整する。
> - ［X］のときは，公共事業などへのb<u>歳出</u>を減らしたり，増税したりすることで，企業や家計の経済活動を［Y］ことをめざすなど，景気の安定化をはかる。

① 下線部分aについて，我が国の主な税のうち，直接税であるものを，次のア～オから一つ選び，その符号を書きなさい。

ア　揮発油税　　イ　消費税　　ウ　関税　　エ　相続税　　オ　入湯税

② 文中の［X］，［Y］に当てはまる語句の組合せとして，最も適当なものを，次のア～エから一つ選び，その符号を書きなさい。

ア〔X　好況(好景気)，Y　活発にする〕　　イ〔X　好況(好景気)，Y　おさえる〕
ウ〔X　不況(不景気)，Y　活発にする〕　　エ〔X　不況(不景気)，Y　おさえる〕

③ 下線部分bについて，次のグラフは，我が国の平成22(2010)年度及び令和2(2020)年度の，一般会計歳出の内訳の割合を示したものである。グラフ中のア～エは，公共事業関係費，国債費，社会保障関係費，防衛関係費のいずれかである。このうち，社会保障関係費はどれか。ア～エから一つ選び，その符号を書きなさい。

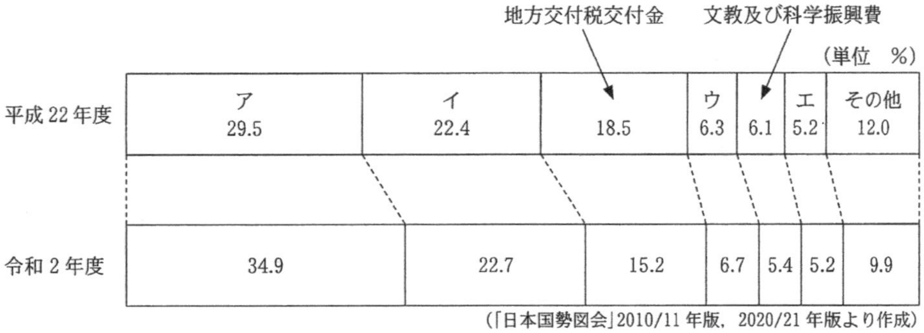

(「日本国勢図会」2010/11年版，2020/21年版より作成)

(4) Dのテーマについて，次の①，②の問いに答えなさい。

① 世界の平和と安全を維持する役割を果たしている国際連合は，紛争が起こった地域において，停戦や選挙を監視するなどの活動を行っている。この活動を何というか。その用語を書きなさい。

② 現在の国際社会では，特定の地域でいくつかの国々がまとまりをつくり，経済などの分野で協力関係を強めようとする動きが進んでいる。このうち，右の地図中の［▒］で示した国のみによって構成されているまとまりとして，正しいものを，次のア～エから一つ選び，その符号を書きなさい。

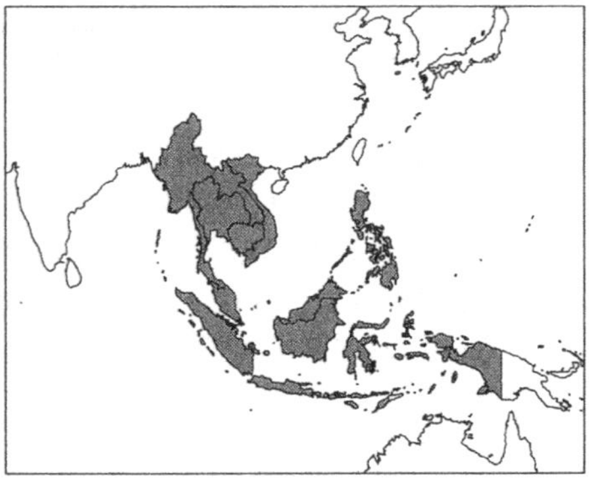

ア　APEC　　イ　AU
ウ　ASEAN　　エ　NAFTA

〔6〕 あるクラスの社会科の授業では，「大人になるとできること」について，テーマを決めて調べることにした。次の**資料Ⅰ**～**資料Ⅳ**は，「契約を結ぶこと」をテーマに選んだSさんたちの班が集めたものの一部である。このことについて，下の(1)，(2)の問いに答えなさい。

資料Ⅰ 契約が成立するしくみ

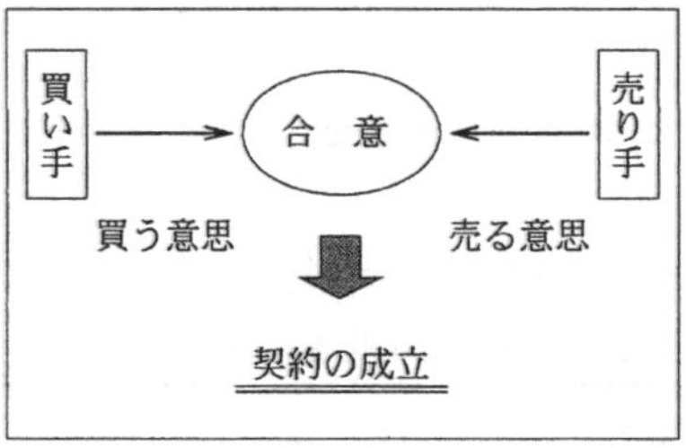

資料Ⅱ 「18，19歳」，「20～24歳」の年度別消費生活相談件数(平均値)

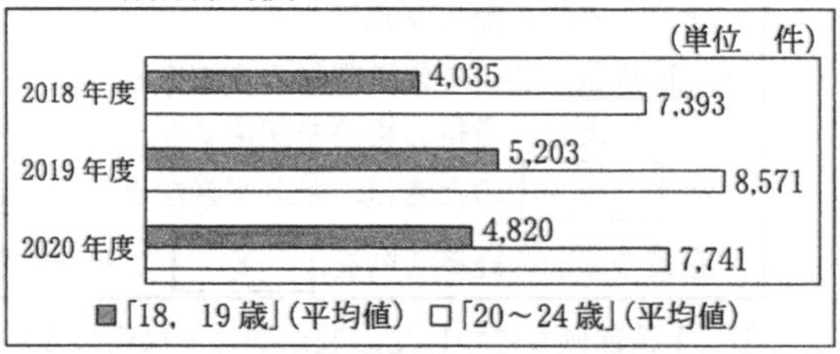

(国民生活センターホームページより作成)

資料Ⅲ 未成年者の契約について

民法では，未成年者が親の同意を得ずに契約した場合には，原則として，契約を取り消すことができると規定されています。この規定は，未成年者を保護するためのものであり，未成年者の消費者被害を抑止する役割を果たしています。

(総務省ホームページより作成)

資料Ⅳ 「18，19歳」，「20～24歳」の悪質な手口による被害の消費生活相談件数(2020年度の平均値)

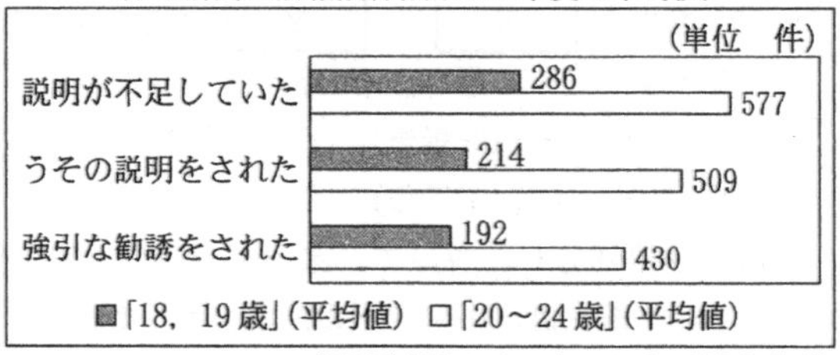

(国民生活センターホームページより作成)

(注)**資料Ⅱ**と**資料Ⅳ**の「18，19歳」(平均値)は，18歳，19歳の相談件数の合計を2で割った値。「20～24歳」(平均値)は，20歳から24歳までの相談件数の合計を5で割った値。

(1) **資料Ⅰ**について，Sさんたちは，契約が成立するしくみについて説明するために，右のカードを作成した。カード中のア～オは，売買に関する様々な場面について述べた文である。このうち，売買契約が成立した場面として正しいものを，ア～オから二つ選び，その符号を書きなさい。

【売買契約が成立した場面はどれか】
ア スーパーマーケットで商品を店の買い物かごに入れた。
イ 自動販売機で飲み物を購入した。
ウ レストランでメニューを見た。
エ 花屋で店員に商品の説明を頼んだ。
オ 書店に電話をかけて本を注文した。

(2) Sさんたちは，**資料Ⅱ**～**資料Ⅳ**から読みとったことをもとに，契約に関する課題について考察し，次の発表原稿を作成した。文中の X に当てはまる語句として正しいものを，下のア～エから一つ選び，その符号を書きなさい。また， Y に当てはまる内容を，「保護」という語句を用いて，40字以内で書きなさい。

私たちは，成年になると自分の意思で自由に契約を結ぶことができるようになります。社会では毎日たくさんの契約が結ばれていますが，一方で，契約をめぐって様々な消費者被害が起こっています。**資料Ⅱ**から，未成年の「18，19歳」と成年の「20～24歳」の年度別消費生活相談件数(平均値)を比較すると，2018年度から2020年度までのすべての年度で，「20～24歳」の相談件数は，「18，19歳」の相談件数の X であることがわかります。**資料Ⅲ**と**資料Ⅳ**から，この要因の一つとして，成年になると， Y ことが考えられます。令和4(2022)年4月からは，18歳，19歳の人も成年となります。私たちは，自立した消費者になることができるように，契約の重要性を認識することが大切だと思います。

ア 0.5倍未満　イ 0.5倍以上1.0倍未満　ウ 1.0倍以上1.5倍未満　エ 1.5倍以上

※100点満点

※

受検番号	

〔4〕

※

(1)2点×2
(2)5点
(3)2点×2
(4)3点

(1)	X		Y	
(2)				
(3)	①	(　　　)→(　　　)→(　　　)		
	②			
(4)				

〔5〕

※

(1)2点×2
(2)①2点
②完答3点
③3点
(3)①2点
②2点
③3点
(4)2点×2

(1)	①			②	
(2)	①				
	②	a	(　　　)議席	b	(　　　)議席
		c	(　　　)議席	d	(　　　)議席
	③				
(3)	①			②	
	③				
(4)	①			②	

〔6〕

※

(1)2点×2
(2)X. 2点
Y. 5点

(1)			
(2)	X		
	Y		40

令 和 4 年 度

公立高等学校入学者選抜学力検査問題

理　　　科

15：20～16：10(50分間)

注　　意

1 「始め」の合図があるまで，開いてはいけません。
2 解答用紙は，この内側にあります。取り出して使いなさい。
3 問題は，問題用紙の1ページから7ページにあります。
4 解答は，すべて解答用紙に書きなさい。
5 解答は，横書きで記入しなさい。
6 解答用紙の※の欄には，何も記入してはいけません。
7 「始め」の合図があったら，まず，解答用紙に受検番号を書きなさい。
8 「やめ」の合図があったら，すぐにやめて，筆記用具をおきなさい。

＃教英出版 編集部　注
編集の都合上、解答用紙はこの裏にあります。

理科解答用紙

(注1) 解答は，横書きで記入すること。
(注2) ※の欄には，何も記入しないこと。

〔1〕

※

3点×6

(1)		(2)		(3)	
(4)		(5)		(6)	

〔2〕

※

(1) 1点×2
(2) 2点
(3)①完答2点
②3点
(4) 3点

(1)	X		Y		
(2)					
(3)	①	丸形の種子の遺伝子の組合せ			
		しわ形の種子の遺伝子の組合せ			
	②				
(4)	丸形の種子の数：しわ形の種子の数　＝　　　：				

〔3〕

※

(1) 2点
(2) 2点
(3) 3点
(4) 3点

(1)	
(2)	N
(3)	
(4)	Pa

〔4〕

※

(1) 2点
(2) 2点
(3)① 2点
② 3点

(1)		
(2)		
(3)	①	℃
	②	

〔5〕

※

(1) 3点
(2)① 2点×2
② 3点

(1)					
(2)	①	X		Y	
	②				

令 和 4 年 度

公立高等学校入学者選抜学力検査

理　　　　　科

問 題 用 紙

◇M5(221—46)

〔1〕 次の(1)～(6)の問いに答えなさい。

(1) ある地層の石灰岩の層に，サンゴの化石が含まれていた。この石灰岩の層は，どのような環境のもとで堆積したと考えられるか。最も適当なものを，次のア～エから一つ選び，その符号を書きなさい。

ア 深くてつめたい海　　イ 深くてあたたかい海

ウ 浅くてつめたい海　　エ 浅くてあたたかい海

(2) シダ植物とコケ植物について述べた文として，最も適当なものを，次のア～エから一つ選び，その符号を書きなさい。

ア シダ植物は，種子をつくる。

イ シダ植物には，維管束がある。

ウ コケ植物は，光合成をしない。

エ コケ植物には，根・茎・葉の区別がある。

(3) 放射線について述べた文として，最も適当なものを，次のア～エから一つ選び，その符号を書きなさい。

ア 放射能とは，放射性物質が，放射線を出す能力である。

イ γ《ガンマ》線は，アルミニウムなどのうすい金属板を通りぬけることができない。

ウ 放射線は，人間が人工的につくるもので，自然界には存在しない。

エ 放射線の人体に対する影響を表す単位は，ジュール(記号J)である。

(4) 水，硫黄《いおう》，酸化銅，炭酸水素ナトリウムのうち，2種類の原子でできている物質の組合せとして，最も適当なものを，次のア～エから一つ選び，その符号を書きなさい。

ア 〔水，硫黄〕　　イ 〔硫黄，炭酸水素ナトリウム〕

ウ 〔酸化銅，炭酸水素ナトリウム〕　　エ 〔水，酸化銅〕

(5) 右の図の粉末A～Cは，砂糖，食塩，デンプンのいずれかである。これらの粉末を区別するために，それぞれ0.5gを，20℃の水10 cm^3に入れてかきまぜたときの変化や，燃焼さじにとってガスバーナーで加熱したときの変化を観察する実験を行った。次の表は，この実験の結果をまとめたものである。粉末A～Cの名称の組合せとして，最も適当なものを，下のア～カから一つ選び，その符号を書きなさい。

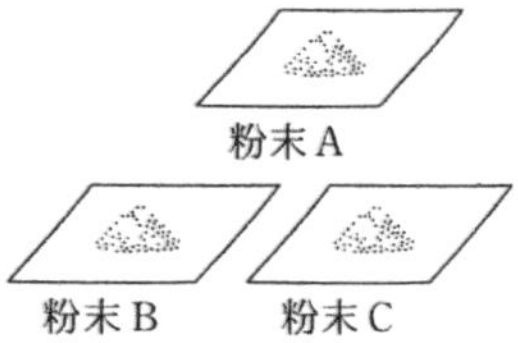

	粉末A	粉末B	粉末C
水に入れてかきまぜたときの変化	溶けた	溶けた	溶けずに残った
ガスバーナーで加熱したときの変化	変化が見られなかった	黒くこげた	黒くこげた

ア 〔A 砂糖，B 食塩，C デンプン〕　　イ 〔A 砂糖，B デンプン，C 食塩〕

ウ 〔A 食塩，B 砂糖，C デンプン〕　　エ 〔A 食塩，B デンプン，C 砂糖〕

オ 〔A デンプン，B 砂糖，C 食塩〕　　カ 〔A デンプン，B 食塩，C 砂糖〕

(6) 右の図のように，スライドガラスに塩化ナトリウム水溶液をしみこませたろ紙をのせ，その上に，中央に鉛筆で線を引いた赤色のリトマス紙を置いた。このリトマス紙の中央の線上に，ある水溶液を1滴落とすと，中央部に青色のしみができた。次に，ろ紙の両端をクリップでとめ，このクリップに電源装置をつなぎ，電圧を加えて電流を流した。リトマス紙の中央の線上に落とした水溶液と，電流を流したあとのリトマス紙のようすの組合せとして，最も適当なものを，次のア～エから一つ選び，その符号を書きなさい。

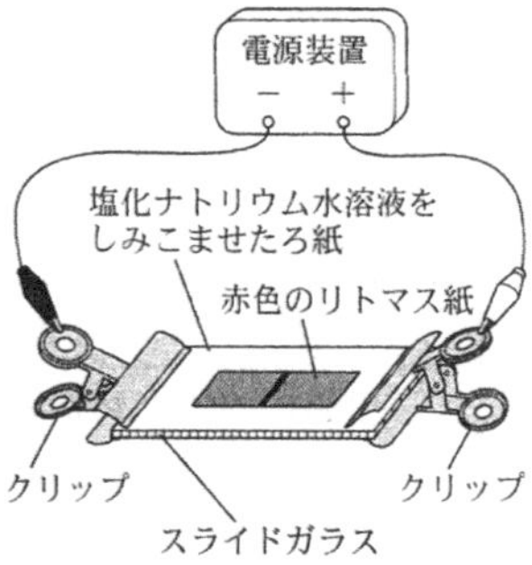

	リトマス紙の中央の線上に落とした水溶液	電流を流したあとのリトマス紙のようす
ア	塩酸	中央部の青色のしみが陽極側に広がった
イ	塩酸	中央部の青色のしみが陰極側に広がった
ウ	水酸化ナトリウム水溶液	中央部の青色のしみが陽極側に広がった
エ	水酸化ナトリウム水溶液	中央部の青色のしみが陰極側に広がった

〔2〕 遺伝の規則性について調べるために，エンドウの種子を用いて，次の実験1～3を行った。この実験に関して，下の(1)～(4)の問いに答えなさい。

> 実験1　丸形のエンドウの種子を育て，自家受粉させたところ，丸形としわ形の両方の種子(子)ができた。
>
> 実験2　実験1で得られたエンドウの種子(子)の中から，丸形の種子（Ⅰ）としわ形の種子（Ⅱ）を1つずつ選んでそれぞれ育て，かけ合わせたところ，できた種子(孫)はすべて丸形になった。
>
> 実験3　実験1で得られたエンドウの種子(子)のうち，実験2で選んだものとは異なる，丸形の種子としわ形の種子を1つずつ選んでそれぞれ育て，かけ合わせたところ，丸形としわ形の両方の種子(孫)ができ，その数の比は1：1であった。

(1) 次の文は，受粉について述べたものである。文中の［ X ］，［ Y ］に最もよく当てはまる用語をそれぞれ書きなさい。

> めしべの先端にある［ X ］に，［ Y ］がつくことを受粉という。

(2) 実験1について，エンドウの種子の形の丸形としわ形のように，どちらか一方の形質しか現れない2つの形質どうしを何というか。その用語を書きなさい。

(3) 実験2について，次の①，②の問いに答えなさい。

① 種子の形を丸形にする遺伝子をA，しわ形にする遺伝子をaで表すとき，下線部分Ⅰの丸形の種子の遺伝子の組合せと，下線部分Ⅱのしわ形の種子の遺伝子の組合せとして，最も適当なものを，次のア～ウからそれぞれ一つずつ選び，その符号を書きなさい。

ア　AA　　　イ　Aa　　　ウ　aa

② 実験2で得られた種子(孫)をすべて育て，それぞれ自家受粉させてできる種子における，丸形の種子の数としわ形の種子の数の比はどのようになるか。最も適当なものを，次のア～オから一つ選び，その符号を書きなさい。

ア　1：1　　イ　1：2　　ウ　1：3　　エ　2：1　　オ　3：1

(4) 実験3について，得られた種子(孫)をすべて育て，それぞれ自家受粉させてできる種子における，丸形の種子の数としわ形の種子の数の比はどのようになるか。最も簡単な整数の比で表しなさい。ただし，1つのエンドウの個体にできる種子の総数は，すべて同じであるものとする。

〔3〕 理科の授業で，花子さんの班は，浮力についての実験を行い，レポートを作成することになった。次の I は，花子さんの班が作成中のレポートの一部である。また，II は実験中の花子さんと班のメンバーによる会話の一部である。I，II に関して，あとの(1)～(4)の問いに答えなさい。

I 作成中のレポートの一部

〔目的〕 物体にはたらく浮力の大きさと，物体の水中に沈んでいる部分の体積の関係を調べる。

〔準備〕 密閉できる円筒形の容器，おもり，糸，ばねばかり，水を入れたビーカー

〔方法〕 ① 密閉できる円筒形の容器におもりを入れ，その容器を，糸でばねばかりにつるし，重さを測定した。

② 右の図のように，①で重さを測定した，おもりを入れた容器を，ゆっくりとビーカーに触れないようにして水中に沈めていき，容器の下半分を水中に沈めたときの，ばねばかりが示す値を読んだ。

③ ②と同じ手順で，容器の全体を水中に沈めたときの，ばねばかりが示す値を読んだ。

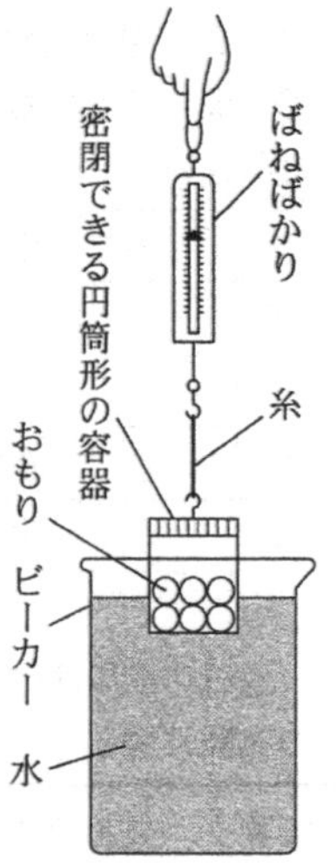

〔結果〕 ①，②，③の値を，実験の結果として次の表にまとめた。

①の値	②の値	③の値
0.95 N	0.73 N	

II 実験中の会話の一部

花子さん

浮力の大きさは，容器の水中に沈んでいる部分の体積に関係がありそうですね。

太郎さん

浮力の大きさは [X] になると考えられます。
容器の下半分を沈めたときの②の値から考えて，容器の全体を沈めたときの③の値は [Y] Nになると予想できます。

良子さん

では，容器の全体を沈めてみます。
③の値は，予想通り [Y] Nになりました。

花子さん

浮力について調べてみたら，浮力は沈めた物体の重さには関係しないということが書かれていました。

太郎さん

今回の実験では，そのことは確かめることができませんね。

良子さん

[Z]，同様の実験をすれば，そのことを確かめることができます。では，やってみましょう。

(1) [X] に最もよく当てはまるものを，次のア～カから一つ選び，その符号を書きなさい。

ア ①の値　　イ ②の値　　ウ ①の値の半分
エ ②の値の半分　　オ ①の値と②の値の和　　カ ①の値と②の値の差

(2) Y に当てはまる値を求めなさい。

(3) Z に最もよく当てはまるものを，次のア～エから一つ選び，その符号を書きなさい。

ア　容器を変えずに，容器の中のおもりの数を増やして

イ　容器を大きくして，容器の中のおもりの数を変えないで

ウ　容器を小さくして，容器の中のおもりの数を増やして

エ　おもりを入れた容器を，さらに深く沈めるようにして

(4) この実験で用いた密閉できる円筒形の容器の下面の面積は，8.0 cm^2 である。容器の下半分を水中に沈めたとき，容器の下面にはたらく水圧の大きさは何 Pa か。求めなさい。

〔4〕 空気中の水蒸気の変化について，次の(1)～(3)の問いに答えなさい。

(1) 次の文は，空気中の水蒸気が水滴に変わるしくみについて述べたものである。文中の X ， Y に当てはまる語句の組合せとして，最も適当なものを，下のア～エから一つ選び，その符号を書きなさい。

> 地表面からの高度が上がるほど，それより上にある空気の重さが X ため，気圧が低くなる。このため，地表付近の空気は上昇すると Y ，気温が下がる。気温が下がると，空気が含むことのできる水蒸気量が小さくなり，空気中の水蒸気は凝結して，水滴になる。

ア〔X　小さくなる，　Y　圧縮され〕　イ〔X　小さくなる，　Y　膨張し〕

ウ〔X　大きくなる，　Y　圧縮され〕　エ〔X　大きくなる，　Y　膨張し〕

(2) 1 m^3 の空気が含むことのできる水蒸気の最大質量を何というか。その用語を書きなさい。

(3) 地表から 50 m の高さにある気温 20 ℃ の空気が上昇し，地表からの高さが 950 m の地点で雲ができはじめた。右の図は，気温と水蒸気量の関係を表したものであり，曲線は，1 m^3 の空気が含むことのできる水蒸気の最大質量を示している。この図をもとにして，次の①，②の問いに答えなさい。ただし，上昇する空気の温度は，100 m につき 1.0 ℃ 下がるものとし，空気 1 m^3 中に含まれる水蒸気量は，上昇しても変わらないものとする。

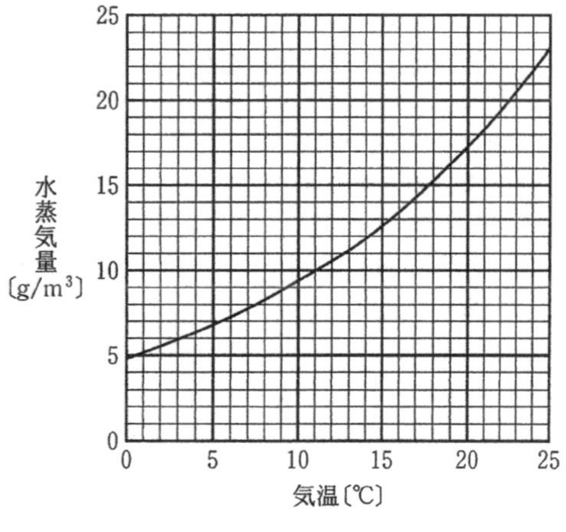

① この空気の露点は何℃か。求めなさい。

② この空気が地表から 50 m の高さにあったときの湿度はおよそ何％か。最も適当なものを，次のア～オから一つ選び，その符号を書きなさい。

ア　58 ％　　イ　62 ％　　ウ　66 ％　　エ　70 ％　　オ　74 ％

◇M5(221—50)

〔5〕 セキツイ動物について，次の(1)，(2)の問いに答えなさい。

(1) セキツイ動物の5つのグループについて，それぞれの化石が発見される地層の年代をもとに考えたとき，地球上に出現した年代が古いものから順に並べたものとして，最も適当なものを，次のア～エから一つ選び，その符号を書きなさい。

ア 魚類 → ハチュウ類 → 両生類 → 鳥類 → ホニュウ類
イ 魚類 → ハチュウ類 → 両生類 → ホニュウ類 → 鳥類
ウ 魚類 → 両生類 → ハチュウ類 → 鳥類 → ホニュウ類
エ 魚類 → 両生類 → ハチュウ類 → ホニュウ類 → 鳥類

(2) 図1は，ヒト，イヌ，コウモリの前あしの骨格を，図2は，シマウマとライオンの目の向きを，それぞれ模式的に表したものである。このことに関して，次の①，②の問いに答えなさい。

図1

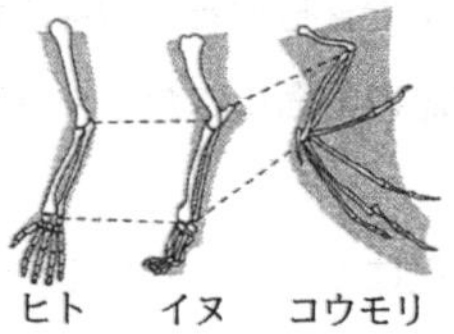

図2

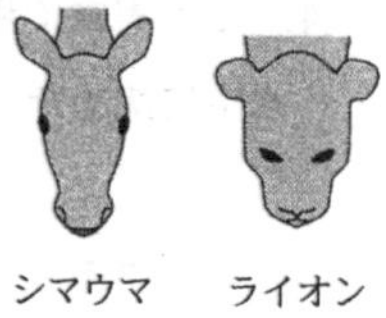

① 次の文は，ヒト，イヌ，コウモリの前あしの骨格を比較して考えられることについて述べたものである。文中の［ X ］，［ Y ］に最もよく当てはまる用語をそれぞれ書きなさい。

> ヒト，イヌ，コウモリの前あしの骨格を比較してみると，形が異なっていても，基本的なつくりが共通していることがわかる。形やはたらきが異なっていても，もとは同じ器官であったと考えられる器官のことを［ X ］といい，生物のからだが長い年月をかけて世代を重ねる間に変化してきたことの証拠であると考えられている。この変化を［ Y ］という。

② シマウマとライオンでは，目の向きに違いがある。ライオンの視野の広さと，物体を立体的に見ることのできる範囲は，シマウマと比較して，どのような違いがあるか。「目の向き」という語句を用いて書きなさい。

〔6〕 健太さんは，理科の授業で月の満ち欠けに興味をもったので，月を観察することにした。ある年の9月21日午後7時頃に，新潟県のある場所で観察したところ，満月が見えた。右の図は，地球の北極側から見たときの地球，月，太陽の位置関係を模式的に表したものである。このことに関して，あとの(1)～(5)の問いに答えなさい。

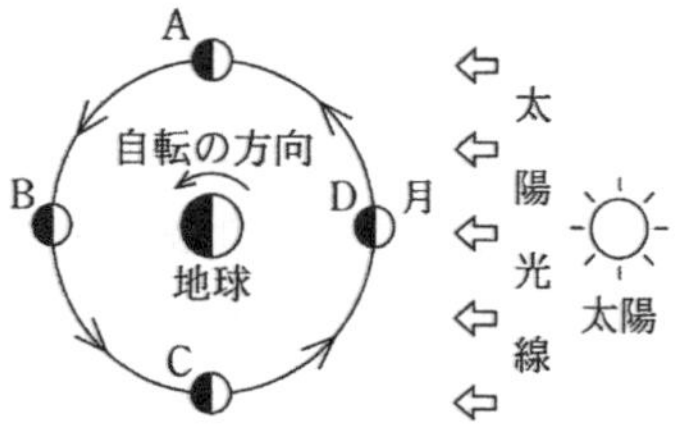

(1) 満月のときの月の位置として，最も適当なものを，図中のA～Dから一つ選び，その符号を書きなさい。

(2) 9月21日午後7時頃に，健太さんから見えた月の方向として，最も適当なものを，次のア～エから一つ選び，その符号を書きなさい。

ア 東の空　　イ 西の空　　ウ 南の空　　エ 北の空

(3) 8日後の9月29日に，同じ場所で月を観察したとき，見える月の形の名称として，最も適当なものを，次のア～エから一つ選び，その符号を書きなさい。

ア 満月　　イ 下弦の月　　ウ 三日月　　エ 上弦の月

(4) 次の文は，月の見え方と，その理由を説明したものである。文中の［ X ］，［ Y ］に当てはまる語句の組合せとして，最も適当なものを，下のア～エから一つ選び，その符号を書きなさい。

> 月を毎日同じ時刻に観察すると，日がたつにつれ，月は地球から見える形を変えながら，見える方向を［ X ］へ移していく。これは，［ Y ］しているためである。

ア〔X 東から西，Y 地球が自転〕　イ〔X 東から西，Y 月が公転〕
ウ〔X 西から東，Y 地球が自転〕　エ〔X 西から東，Y 月が公転〕

(5) 令和3年5月26日に，月食により，日本の各地で月が欠けたように見えた。月食とは，月が地球の影に入る現象である。月が地球の影に入るのは，地球，月，太陽の位置がどのようなときか。書きなさい。

〔7〕 電流とそのはたらきを調べるために，電熱線a，電気抵抗30Ωの電熱線b，電気抵抗10Ωの電熱線cを用いて，次の実験1～3を行った。この実験に関して，下の(1)~(4)に答えなさい。

実験1　図1の端子Pと端子Qに，図2の電熱線aをつないで回路をつくり，スイッチを入れて，電圧計が3.0Vを示すように電源装置を調節したところ，電流計の針が図3のようになった。

図1

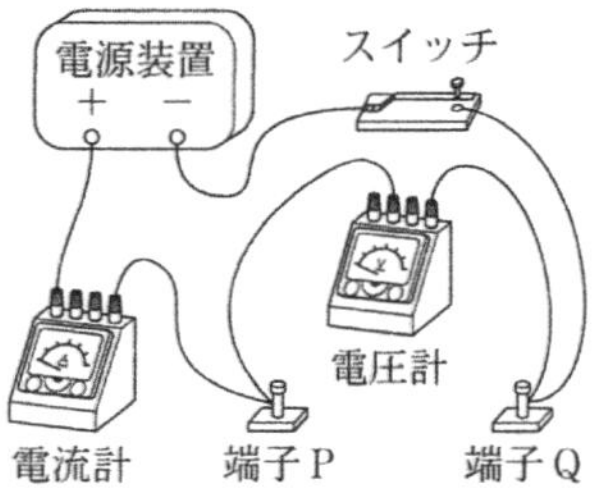

図2

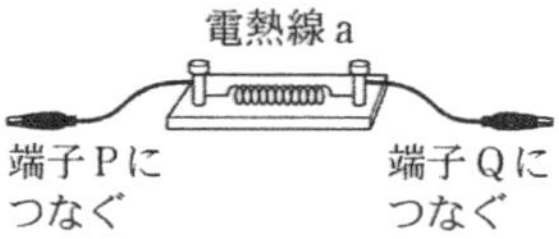

図3

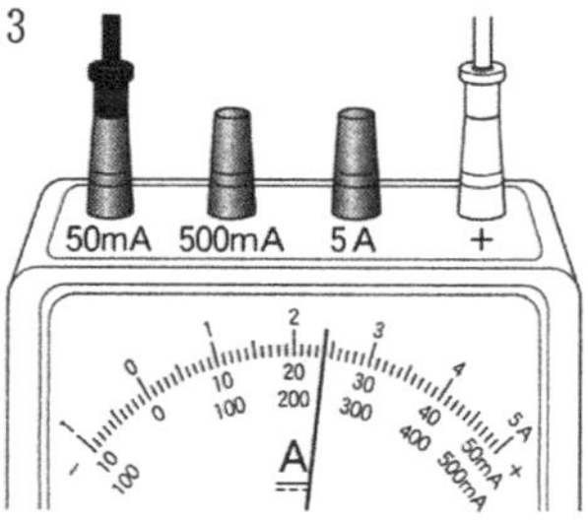

実験2　図4のように電熱線bを2つつないだものを，図1の端子Pと端子Qにつないで回路をつくり，スイッチを入れて，電圧計が3.0Vを示すように電源装置を調節した。

実験3　図5のように電熱線cを2つつないだものを，図1の端子Pと端子Qにつないで回路をつくり，スイッチを入れて，電圧計が3.0Vを示すように電源装置を調節した。

図4

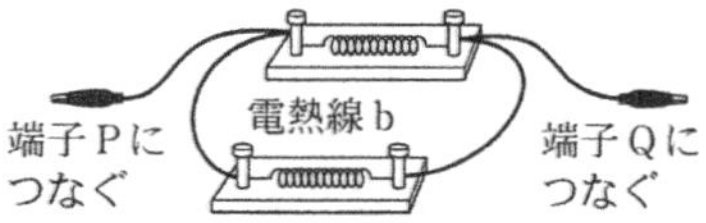

図5

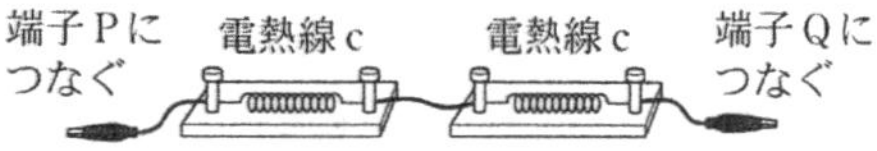

(1) 実験1について，次の①，②の問いに答えなさい。

① 電熱線aを流れる電流は何mAか。書きなさい。

② 電熱線aの電気抵抗は何Ωか。求めなさい。

(2) 実験2について，電流計は何mAを示すか。求めなさい。

(3) 実験3について，2つの電熱線cが消費する電力の合計は何Wか。求めなさい。

(4) 次のア～エの，電熱線b，電熱線c，電熱線bと電熱線cをつないだもののいずれかを，図1の端子Pと端子Qにつないで回路をつくり，スイッチを入れて，電圧計が3.0Vを示すように電源装置を調節し，電流計の示す値を測定した。このとき，ア～エを，電流計の示す値が大きいものから順に並べ，その符号を書きなさい。

ア

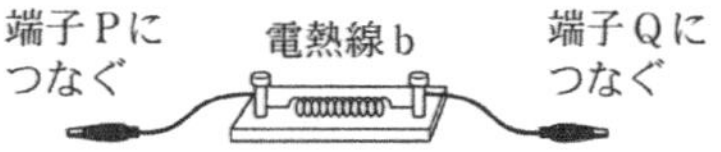

イ

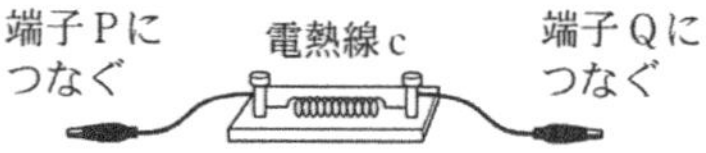

ウ

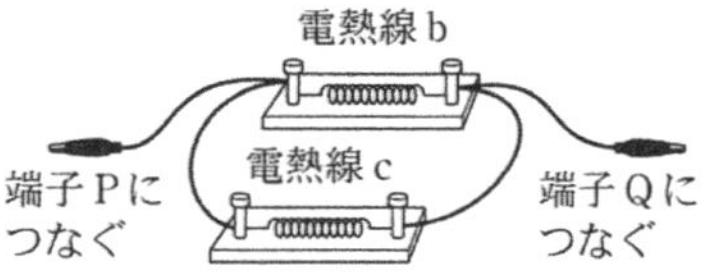

エ

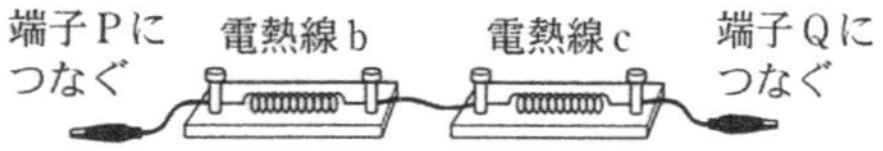

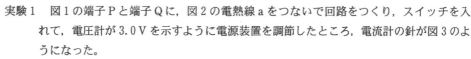

〔8〕 エタノールの沸点と，水とエタノールの混合物を加熱して取り出した液体を調べるために，次の実験1，2を行った。この実験に関して，下の(1)，(2)の問いに答えなさい。

実験1　図1のように，試験管に沸騰石を3個入れてから，エタノールを試験管の5分の1ほどまで入れ，アルミニウムはくでふたをした。

この試験管を，別に沸騰させておいた水の入ったビーカーの中に入れて加熱し，試験管内のエタノールの温度を，温度計で30秒(0.5分)ごとに測定した。

次の表は，加熱した時間と試験管内のエタノールの温度の関係を表したものである。

加熱した時間〔分〕	0	0.5	1.0	1.5	2.0	2.5	3.0	3.5	4.0	4.5
温度〔℃〕	25	40	62	75	77	78	78	78	78	78

図1

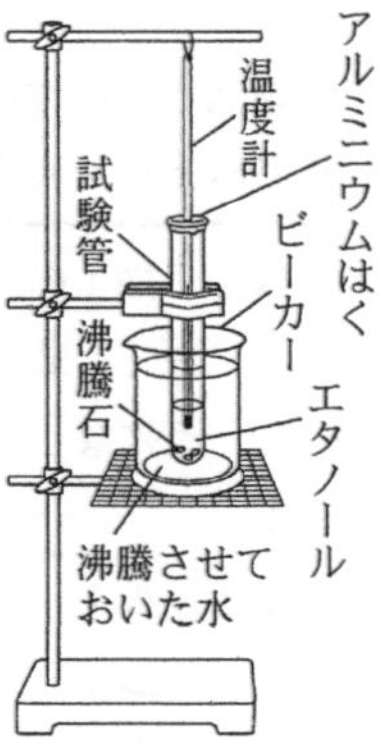

実験2　水 $17.0\ cm^3$ とエタノール $3.0\ cm^3$ をはかりとって，質量を測定したところ，それぞれ17.00 g，2.37 gであった。

次に，水 $17.0\ cm^3$ とエタノール $3.0\ cm^3$ の混合物をつくり，図2のように，この混合物と3個の沸騰石を丸底フラスコに入れ，弱い火で加熱して少しずつ気体に変化させた。丸底フラスコ内の気体の温度を測定しながら，気体が冷やされてガラス管から出てきた液体を，試験管Aに体積が約 $3\ cm^3$ になるまで集めた。

その後，試験管Aを試験管Bと交換し，試験管Bに体積が約 $3\ cm^3$ になるまで液体を集めた。さらに，試験管Bを試験管Cと交換し，試験管Cに体積が約 $3\ cm^3$ になるまで液体を集めた。

図2

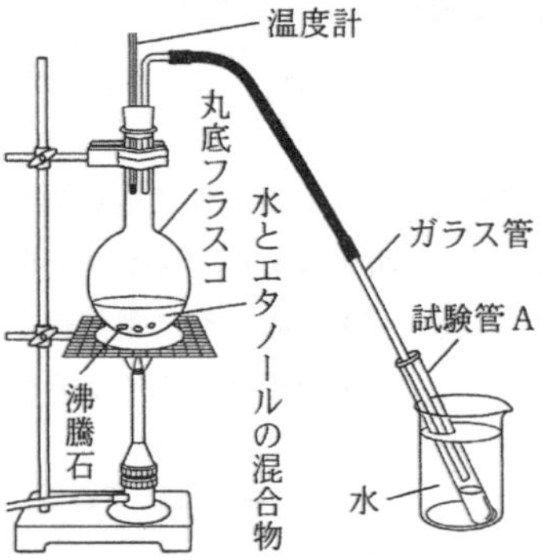

右の表は，試験管A～Cのそれぞれに液体が集まりはじめたときの，丸底フラスコ内の気体の温度をまとめたものである。

試験管A	試験管B	試験管C
72 ℃	86 ℃	92 ℃

(1) 実験1について，次の①，②の問いに答えなさい。

① 表をもとにして，加熱した時間と温度の関係を表すグラフをかきなさい。

② エタノールの沸点は何℃か。書きなさい。また，そのように判断した理由を書きなさい。

(2) 実験2について，次の①～③の問いに答えなさい。

① エタノールの密度は何 g/cm^3 か。求めなさい。

② この実験のように，液体を沸騰させて得られた気体を冷やし，再び液体を得る操作を何というか。その用語を書きなさい。

③ 試験管A～Cに集めた液体を，同じ体積ずつはかりとり，質量を比較した。このときの試験管Aからはかりとった液体について述べた文として，最も適当なものを，次のア～エから一つ選び，その符号を書きなさい。

ア　水が多く含まれているため，質量が最も小さい。

イ　水が多く含まれているため，質量が最も大きい。

ウ　エタノールが多く含まれているため，質量が最も小さい。

エ　エタノールが多く含まれているため，質量が最も大きい。

※100点満点

※

受検番号	

〔6〕

※

(1)2点
(2)2点
(3)3点
(4)3点
(5)3点

(1)		(2)	
(3)		(4)	
(5)			

〔7〕

※

(1)2点×2
(2)2点
(3)3点
(4)3点

(1)	①	mA
	②	Ω
(2)		mA
(3)		W
(4)	( )→( )→( )→( )	

〔8〕

※

(1)①3点
②2点×2
(2)3点×3

(1)	①	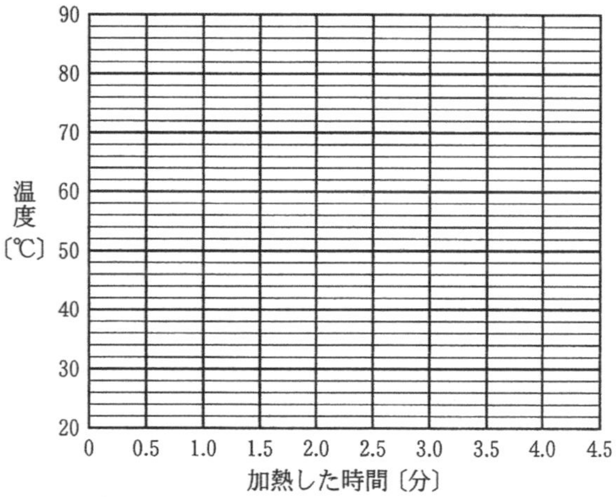			
	②	沸点	℃		
		理由			
(2)	①	g/cm³	②		③

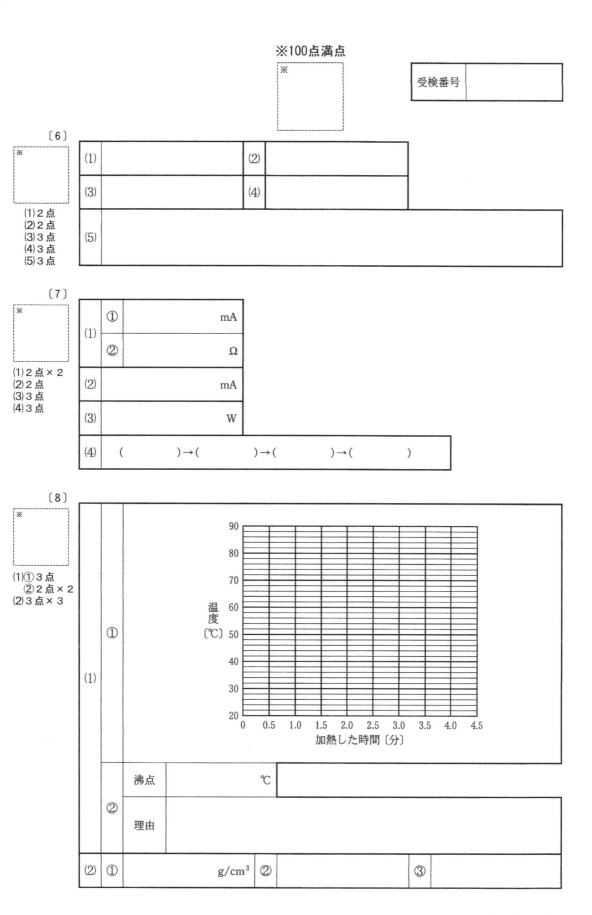

2022(R4) 新潟県公立高
教英出版